检察行为论

宋远升
泰安市人民检察院课题组 著

法律出版社
LAW PRESS·CHINA
北京

图书在版编目(CIP)数据

检察行为论 / 宋远升，泰安市人民检察院课题组著. -- 北京：法律出版社，2023
ISBN 978-7-5197-8245-0

Ⅰ. ①检… Ⅱ. ①宋… ②泰… Ⅲ. ①检察机关－工作－研究－中国 Ⅳ. ①D926.304

中国国家版本馆 CIP 数据核字（2023）第 163639 号

检察行为论
JIANCHA XINGWEI LUN

宋远升
泰安市人民检察院课题组 著

责任编辑 赵明霞
装帧设计 汪奇峰

出版发行 法律出版社
编辑统筹 法商出版分社
责任校对 晁明慧
责任印制 胡晓雅
经　　销 新华书店

开本 A5
印张 9　**字数** 225 千
版本 2023 年 9 月第 1 版
印次 2023 年 9 月第 1 次印刷
印刷 河北虎彩印刷有限公司

地址：北京市丰台区莲花池西里 7 号（100073）
网址：www.lawpress.com.cn
投稿邮箱：info@lawpress.com.cn
举报盗版邮箱：jbwq@lawpress.com.cn
销售电话：010-83938349
客服电话：010-83938350
咨询电话：010-63939796

书号：ISBN 978-7-5197-8245-0　**定价**：58.00 元
凡购买本社图书，如有印装错误，我社负责退换。电话：010-83938349

序

中国特色社会主义检察制度是党领导人民在法治领域的伟大创举，检察机关是国家民主法治建设不可或缺的重要力量。党的十八大以来，习近平总书记多次对检察工作作出重要指示批示，为新时代检察工作创新发展指明了方向，提供了根本遵循，也赋予了检察机关更重任务和责任。伴随着国家法治不断发展进步，检察职能不断充实完善，也面临着新问题、新挑战，如何在新时代检察事业发展的最好时期，聚焦检察工作基础性理论和实践难题，加强研究论证，推出更高水平研究成果，更好引导、引领检察工作高质量发展，是检察机关面临的重要命题。

习近平总书记指出，“检察官作为公共利益的代表，肩负着重要职责”。在司法实践中，我们发现，检察官作为行使检察权的最重要主体，具有“法律工匠”的角色属性，兼具自然理性和法律技艺理性，但检察官履职的诸多理论问题仍有待进一步讨论阐释，比如，《检察官法》明确了检察官的客观公正义务，其理论依据如何理解？作为法律监督者的检察官如何尽到客观义务？认罪认罚从宽制度下检察官在协商性司法中有怎样的角色定位？涉案企业合规改革试点背景下，检察环节检察官主导涉案企业合规的逻辑依据和本土化构建出路在哪里？等等，这些都是随着检察工作的发展涌现的新问题、新课题，有必要在理论层面予以进一步阐释。带着这些问题，去年以来，我们泰安检察机关坚持问题导向，专门成立课题组，聚焦以上难点、热点问题,围绕检察制度建设的构筑与反思、完善法律监督机制路径、提升法律监督质效等内容,与华东政法大学宋远升教授进行深度合作,历时两年时间,几易其稿,终于迎来了《检察行为论》的出版问世。在这本著述中,著者从检察行为的基本原理出发,从多个维度对检察理论及实务中的常见多发、高度关注的重点、热点问题展开论述,对检察官履职的法理依据、诉讼价值、履职困境等理论问题重点进行阐述,为研究这些常见常新的课题和检察官职业发展提供了崭新视角。

宋远升教授历经艰难学术有成,其成长成才经历励志感人,这次能有机会与之深度合作,共同研讨检察制度及检察工作中的难点问题,我们倍感荣幸。在书稿撰写过程中,宋教授深度参与检察办案实践,发挥视野开阔、学术精深的优势,给我们提供了宝贵的法律咨询、专家意见。宋教授深厚的理论功底、严谨细致的学术作风,给我们留下了深刻印象,也感染、激励我们更加坚定以"求极致"的态度去完成这部兼具理论深度与实务热度的精彩之作。可以说,合作撰写的过程,是一段观点碰撞、相得益彰的精彩之旅,也是积极推动检察实务与高校科研工作深度融合的生动实践。同时,也使我们更加深刻认识到,作为新时代检察人的使命,既要让公平正义在个案中回响,也要通过理论研究为检察事业发展贡献鲜活有益的总结和思考。作为这种思考的结晶,我们期待这本《检察行为论》能够为推动检察工作现代化发展提供一些理论支撑和引领,能够为理论和实务工作者开展检察理论研究、检察办案工作提供有益借鉴。

山东省泰安市人民检察院党组书记、检察长

2023 年 8 月 4 日

目录

第六编 检察公益

第一编

检察行为基本原理

第一章
检察官的法律技艺理性及功效

检察官的法律技艺理性是其从事司法活动的技术性依靠，其生成需要特殊的知识、专门的法律思维方法，以及一定数量的法律实践。对于检察官而言，法律技艺理性不仅将其职业与其他职业区分开来，更为重要的是，法律技艺理性也是检察官安身立命的根本，这是其保卫国家、社会及民众的技术性支撑，同时也是其获得职业尊严的内在因素。

一、自然理性与法律技艺理性

自然理性是指普通人所具有的与生俱来的理解、推理及判断的能力，是人们最基本的认识事物的能力。对于技艺理性而言，则是无法天生获得，需要后天长时期的实践从经验中获得。技艺理性区别于普通人所具有的自然理性。技艺理性中的"技艺"是与自然理性中的"自然"相对而言的。

最早提出自然理性的是古希腊的赫拉克利特①，他认为，在一切变化和矛盾中唯一保持不变的，是位于一切运动、变化和对立背后的矛盾，是一切事物中的理性，即逻各斯(the logos)。宇宙的进程不是

① 参见宋远升：《检察官论》，法律出版社2014年版，第28－30页。

偶然或随意的，而是依据“定则”，由规律所支配，“事物的这一秩序不是任何神或人所创造的，它过去一直是、现在是、将来也永久是永生之火，按照定则而燃烧，又按照定则而熄灭”①。这主要是从一种永恒的定律性规则的角度对自然理性予以定位。在与法律的关系上，在西方法律思想的历史谱系中，自然理性从古希腊时期就浸淫、缠绕于法律之中。在某种程度上，理性甚至成为法律的代称。对于此，斯多噶学派的克里西普认为，“主要的善就是以一种顺从自然的方式生活，这意思就是顺从一个人自己的本性和顺从普遍的本性；不做人类的共同法律惯常禁止的事情，那共同法律与普及万物的正确理性是同一的，而这理性就是宙斯，万物的主宰与主管”②。而深受斯多噶学派影响的古希腊智者西塞罗认为，按照自然生活是最高的善，亦即过适度的、符合德性要求的生活，或者说遵循自然，如同按照自然的法律生活，亦即尽其可能完成自然要求的一切，自然要求我们如同遵循法律般地遵循德性的生活。③ 这是一种将自然等同于理性的理念。“真正的法律乃是正确的规则，它与自然相吻合，适用于所有的人，是稳定的，恒久的……一种永恒的、不变的法律将适用于所有的民族，适用于各个时代；将会有一个对所有的人共同的，如同教师和统帅的神：它是这一法律的创造者、裁判者、倡导者。谁不服从它，谁便是自我逃避，蔑视人的本性。”④由此可以看出，西塞罗认为理性是控制宇宙的核心力量，自然生活是构筑法律与正义的基石。

---

① [美]梯利：《西方哲学史》，葛力译，商务印书馆2000年版，第22页。

② 北京大学哲学系外国哲学史教研室编译：《古希腊罗马哲学》，商务印书馆1961年版，第375页。

③ 参见[古罗马]西塞罗：《论共和国·论法律》，王焕生译，中国政法大学出版社1997年版，第208页。

④ [古罗马]西塞罗：《论共和国·论法律》，王焕生译，中国政法大学出版社1997年版，第120页。

法律与正义无外乎是自然生活的形式化体现而已。法与自然理性具有本质一致性,都具有普世性及永恒性。霍布斯认为自然理性是一种推理能力或者思维能力,但不是原本存在的。“根据天性来说,所有的人都能同样地推理。而在他们具有良好的原则时,便能很好地推理……理性不像感觉和技艺那样是与生俱来的,也不像慎虑那样单纯是从经验中得来的,而是通过辛勤努力得来的。”①在中世纪,一些推崇自然理性的学者认为自然理性与神性或者上帝的意志密不可分。在奥古斯丁看来,神法是上帝的理性和意志,它调整着万事万物的自然秩序,政治国家的世俗法必须符合自然法,而自然法又从神法取得效力。经院哲学主要代表人物托马斯·阿奎那认为,“是神的面容照亮着我们,这光芒就是自然理性,我们因此远离恶而看到善,这就是自然法”②。可以说在中世纪以及以后很长的一段历史时间中,自然理性都被视为一种永恒的道德准则,是一种神性对人性的精神洗礼和沐浴。因此,哈罗德·J. 伯尔曼指出,“无论 12 世纪到 15 世纪的经院哲学还是 16 世纪的人文主义哲学都把理性理解为人们心灵中上帝给予的自然能力,一种可以理解和判断的能力”③。19 世纪之始,自然法在其他法学流派的“围攻”下逐渐衰落,自然理性理念相对衰微。然而,在 19 世纪末,其又在一定程度上有所复兴,代表人物为瑞士的卡特赖恩。他认为人类义务的最高准则是上帝,同胞和自己都应遵守使自己适合作为一个理性存在的秩序;自然法的原则是“公平待人”;违反自然法的实在法是无效的。④

---

① [英]霍布斯:《利维坦》,黎思复、黎廷弼译,商务印书馆 1995 年版,第 32 页。

② 余少祥:《自然法学:理性主义的历史演进》,载《中国政法大学学报》2013 年第 4 期。

③ [美]哈罗德·J. 伯尔曼:《法律与革命:新教改革对西方法律传统的影响》(第 2 卷),袁瑜琤、苗文龙译,法律出版社 2008 年版,第 255 - 256 页。

④ 参见沈宗灵:《现代西方法理学》,北京大学出版社 1992 年版,第 26 页。

最早有资料可查的将理性分为自然理性和技艺理性的是英国大法官柯克。在法律史上闻名的1607年"禁止国王听审案"中,英国国王詹姆斯一世为了争夺司法审判权,提出既然法律的基础是理性,法官具有理性可以审判案件,其作为一国至尊,又不比法官智商低,和法官一样都具有理性,因此,没有理由将其排除在审判人员之外。对此,柯克回应说:上帝赋予陛下广博的知识和超人一等的天赋,然而,术业有专攻,陛下没有研习过英格兰的法律,在法律方面是一个外行。对于关涉英国国民的生命、遗产、货物或财富的案件,仅有普通人的自然理性是无法审判的,这需要具有法律技艺理性的法官来负责。法律是一种专门的技艺,需要长期的实践、学习和积累,这是获得审判资格的前提。而这一切是陛下所不具备的。[1] 根据柯克的观点,如果有自然理性就可以审判案件的话,那么,任何人都可以审判案件,国家就没有设立法官的必要。在这个著名的事件中,柯克创造性地将理性区分为自然理性和技艺理性,通过这种巧妙的区分,直接将君主排除在司法审判人员之外,避免了国王借助审判干预司法之虞。这就是柯克的技艺理性的真义。应当说技艺理性是指法律职业者在长期学习和司法实践中习得的司法理性。技艺理性是"技艺"和"理性"——自然理性的有机结合。技艺理性不同于自然理性,自然理性是指普通人都可以天生获得的认识社会规律、制定规则的相关能力,不需要专门的训练和实践,也不具有特殊知识的秉性,是常人普适性地所拥有的一种认识能力。而技艺理性是人的自然理性在特殊知识体系基础上通过实践活动锤炼而后具有的实践品性。技艺理性不是一种可以被书面规则所记载的理性,也不是一种能通过死记

---

① See Steve Sheppard, *The Selected Writings and Speeches of Sir Edward Coke*, Liberty Fund, Vol. Ⅳ, p. 481(2003). 转引自李栋:《英国普通法的"技艺理性"》,载《环球法律评论》2009年第2期。

硬背掌握的规则。这是一种实践性的能力,是一种动态的知识,而不是记忆性的知识或者静态的知识。

检察官法律技艺理性是指检察官在特殊知识基础上运用专门法律思维方法解决法律问题的实践能力。作为专门的法律职业人士,检察官应具有相关的法律知识,无论是通过在法学院学习获得,还是通过自学法律获得。然而,这只是记忆性的或者静态的法律知识,是一种可以通过死记硬背掌握的法律规则。实际上,这不过是法律技艺理性生成的基础。如果没有专门的法律训练、培训或者实践,很难想象检察官可以用这些法律知识来处理现实社会中千变万化的法律关系。法律技艺理性是一种实践性的能力。检察官的法律技艺理性是一种富含客观实践性的行为过程,是其在实践过程中不断习练而成的结果。否则,即使掌握了深厚的法律理论知识,与准确地办理案件相比还有相当差距。

二、检察官法律技艺理性的生成要素

(一)具有以法律知识为基础的特殊知识群

如果说检察官是手持燃着火焰标枪的战士,那么,法律知识就是其手持的标枪。依靠法律知识,检察官可以穿越复杂关系遮蔽的黑暗,从而到达法律事实的目的地。在检察官法律技艺理性的生成要素中,习得静态法律知识本身并不代表就具有法律技艺理性,掌握再深奥、丰富的法律知识也是如此。但是,如果没有法律知识作为检察官法律技艺理性基础的话,无论检察官经历了多少实践,可能生成的是其他领域的职业技艺理性,而不是法律技艺理性。对于检察官的法律知识而言,除自学外,一般可以在法学院或者相关法律院校学习获得。法学院可以为将来的检察官提供专门的法律教育。法律传授使法律知识能够以体系化的方式呈现、规律化的方式释读,从而使将来成为检察官的学生具备了规则化、逻辑化甚至咬文嚼字之特质，这是生成法律技艺理性所必需。

一般而言，作为检察官技艺理性基础的特殊知识主要是理论知识。理论是观察及思考的指导。波普尔就坚持理论先于观察。他认为，经验事实无限复杂，只能选择其中有限的部分观察……而选择则必须以理论、观点为指导。他说："我们总是按照一种预想的理论去观察一切事物的。"在观察中必须有理解，无理解的观察只是熟视无睹，而理解必须在一定的理论、观点的指导下进行。观察和实验只有在理论的关系中才有意义。[①] 对于理论而言，其是特定种类事物的普遍化、关联性的阐释。理论是一般事物的抽象，是普通情形的概括。理论是基于问题而设定的解释性体系，也即理论基于解决社会问题的需要而建构，从而为人们提供诸多问题的归类性理解。因此，理论的最终目的是针对实践需要的，对于检察官而言更是如此，检察官本身就是一种基于解决法律问题而设置的法律职业。对于检察官的技艺理性而言，法律理论的作用非常显著。如果说技艺理性区分了职业法律人与非职业人士的界限，法律知识则是这种区分标尺的内核，或者说两种人士的最大区别就在于特殊的理论知识储备不同，这就会导致思维方法及实践方式或内容的不同。

但是，对于检察官成熟的法律技艺理性生成而言，仅有法律知识是欠缺的。如果生成成熟的法律技艺理性，检察官需要掌握以法律知识为基础的特殊知识群。易言之，检察官不应固守在法律的书斋以内，其不仅仅是法律家。这是因为，检察官在办理案件时，并不是在一个真空的状态下进行的；相反，需要面对复杂多变的社会关系。因此，检察官还应当熟悉社会常识，了解社会道德及风土人情，能将

① 参见夏基松：《现代西方哲学》，上海人民出版社2009年版，第155页。

所掌握的法律知识灵活地融入具体的法律关系中。检察官不应被法条主义所固定,不应将自己完全封闭在社会之外,而是应学会各种应变处理的技巧。此外,检察官应了解社会运行规则,洞悉社会主流价值趋向或需求,并通过法律实践予以及时、适当调适,这也是其生成成熟法律技艺理性的外现。

（二）掌握专门的法律方法

技艺理性是“法律家经专门训练所拥有的特殊知识体系和思维方法”①。因此,在一定特殊知识体系或者知识储备的基础上,思维方法对于技艺理性的建构作用是非常关键的。对于技艺理性而言,思维方法属于鸟之双翼、车之双轮,是特定知识得以驱动及翱翔的动力。特定知识是启动观察或者实践的前提,而思维方法则可以将值得深入的内容予以选择、诠释或者应用。可以说,在技艺理性意义上,理性更多意味着思考能力与推理能力,它表现为理性审查与怀疑的方法,这一理性有别于作为社会秩序构成元素的理性。② 技艺理性就是将自然的推理能力长期运用于一个特定领域而形成的能够更为敏锐地判断、处理该领域的事务的专业性观察、推理、分析、判断能力。③ 这就是技艺理性的方法性含义。技艺理性的方法性意味着理性的选择性,以及与特定对象连接而获得问题解决方案的相对准确性,因此,检察官作为技艺理性的“主人”,总是以一定的方法论视角观察、研究、考察以及实践,这是职业主义发展或者成熟的标志。正是技艺理性的思维方法使静态、固化的知识转化为真正解决问题的实践能力,成为真正的“手艺”。同时技艺理性具有复杂性及多样性,

① 孙笑侠:《程序的法理》,商务印书馆 2005 年版,第 71 页。

② 参见李育书:《现代政治的理性基础——以霍布斯政治学说中理性为分析视角》,载《天津行政学院学报》2013 年第 3 期。

③ 参见姚中秋:《技艺理性视角下的司法职业化》,载《华东政法大学学报》2008 年第 6 期。

即同样是理性能力却可以使不同的人形成不同内容或者程度的实践能力,其中思维方法之差异起到了关键作用,这就有了职业之区别。“理性的能力与合理的对象结合,通过使用和运用而成为习惯,正是这种类型的理性,使一个人成为数学家、哲学家、政治学家和法律家;它使得人们精通其特定的技艺,比如好工程师、好钟表匠、好铁匠、好外科医生;他们将自己的理性能力运用于那些特定领域,沿着特定的方向,借助特定的方法;这样的结果,就像水,同样是其自然流动和趋势,却有不同的适用方式和领域”①。

对于检察官的法律技艺理性生成而言,其需要掌握专门的法律方法,这种法律方法直接与其职业活动相连。在法律技艺理性本源意义上,其本身就是与专门的思维方法相连的,这些方法就是建立在特殊知识基础上的法律方法。即使检察官具有以法律知识为基础的特殊知识群,如果没有专门的法律方法驱动这些知识,也难以应付高度专业性的法律案件或者法律问题。

对于检察官而言,其提起控诉的过程体现了从自然理性到技艺理性的转化过程,这也是一个从抽象到现实的过程。在其中,控诉主张的形成存在一种特殊的连接机制,其主要是根据法律(还可能是法律原则、法律精神等)与案件事实的特殊内在规律进行直接或者间接对接的法律识别技术。如果检察官恪守起诉法定主义原则,那么属于直接对接;如果检察官采取起诉便宜主义原则,可以在法律基础上参酌个案情形决定是否起诉,则是一种间接连接技术。但是,无论如何,法律识别技术是非常关键的技艺要素,这是在万千法律条文中找寻法律关联性的活动和过程。这种法律识别技术蕴含深刻技艺理性的本质内容,是在长久的法律学习、研究、实践中形成的一种法律性

① [英]托马斯·霍布斯:《哲学家与英格兰法律家的对话》,姚中秋译,上海三联书店2006年版,第200页。

的习惯或本能。

可以看出,对于检察官技艺理性而言,无论是在培养还是应用角度方面,专门的法律方法的价值都是显而易见的,其不仅实现了案件事实和法律事实以证据为基础的连接,而且能够在变化、流动的社会关系"激流"中随时调整,以规划、开辟出一条回应社会多种需求的通路。因此,检察官的专门法律方法是其技艺理性生成的前提。一般而言,这些专门的法律方法包括法律形式推理方法、法律实质推理方法以及法律论证方法,等等。

(三)具有一定数量的法律实践

检察官不仅应当具有特殊的知识,而且应当具有通过思维能力将这种特殊知识转化为法律效果的能力,这也是国家设官分职设立检察官职位的真正根由之一。因此,检察官应当具备完成国家设定职责的能力,能够通过证据回溯案件事实,依靠思维能力在证据与事实之间实现虚拟连接;通过证据的验证,使案件事实向法律事实过渡;通过法律论证或者辩论支持自己的主张,并且按照法律程序的运作规则提出控诉主张,以求获得法官裁判之支持。通过特殊知识—案件事实—思维能力—法律实践的转化程序,从而实现检察官从普通人的自然理性到法律职业者的技艺理性的转移,由此也可以看出检察官的法律实践是技艺理性的最后总结及效果检验阶段。也只有通过法律实践,检察官技艺理性才能最终塑成。因此,检察官的职业技艺理性必须体现出检察官的特殊知识通过实践的锻炼最终形成法律效果的能力,这也是从特殊知识转化为法律技能的关键过程。

检察官在某种程度上类似于医生等以专业技术获得立足之本的职业。因此,相当数量的法律实践积累是检察官技艺理性生成的必经之路。即使检察官掌握了法律知识,但是,这些法律知识是否能够发挥作用,需要经过实践的检验。仅仅掌握书面的法律知识是无法生成法律技艺理性的。没有以法律实践为基础的法律知识，只是一种“漂浮待定性”的知识，还不能把抽象的“法律生产力”转化为现实的“法律生产力”，因此，检察官就很难具备相应的法律能力。特别是在真实的办案过程中，并不是所有案件中的法律事实都能一一在法条中找到完全对应的答案，这就要考验检察官法律技艺理性的成熟程度，而这需要其具有一定司法实践经验的积累才能熟练地处理。

法律实践也是真正验证检察官技艺理性的“试金石”。在具体的办案中，检察官应当知道如何选择、适用证据，以证据还原案件事实，将证据作为“船只”，从而实现从案件事实到法律事实的摆渡，实现法律事实与控诉主张的连接。在这过程中，一方面是检察官努力获得法官最终裁判支持的过程，另一方面，这也是其法律技艺理性的验证过程。正是在这个过程中，检察官静态的特殊知识生成了动态的法律技艺理性。

三、检察官法律技艺理性的功效

对于具有成熟法律技艺理性的检察官而言，其是国家、社会及民众的保卫者，这主要是通过追诉、惩治犯罪来体现的，而且法律技艺理性还让检察官获得了超越法律的光环。可以说，检察官法律技艺理性越成熟，就越能让其现实形象与人民的理想预期相符。

（一）检察官的法律技艺理性是其承担保卫国家、社会及民众角色的前提

设置检察官职位目的之一就在于让其承担保卫国家、社会及民众的义务，且检察官也一般是作为国家、社会或者民众保卫者的角色而被塑造或改造的。在数次改变及将来的发展趋势中，检察官的这种保卫者的职业价值有增无减。与法官不同，在国家制度设计中，法

官原本就是作为中立裁判者的角色出现的。而检察官则不然，在世界主要国家中，即使检察官获得了一些控诉之外的角色，其主要任务仍然是追缉及惩治犯罪，这是其最基本的职业角色设计。在审检分立与制衡的控诉原则下，检察官负有行使公诉权之职责，包括检察官必须莅庭论告，提出证据而为举证活动，就案件事实的证明、法律的适用，以及有无刑罚加重或减轻原因，详细地陈述意见，说明何以认定被告人有足够的犯罪嫌疑，并就此与被告人及辩护人切实辩论。[①]因而，检察官切实实行公诉，尽其举证之义务，积极地参与法庭活动，实为控诉原则之精义，"举证"亦为控诉者角色之本然。[②] 实际上，在检察官所有的角色中，追诉角色才是最重要的。否则，就混淆了检察官的本质职能。

对于检察官而言，法律技艺理性是其履行主要职业角色的有力武器，检察官通过这把利器，借助法律及证据，运用法律思维方法，刺破涉嫌犯罪的"面纱"，实现案件事实与法律事实的对接。可以说，检察官法律技艺理性的成熟程度是与其整体形象成正比的，其法律技艺理性的成熟程度决定着惩治犯罪的准确程度，也体现着检察官职业的存在价值。

（二）法律技艺理性可以让检察官获得职业尊崇形象

在国家所有的行政职官或者司法职官中，虽然检察官职位创设历史不算特别久远，但是，检察官获得了仅次于或者等同于法官的神圣形象。如果说法律正是通过法官的阐释获得了世俗的含义与效果的话，那么，检察官则是这种神圣意旨的邮差或使者之一。在刑事案

---

① 参见林山田：《刑法的革新》，台北，学林文化事业有限公司 2001 年版，第 348 页。

② 参见陈志龙：《法治国检察官之侦查与检察制度》，载《台湾大学法学论丛》第 3 期（1998 年）。

件中,检察官对程序环节的推进,使法官对于神圣意旨的阐释具有了更为正当的根基。不仅如此,检察官还处于制约法官、警察权力滥用的关键环节。在欧陆史上,直接起因于政治革命及思想启蒙而产生的检察制度,其设立之目的一方面是废除法官一身兼数职的纠问制度,制衡法官的权力;另一方面是防范法治国家沦为警察国家,控制警察活动。这种对国家权力双重控制角色,使检察官处于法官和警察两大山谷的“谷间带”。[①] 检察官运用技艺理性,可以扮演成制约权力而让权力更加良性运行的角色。可以说,无论是理念中还是制度中,检察官承担的都是输出正义或者塑造社会共同价值的神圣角色。

然而,检察官本人并不是天生被圣洁箴言祝福之人,也不是生而就具有正义、公正的神圣形象。之所以具备职业尊崇形象,一方面是因为人们希望这种新生的国家职官作为“革命之子”而应然如此,另一方面,检察官这种职业尊崇形象的基础其实就建立在检察官自身的法律技艺理性之上。这是因为,检察官也是以其法律技艺提供公共服务的法律职业者。检察官法律技艺理性的成熟度是其获得职业尊严的直接源泉。相反,对于一个法律技艺理性欠缺的检察官而言,本身就是对其职业形象的一种折损,很难想象能获得民众崇高的对待。在美国,《美国律师协会刑事司法准则》指出,缺乏训练有素的职业检察官会危及公诉权的正当行使,乃至滥用公诉权,而这与美国司法传统格格不入。[②] 在这里,“训练有素”本身就包含在检察官的技艺理性之中。

同时,成熟的法律技艺理性本身还意味着检察官具有相当程度的职业伦理或者人文精神。检察官的伦理责任为非凡的义务

---

① 参见孙谦:《检察:理念、制度与改革》,法律出版社 2004 年版,第 221 页。

② 参见张鸿巍:《美国检察制度研究》,人民出版社 2011 年版,第 316 页。

(extraordinary obligation),远远超出辩护律师的相应义务。[①] 在美国,如何纠正检察官偏执的控方当事人角色,平抑其强烈的攻击性,避免错误追诉的不当倾向,一直是困扰司法制度的难题。[②] 当然,即使我国检察官还有法律监督者的角色,但是,也不能完全避免其具有的这种单纯的对控诉追求的热忱。美国诉讼法学家斯特尔认为,这是抗辩制诉讼结构自身难以克服的顽疾,体制内缺乏灵丹妙药。[③] 这也正是需要通过程序以外的伦理发挥作用。检察官不是简单意义上的法律工匠,其职业活动应当与正义信念及终极关怀等人文精神相勾连。如果仅仅是依靠法条来进行法律操作,检察官就可能会变成程序传送带旁根据设计指令劳作的机器人,从而丧失伦理精神。

---

① See Montoya v. State,971 P. 2d 134,137(Wyo. 1998).

② 参见王守安、董坤:《美国检察官职业伦理规范建设与启示》,载《人民检察》2016 年第 15 期。

③ 参见[美]富兰克林·斯特尔:《抗辩制固有的普遍问题及改革建议》,载江礼华、杨诚主编:《美国刑事诉讼中的辩护》,法律出版社 2001 年版,第 265 页。

第二章
检察官客观义务与法律监督

检察官与法官一样,守护法律及追求正义是其内在的需求及建构需要。当然,基于职位设计及职权内容不同,检察官和法官在实现正义方式上存在差异。相比较而言,法官属于一种更加个人化的职务,其更加关注个案正义的实现。特别在我国,检察官具有法律监督者的地位及角色,同时,检察官基于上下一体的检察组织原则安排,更多体现的是一种集体性职务。因此,检察官不仅是个案正义的保卫者,其也通过对客观义务的履行实现对法律的保卫。

一、检察官具有客观义务的理据

在世界诸多国家中,创设检察官职位目的之一是让其承担法律保卫者的职责,而实现此目的,就应让其承担客观义务。在数次检察官角色变化及将来的发展趋势中,检察官作为客观义务履行者或法律保卫者的职业价值有增无减。对检察官如此之定位,在欧陆法系国家体现得尤其明显。德国学者包尔克在 1982 年曾言:“依实事求是之准则行事、同等考量正反观点的检察官,不是乌托邦,而是德国(刑事)程序的实况。”多灵等人更曾直言:“检察官乃世界上最客观之官署。”[①]而法国当时对纠问制度之改革方式，不是将诉讼制度改革为弹劾诉讼模式，而是设立一个推定高度客观性、公正性以看守法律为天职之检察官制。[②] 我国台湾地区学者林钰雄认为，创设检察官制度，一可通过诉讼分权模式，以法官与检察官彼此节制的方法，保障刑事司法权限的客观性和正确性；二可以严格法律训练及法律拘束之公正客观的官署，控制警察活动的合法性，摆脱警察国家的梦魇；三可守护法律，使客观的法的意旨贯通整个刑事诉讼程序，既追究犯罪，又保障人权。[③] 这直接说明了检察官具有客观义务。在我国，检察官的客观义务是其追求真实与正义的体现，同时，这也成为检察官法律监督权的最重要的理论源泉之一。

所谓的检察官客观义务，这主要是指检察官作为法律的守护神，其应承担的在法律实施中实现公正、真实目的的义务。这是指“检察官为了发现真实情况，不应站在当事人的立场上，而应站在客观的立场上进行活动”[④]。即使检察官的追诉义务是其重要的职责之一，但这不是其最终的目的，其最终目的仍然是维护法律的正义及尊严。因此，检察官的职责不仅是追诉社会中的不法者，而且也具有法律保卫者的职责，这是检察官应具有客观义务的深层根源。对于检察官客观义务的基本内容，龙宗智将其概括为六个方面：客观取证义务、中立审查责任、公正判决追求、定罪救济责任、诉讼关照义务、程序维护使命。[⑤] 韩旭认为客观义务主要包括以下八个方面的义务：客观全

---

① 林钰雄：《检察官论》，法律出版社2008年版，第25页。

② 参见李美蓉、甄贞：《从检察制度的历史与比较论我国检察官之定位与保障》，载《法学杂志》2012年第1期。

③ 参见林钰雄：《检察官论》，台北，学林文化事业有限公司1999年版，第16－17页。

④ [日]松本一郎：《检察官的客观义务》，郭布、罗润麒译，载《法学译丛》1980年第2期。

⑤ 参见龙宗智：《检察官客观义务论》，法律出版社2014年版，第118－124页。

面地收集、开示和出示证据的义务；对非法取证行为进行调查核实并排除非法证据的义务；避免提起不当诉讼的义务；客观提出量刑建议以及在认为被告人无罪时请求法院作出无罪判决或者申请撤回起诉的义务；为被告人利益提出抗诉或者申请再审的义务；保障被追诉人诉讼权利的义务；诉讼关照的义务；保障辩护人行使辩护权利以及认真倾听辩护意见的义务。① 此外，来自德国的"三规则说"在我国学界影响也很大，即检察官客观义务包括：一是检察官在收集证据时，对于有利于与不利于被追诉人的证据均须予以收集；二是审判过程中，检察官如果认为证据不足以定罪，可以要求法院宣布被告人无罪；三是检察官可以为被告人利益提起抗诉或者请求再审。② 如果让客观义务的内容更加具有周延性及精准性，检察官基本的客观义务至少包括以下内容：证据收集、审查义务；起诉裁量义务；控辩平等维持义务；诉讼关照义务；诉讼救济义务。这些检察官的客观义务属于最基本的要求，只有履行上述基本客观义务，才能保证检察官能够中立、客观地完成其角色扮演行为。

至于为何检察官应具有客观义务，第一，这是和现代法治国家的刑事诉讼程序的目的直接相关的。这是因为，法治国家刑事诉讼程序的目的并不在于单纯地打击犯罪，而是强调公正地追诉和审判犯罪。换言之，法治国家的刑事诉讼程序，禁止不择手段、不问是非、不计成本地打击犯罪。③ 只要是法治国家，即使检察官主要职责为追诉，也不会只关注将涉嫌犯罪者绳之以法，而是要求检察官客观公正地查明案件事实，最大限度地还原案件真相，从而使真正有罪者获得

---

① 参见韩旭：《检察官客观义务：从理论预设走向制度实践》，载《社会科学研究》2013 年第 3 期。

② 参见林钰雄：《刑事诉讼法（上）》，中国人民大学出版社 2005 年版，第 106 页。

③ 参见林钰雄：《刑事诉讼法（上）》，中国人民大学出版社 2005 年版，"序言"。

法律制裁,使无罪者脱离刑事制裁的桎梏。可以说,现代法治国家的刑事诉讼法不单纯是追诉法,也是保障法。这就要求检察官秉持客观中立之立场,从正反两方面抽丝剥茧查明案件真相,兼顾打击犯罪和保障人权,从而实现法治国家的刑事诉讼的目的。第二,从检察官社会公益维护者的身份上,其应具有客观义务。在检察官职位设置之初,检察官就被赋予了法律守护等诸多高贵的、道德化的义务。在法治国的建构中,检察官更是承载了一种美德性的社会诉求。在应然角度上,检察官应当是能够代表社会公共利益,具有特定德行伦理的公共职业阶层。检察官是国家之职官,并不是个人控诉利益追求者,因此,这决定了检察官应做到对客观义务的恪守。正是由于检察官是社会公益的维护者,社会公益不可能不包括涉嫌犯罪者的利益,这也决定了其必须以客观公正的立场采取法律行动。第三,之所以检察官具有客观义务,这是与其天然的身份地位密切相关的。检察官从设置时,就被设定为法律保卫者的身份。在客观义务的最初源地德国,检察官只是形式上的当事人,而不是实质上的当事人,这是因为,无论案件结果如何,在法律意义上,都与检察官没有利害关系。德国设置检察官的重要目的之一就是对警察及法官的权力实行制约,以守护法律不被践踏。而欲实现保卫法律的目的,赋予检察官客观义务,从而使其秉持客观中立立场,这就成了应有之义。第四,检察官权力过大引起担忧,从而要求其应具有客观义务。在现代国家的诸种刑事权力之中,检察权是一种强势权力。检察官不仅可以通过警察等权力予以发动、延展自己的强制权力,而且可以直接采取起诉等进攻性很强的方式展示自己的权力。在属于英美法系国家的美国,检察官是刑事司法程序中的“大人物”,其能够直接影响程序的进行、案件的结果以及被告人的命运。在欧陆法系也是如此,即使这些国家当初赋予检察官权力用以监督、制约警察及法官,但是,又会产生谁来监督监督者之悖论,因此,这就应在法律中规定检察官客观义务,通过客观义务之法律责任限制检察官裁量权的滥用。第五,从法律职业本身特质而言,检察官也应当具有客观义务。检察官是法律职业人士,从职业化的角度而言,其应当将职业偏狭利益或者个人追诉倾向与职业行为分离开来。因此,检察官不应当是被单纯追诉倾向所控制的追诉人,而应是具有客观中立品质的法律家。

二、检察官客观义务的比较考察

从制度比较的角度进行考察,在欧陆法系国家,检察官具有明显的承担客观义务的角色。这在法德等国家的刑事司法制度中体现得尤为鲜明。这其中既有历史承继的因素,也是欧陆法系国家对诉讼规律及诉讼模式认识深化的结果。这是意图在警察与法官为核心的刑事诉讼格局中,导入新鲜因素。通过对检察官的引入来衡平其与警察、法官的位置及相互关系,从而达到权利保障及法治国建构之目的。

检察官客观义务最初确立于德国,其法律最早规定了检察官具有独特的承担客观义务的司法官特质。实际上,1874 年德国《刑事诉讼法草案》并未明确规定检察官应客观中立地执行职务的基本原则,该草案第 139 条(德国现行《刑事诉讼法》第 160 条第 1 项)仅规定:“通过告发或者其他途径,检察院一旦了解到有犯罪行为嫌疑时,应当对事实情况进行审查,以决定是否提起公诉。”但在草案审议期间,两位参议员 Hidesheim 市长 Struckmann 和 Sachsen 邦检察长 Schwarze 博士,在委员会会议上主张在该条文中加入“检察官必须调查有利于不利于犯罪嫌疑人证据情势”的规定,他们认为唯有如此方能避免认为侦查程序的目的仅在于收集不利证据的看法以及对于检察官任务的错误认知。最后,在删除了一些不必要的文字后,

Schwarze 等提案增加的条文纳入了 1877 年所制定通过的德国《刑事诉讼法》,并沿袭至今。这就是德国现行《刑事诉讼法》第 160 条第 2 款之起源。[1] 按照萨维尼等的意见,德国设立检察机关的初衷,并非仅仅在刑事诉讼中嵌入一个专事控诉的官员,而是针对警察侦查只重"合(侦查)目的性",不重合法性,以及法官擅断的问题,设置一个能够保护法律实施,兼顾打击与保护的客观公正的法律机构。[2] 萨维尼认为:"检察官应当担当法律守护人之光荣使命,追诉犯法者,保护受压迫者,并援助一切受国家照料之人民。""检察官作为法律的守护人,负有彻头彻尾实现法律要求的职权。"[3]在功能意义上,检察官承担着法律护卫者的角色,并以追求法治国的目标实现为宗旨。在此方面,检察官与负有真实与公正义务的法官已无太大差别。在职权行使原则方面,在刑事侦查领域,德国检察官恪守客观法的意旨,无论是有利于犯罪嫌疑人的证据,还是对其不利的证据,都应当收集。检察官并不一味以犯罪克星自居,而是以客观公正之官署为己任。虽然德国检察官在组织原则方面具有一定的行政风格,譬如下级检察官受到上级检察官指令性权力的约束,上级检察官对下级检察官具有职务移转权及代替权。然而,这些行政运作方式都具有一定的界限。检察官基于法律及良知独立办案的司法方式基本能够得以保证。因此,在实质意义上,德国检察官毋庸置疑具有客观义务的司法品性。

在法国,检察机关虽然在组织体系上隶属于行政机关,然而,检察机关属于特殊的司法行政机关。与典型的以维护政府利益为天职

---

① 参见郭吉助:《检察官客观义务规定之探讨》,载《检察新论》第 13 期(2013 年)。

② 参见龙宗智:《检察官客观义务论》,法律出版社 2014 年版,第 129 页。

③ 林钰雄:《检察官论》,法律出版社 2008 年版,第 22 - 23 页。

的行政官相比，检察官则属于社会公益的代言人及正义的代表。这就决定了法国检察官的客观义务承担者的角色，也从而成为法律的忠实保镖。因此，在法国，检察官也被称为“法律战士”。

对于欧陆法系国家的检察官而言，在功能方面，无论是法官还是检察官，同样都是法律的守护者。但是，法官是通过一种相对消极的方式来实现这种目的。对于法官而言，只要其能够公正、客观、正确地适用法律，就算完成守护法律的志业。而对于检察官而言，则是通过一种积极的方式来履行此使命，即检察官不仅本身在适用法律时应具有合法与正当性，同时也应承担平衡、调适法官与警察权力，以及防止此二机关滥权及保证其正确执行或者适用法律之重任。可以说，自现代检察官制度肇始，其就承担起分散纠问法官权力之任务，并使法官及警察按照诉讼规律履行其职责。因此，在欧陆法系国家，检察官一直被认为恪守客观义务而承担法律守护者的大任。

在传统的美国刑事司法实践及理念中，检察官属于当事人。这是因为，美国采取激烈对抗的当事人主义诉讼模式，因此，检察官就和被告人一方一样，以争胜为最大的目标，因为这直接影响着对其诉讼业绩的考量。这决定了美国检察官在很大程度上属于与案件处理结果具有利害关系的当事人。但是，美国检察官的当事人地位并不是绝对的，其也具有客观义务。美国检察官的客观义务是在司法实践中通过判例逐步确立的。[①] 美国判例认为，美国检察官在刑事诉讼中扮演着双重身份。一方面他们有责任在刑事诉讼中发现犯罪；另一方面他们有义务保证无辜的人不受到起诉和判刑。在 1935 年伯格诉合众国案中，美国最高法院正式承认检察官在美国社会中发挥

---

① 参见蒋剑伟：《中美检察官客观义务内涵述评》，载《法学评论》2009 年第 2 期。

着特殊的作用。[①] 在此判决中，美国最高法院认为："美国检察官代表的不是普通的一方当事人，而是国家政权，他应当公平地行使自己的职责……检察官是法律的奴仆，具有双重目标，既要惩罚罪犯，又要确保无辜者不被错误定罪。"[②]特别是在量刑阶段，美国检察官专门通过相关规定明确了检察官的客观性义务。在美国《律师协会刑事司法准则》3－6.1 中就对检察官量刑阶段的客观义务作出规定：(1)检察官的工作业绩不应建立在量刑更重的基础上。在量刑中，量刑公正是检察官的基本任务，而不应单纯为了追诉目的而导致不公正的量刑。(2)如果由法官决定量刑，检察官也应出庭履行自己的职责，同时提出的量刑建议也应是公正客观的。(3)如果是陪审团决定量刑，检察官应当根据法律的要求提供相关的量刑证据。然而，对于检察官提供的证据和量刑事实，不能使陪审团产生不应出现的量刑歧视或者偏差。

检察官的客观义务不是像辩护律师那样，偏居一方当事人，只求打赢官司，[③]"从无败绩的检察官形象"不应被一味推崇，更大的责任和更高的期待被赋予美国检察官，即"为了服务社会，检察官必须公正地追求社会利益，检察官的目的不是要判被告人有罪，因为被告人不一定有罪，社会惩罚无辜，不会得到什么好处"[④]。苏哲兰大法官在 1935 年伯格诉合众国一案中指出，"检察官提起公诉时自当集含真诚与活力——实际上，他理应如此。但在疾风暴雨式打击的同时，

---

① 参见孙长永：《检察官客观义务与中国刑事诉讼制度改革》，载《人民检察》2007 年第 17 期。

② Berger V. United States，295 U. S. 78(1935).

③ 参见王守安、董坤：《美国检察官职业伦理规范建设与启示》，载《人民检察》2016 年第 15 期。

④ [美]富兰克林·斯特尔：《抗辩制固有的普遍问题及改革建议》，载江礼华、杨诚主编：《美国刑事诉讼中的辩护》，法律出版社 2001 年版，第 63－64 页。

也不能为所欲为，即便是对那些满身垢气之人。使用一切合法手段将恶人绳之以法固然重要，检察官亦应避免因不当措施错误起诉，这一职责所在同样不可偏颇”①。可以看出，随着对司法理念认识的深入，美国检察官的定位从绝对当事人主义化，也逐渐开始承认检察官具有一定的客观义务。

在英国，在1908年《犯罪起诉法》中，为防止不当起诉或者误判之风险，检察长仍然有通过指导、咨询或者接管案件的方式，履行自己干预警察权力不当行使的职责，对警察权力形成一定控制及约束。在监督国家法令的统一及贯彻方面。虽然现代英国检察官守护法律的意义很小，然而，英国检察官的前身即大陪审团在建立之初，本身就具有保证王国法令统一实施的功能。根据英国《皇家检察官守则》，皇家检察官具有公正、客观及独立的特质。在具体诉讼过程中，被告人、被害人、证人的种族、国籍、性别、信仰、政治倾向、性倾向都不应是影响检察官决定的因素。任何其他不适当的或是不正义的因素都不能对检察官的法律行为造成影响。

检察官的客观义务也是联合国相关法律文件所正式确立的原则性内容，在《联合国关于检察官作用的准则》中，检察官的客观义务包括：(1)不偏不倚地履行其职能，并避免任何政治、社会、宗教、种族、文化、性别或任何其他形式的歧视。(2)保证公众利益，按照客观标准行事，适当考虑到犯罪嫌疑人和受害者的立场，并注意到一切有关的情况，无论对犯罪嫌疑人有利或不利。(3)若一项不偏不倚的调查表明的起诉缺乏根据，检察官不应提出或继续检控，而应竭力阻止诉讼程序。(4)依法保护犯罪嫌疑人的合法权益。当检察官根据合理的原因得知或认为其掌握的不利于犯罪嫌疑人的证据是通过严重侵

① Berger V. United States, 295 U.S. 78 (1935).

犯犯罪嫌疑人人权的非法手段，尤其是通过拷打，残酷的、非人道的或有辱人格的待遇或处罚或以其他违反人权办法而取得的，检察官应拒绝使用此类证据，或将此事通知法院，并采取一切必要的步骤确保将使用上述手段的责任者绳之以法。(5)检察官应在刑事诉讼，包括提起诉讼、根据法律授权或当地惯例，在调查犯罪、监督调查的合法性、监督法院判决的执行和作为公众利益的代表行使其他职能中，发挥积极作用。

因此可以看出，检察官的客观义务是世界法治国家及联合国的普适性的认识，在法律实施过程中，这些国家及国际刑事司法领域也普遍支持检察官能够履行保卫法律公正实施的义务，而不是单方面的追诉者。①

三、作为法律监督者的我国检察官的客观义务

在我国，在法律角度上，检察官具有宪法层面上的法律监督地位。在现有宪法框架内，监督公安、法院等机关的权力行使，既是检察机关的宪法性权力，也是其宪法性义务。“我国检察机关是国家法律监督机关，并列于行政机关和审判机关的宪法地位，以及其参与诉讼、监督诉讼，运用法律规范、通过诉讼的形式处理具体案件的活动(公诉权的行使)，决定了我国检察机关具有‘行政性’和‘司法性’的双重属性，也体现出了客观公正与法律监督的高度契合”②。

在我国，由于宪法等法律赋予了检察机关专门的法律监督权，因而刑事诉讼中的侦查权、司法权和执行权均在检察监督的范围之内。

---

① 参见魏腊云：《论检察机关宪法定位的理论基础》，载《江西社会科学》2007年第3期。

② 侯凯中：《客观义务与指控犯罪——兼论公诉检察官的法律监督定位》，载《中国检察官》2015年第23期。

我国将检察机关定位为专门的法律监督机关，其享有侦查权及公诉权能，同时还具有监督公安和审判法官权力的双重权力。在我国的刑事诉讼中，检察机关既发挥着控诉犯罪职能作用，同时也以司法官员的身份发挥着对公安机关的侦查行为和人民法院的审判行为的监督职能作用。在控诉功能与监督功能之间，控诉是手段，监督是目的。① 因此，检察机关的公诉活动以正确适用法律为目的，在程序原则上遵从客观及法定主义，其监督职能更是体现出其明显的"法治守护"的性质。

可以说，对于作为法定的监督机关的检察机关而言，其监督权力是宪法意义上的，监督力量来自宪法和法律的支撑，因此，检察机关的监督不仅来自诉讼结构内部规律的要求，而且具有高等级位阶法律的依托，因此，这和域外检察官对警察和法官的制约还存在一定的差异。这种来自法律监督者的地位，决定了我国检察官应当具有更超然的客观义务。同时，检察官具有客观义务可以更好地使其履行监督职责。这是互为表里的关系。检察官具有客观义务，秉持中立客观立场，这也可以巩固其法律监督者的权威及公信力。

作为法律监督机关，我国检察机关具有客观义务。客观真实理念与法律监督定位这两个根基的结合使我国更为强调检察官的客观公正性，也产生了更为广泛的客观义务，以至检察官客观义务贯穿于刑事诉讼的整个过程，甚至每个检察官的职权行为。② 检察机关具有客观义务能够使其更好地履行法治统一的任务，这也可以实现维护司法公正的职责。即使我国检察机关具有控诉之职能，但是，这种控

---

① 参见朱孝清：《中国检察制度的几个问题(上)》，载《人民检察》2007 年第 8 期。

② 参见陈卫东、杜磊：《检察官客观义务的立法评析》，载《国家检察官学院学报》2015 年第 3 期。

诉并不是单纯一方当事人的进攻模式的控诉，而是蕴含着法律监督者身份的控诉，检察官的客观义务与此天然吻合，不会产生根源性抵牾，这可以在一定程度上克服当事人主义模式下的检察官纯粹强调追诉的缺陷。法律监督机关的角色定位，又比没有把检察机关定位为法律监督机关的国家更有利于检察官客观义务的落实，因为它有利于检察机关避免面对其是形式当事人还是实质当事人的困扰，防止和克服片面追诉思想，更好地超越当事人的局限，从而客观公正地履行职责。我国检察机关在刑事诉讼中是法律监督的职能主体而没有像有些国家那样被规定为"当事人"，只有强化检察官客观义务，才能更好地符合刑诉法对其所做的定位。总之，唯有客观公正，才能胜任法律监督的主体定位；法律监督，更需要也更有利于实现客观公正。[①] 这直接表明了作为法律监督机关的我国检察机关与客观义务的契合性。

① 参见朱孝清：《检察官负有客观义务的缘由》，载《国家检察官学院学报》2015年第3期。

第三章

检察官在审查起诉中的能动司法及功能

毋庸置疑，检察官是整个社会的保卫者，这种角色主要是通过刑事追诉而实现的。但是，即使以这种名义，追诉的限度也不能超过社会通常的情理。检察官在公诉时应当以法律为基准，这是一个明确的标准，但是，这些明确的标准最初制定是以社会通常情理为基础的，至少是不应违背社会正常情理。可以说，脱离社会通常情理的法律是没有生命力的，其不仅不具有威严，而且还会有损法律的威严。因此，检察官审查起诉不能完全照本宣科或者按图索骥，也应追求能动司法，将审查起诉看作一项有温度的事业。“对于承担追诉犯罪和维护国家法制统一之责的检察机关而言，能动性无疑是其内在的天然品质和应尽的工作职责。”①检察官审查起诉不应全是冷冰冰的司法操作，也应当有人性的温度。检察官审查起诉应当持一种积极的态度，而不是完全僵化于法律之中。检察官的审查起诉应当与社会需要对接起来，能够感受到社会的呼声，并且在必要时适用能动司法的法律方法。

检察官在审查起诉中通过能动司法实现天理、国法、人情的结

---

① 陈丽玲:《正名“能动司法”——兼谈“能动检察”之本体价值》，载《广西师范大学学报(哲学社会科学版)》2016 年第 2 期。

合,同时也实现了法律效果与社会效果的结合,让检察官在审查起诉中不仅具有刑法严厉的面貌,而且具有了民意关照的温情一面。

一、作为根源的西方语境中的司法能动主义

所谓司法能动性,是指司法者在处理具体争议时,除了考虑法律规则之外,还要考虑具体案件的事实、法律原则、案件的社会影响、道德、伦理、政策等因素,在综合平衡的基础上作出最后的决定。① 作为近年来司法理论研究中的著名术语之一,一般认为,司法能动主义概念并非由法律人士所首倡。其实,在 1947 年 1 月的《财富》杂志中,Arthur Schlesinger Jr 对美国联邦最高法院大法官进行了分类,即这些大法官包括所谓的司法能动主义者、司法克制主义者及中和主义者,“司法能动主义”一词因而被提起。在美国,在司法实务界,詹姆斯·C. 哈舍森(Joseph C. Hutcheson)是在司法意见中第一个使用司法能动主义这一术语的人。② 第一个提到司法能动主义概念的大法官是怀特,1968 年 11 月,他在 Cornell 法律评论上发表的《最高法院在民主社会中的作用:司法能动主义还是克制主义?》一文中指出:“在塑造我们的社会的过程中,法官的能动作用(active role)一直是必要的和适当的,司法能动(judicial action)的需要在那些政治过程提供得不充分抑或立法权缺乏或问题被政治家所忽略的法律领域具有更强烈的要求。”③在法学理论领域,爱德华·麦克维尼(Edward Mc Whinney)(一位出庭律师兼多伦多大学的法学教授)则于 20 世纪 50

---

① 参见周汉华:《论建立独立、开放与能动的司法制度》,载《法学研究》1999 年第 5 期。

② 参见[美]肯恩·凯密克:《司法积极主义的起源和当代含义》,范进学译,载陈金钊、谢晖主编:《法律方法》第 11 卷,山东人民出版社 2011 年版,第 66 页。

③ 范进学、冯静:《司法能动主义在中国:司法哲学之可能走向》,载《云南大学学报(社会科学版)》2010 年第 2 期。

年代将司法能动主义引介到了严肃的学术研究领域,他从比较法的视角分析了司法能动主义。在《最高法院和司法决策的困境》[①]一文中,他提出了对司法能动主义的几点异议:(1)司法审查并不总是政策作出的有效方式。法官们精通法律但并不最具资格将共同体的价值转化为法律政策。(2)对抗性的程序和"违法犯罪案件和民事纠纷"的要求严格地限制了司法能动主义的效力。(3)司法能动主义的影响力有局限性。法院应避免卷入政治党派的冲突中,否则将有损自己的合法性。(4)司法能动主义损害了大多数人统治的原则,它将"九个老男人"的意志强加于人民的主要代表和立法身上。而对司法能动主义最初进行深入研究的则非美国学者克里斯托弗·沃尔夫莫属,他在《司法能动主义——自由的保障还是安全的威胁?》一书中指出,司法能动主义的基本宗旨就是,法官应该审判案件,而不是回避案件,并且要广泛地利用他们的权力,尤其是通过扩大平等和个人自由的手段去促进公平——保护人的尊严。能动主义的法官有义务为各种社会不公提供司法救济,运用手中的权力,尤其是运用将抽象概括的宪法保障加以具体化的权力去这么做。[②] 当然,法律实践往往是理论的先驱,早在 1803 年马伯里诉麦迪逊一案中,就体现出明显的司法能动主义的特质。该案也是司法能动主义最早的著名案例。通过该案,大法官马歇尔在裁判中宣称:"法律是什么? 法院说了算。"以该案为标志,司法审查制度得以确立,美国联邦最高法院从而获得了审查法律是否违宪的权力。

---

① See Edward Mc Whinney, *The Supreme Court and the Dilemma of Judicial Policy-Making*, 39 Min. L. Rev. 837(1955). 转引自刘伟:《试论司法能动主义在中国之不可能——由一个案例引发的思考》,载《黑龙江省政法管理干部学院学报》2010 年第 8 期。

② 参见[美]克里斯托弗·沃尔夫:《司法能动主义——自由的保障还是安全的威胁?》,黄金荣译,中国政法大学出版社 2004 年版,第 3 页。

在美国，司法机关基于违宪审查制度获得了对立法权、行政权的审查权力，这保证了联邦最高法院能够借助司法能动主义来实现社会公正之引导目的，从而深刻地塑造了美国社会的发展方向。此外，司法能动主义也扩展适用至普通法院的审判中。这也是一种忽略成文法或者先例的司法方法，通过法官在行使自由裁量权时注入政治或者政策等因素，从而使社会实质正义得以实现。可以看出，司法能动主义重视案件的实质正义，而忽略形式或者法条的限制。司法能动主义轻视前例，其对法律的解释注重的是社会政策、公平原则等因素。对于作为司法能动主义者的法官而言，政治、政策、经济、社会伦理等因素是更为重要的东西，也是法官衡量中更具优势的根据。可以看出，在原教旨意义上，虽然只是美国联邦最高法院对立法及行政具有司法审查之权限。然而，随着司法能动主义的发展，普通法院的法官亦能够超越前例或者法条，从而在社会公共政策的基础上具有解释法律、司法立法等诸多权限。正是因为作为司法能动主义者的法官强调的是公共政策、社会伦理等价值层面的内容，因此，其承担的角色属于塑造型的而不是顺从型的。或者说，作为司法能动主义者的法官是促进社会进步的工程师，而不是恪守前例或法条的适法者。①

能动司法的提出是不同法制发展阶段的理性产物，基本介于前法治时代后期与后法治时代前期，能动司法体系的建立和完善是后法治时代的重要标志之一。能动司法既包含了以制定法为骨干的诸多原则性规范，又包含了以法制原则、立法精神、法律政策、司法解释、先例比照等为要义的例外性规范；其特征是：具有政治型司法、战略型司法、需求型司法、服务型司法、主动型司法、高效型司法的特

① 参见宋远升：《司法论》，法律出版社2016年版，第10－12页。

质。能动司法不仅仅需要司法理念的更新,更需要机制的创新和体系的完善。① 其实,司法能动主义理论最早在我国用于法官的能动司法,但是,这并不能说检察官不适用能动司法理论。这主要是基于以下原因:

第一,在司法哲学基础上,法官能动司法和检察官能动司法存在相同的哲学根据,那就是实用主义或者现实主义。就实用主义意义上的司法能动主义而言,我国检察官能动司法与法官能动主义并不存在"本质上的区别",至少应当把两者看作同质性的社会现象或社会行为。第二,二者的产生具有相同的社会需求因素,都是经济社会发展及其带来相关法律关系及理念的变化,从而促使司法机关采取更加能动、积极的方式解决这些社会现实问题的结果。因此,即使法官司法能动主义与检察官能动司法存在一些差异,却不能否认二者的实质根据具有相同之处。

二、检察官在审查起诉中能动司法的动力机制

能动,就是自觉、积极、主动。能动司法是主动型、服务型、高效型司法的总称,能动司法运用于检察工作便是能动司法检察理念。② 为何检察官在审查起诉中采取能动司法的方式?这是与推动其采取这种方式的动力机制直接勾连的。审查起诉中采取能动司法本身不仅有现实需要,同时也是与成文法律自身天生的缺陷等因素密不可分的。

(一)社会生活的需求是检察官在审查起诉中能动司法的社会基础

检察官在审查起诉中能动司法其实是在严格法令与其他诸如公

---

① 参见周平:《能动检察的法理判断》,载《河南社会科学》2013 年第 5 期。

② 参见《深化新时代能动司法检察工作》,载《检察日报》2021 年 8 月 2 日,第 1 版。

共利益、政策取向等因素之间进行的权衡，其价值在于通过检察官个人职业能动性以适应社会中人、时、事的变化，从而能够更好地适用法律解决现实问题。司法是与社会生活直接连接的，在很大程度上，司法是为社会关系配备的国家正式解决工具。随着现代社会的发展，其越来越呈现出社会关系复杂化、变动性等特征，社会需求也日益多元化。法律具有稳定性，但法律规范始终是有限的，难免滞后于社会的发展变化，立法者虽在法条中为特定的价值、伦理作出安排，但并非通过简单适用法律就能实现这些预先安排。要在法的稳定性和社会变化之间寻求平衡，就需要司法工作者发挥能动性，对立法作出适应社会发展需要、合乎时代精神的解读。① 这在一定程度上需要检察官改变其传统的完全恪守法条之角色，从而以能动、积极之姿态应对这种变革或者冲击。检察官在审查起诉中能动司法是司法追赶现实的表现及结果，这也与我国社会发展、法律保护权利的多样化需求急剧上升等因素有关。这不仅超越了立法机关的能力，也超越了传统司法所能应对的范围。可以说，能动司法在消除利益分配的不公及利益集团的冲突、减少社会动荡等方面，具有传统机械司法不可替代之优势。可以看出检察官在审查起诉中能动司法与社会生活的需求是密不可分的。因而在中国特殊的法治语境下，检察人员不仅要有法律职业者的理性认知和司法智慧，还必须要对社会民生有深刻的体察和对人民群众有深厚的感情。片面强调案件在法律上的处理结果，机械套用法律条文，使法律完全脱离了社会和民众的期待，有违一般人的合理预期和正义理念，其损害是巨大的，我们可能为此付出更多的道德成本和经济成本，司法运作的失败将给我们留下永

① 参见任磊、刘孟田、赵晓蕾：《刑事检察的能动展开》，载《人民检察》2022 年第 22 期。

不褪去的伤痕。[①]

(二)成文法律固有的缺陷是检察官在审查起诉中能动司法产生的技术原因

对于成文法律而言,其具有规范、普遍及反复适用的特质,这都是法治优于其他治理方式的优势表现。然而,对于立法者而言,其制定的法律也不是一个完全自给自足、自我循环的体系。这就为检察官在审查起诉中能动司法提供了场域。具体而言,成文法律的天然缺陷包括:首先,即使立法者具有高超的立法技艺,能够制定出符合当时社会发展的法律,但是,如果法律适用的背景发生变化,那么检察官再按照法律文本直接适用就会发生障碍。社会发展的需求往往会超越立法者制定法律的速度,从而导致立法不适现象的发生。其次,如果司法体制或者程序本身就与立法者制定的法律不协调,这就需要检察官在审查起诉中通过能动司法进行调适,从而使法律的意志能够以最为适合的方式适用于社会现实。因此,这里需要关注的不仅是立法者本身的技艺或者能力问题,而且还涉及检察官在审查起诉中与之相协调的问题。当然,这种协调是与检察官对社会现实的关注分不开的。即使法律存在难以避免的"皱褶",但是,检察官在审查起诉的必要时间也可以成为熨帖社会现实的法律裁缝,使立法者制定的法律与社会关系再度吻合。最后,立法者制定的法律是一种针对不特定主体或者不特定行为的规范性形式,其具有一般性、抽象性及无差别地对待其管辖权下一切民众的特征,然而,这种普遍性却失之于不能为特殊个案提供有效的法律供给。这种法律文本的概括化与个案的特定需求就可能产生矛盾。因此,基于成文法律本身所具有的缺陷,需要检察官在审查起诉中通过能动司法保护各种情

① 参见李斌:《检察工作中"能动司法"的引入》,载《国家检察官学院学报》2012年第3期。

况下不同主体的利益诉求。刑事诉讼法明确赋予检察机关不起诉裁量权，检察人员应充分准确适用法律，审慎起诉。从能动检察的角度来看，检察官应在审查起诉工作中关注社会现实矛盾的复杂性，对实质的价值判断保持必要的敏感，在适用法律时尊重社会的主流价值，尊重普通人的"法情感"，避免机械适用法律。① 可以说，正是通过能动司法，在保护多数人利益的同时，也兼顾到个体正义的满足。否则，少数人利益或者个体正义就可能成为成文法保护下的盲区。这些都是检察官在审查起诉时能动司法的动力。

三、检察官在审查起诉中的双重角色

（一）检察官在审查起诉中具有法律恪守者的角色

可以说，即使检察官角色具有多元性，然而，检察官的基本角色主要是通过恪守法律、严格公诉完成的。虽然检察官有追诉官、护法官、保民官多重角色及称谓，其实，其核心角色还是依法承担追诉任务的国家刑事职官，或者说检察官是主攻追诉业务的法律人。检察官在审查起诉时应遵循法定主义，严格按照法律规定起诉是其公诉职业的应有之义。恪守法律应为检察官审查起诉行为之基本宗旨，在这点上自然毫无疑义。不仅如此，检察官在审查起诉时应遵循客观性义务。在具体操作层面，则应当专门制定客观义务之标准，无论是有罪追诉还是无罪撤诉，或者是裁量行为都应参照明确标准。

（二）在特定情况下，检察官是能动司法的操作者

在应然意义上，检察官的审查起诉应当是法律原则要求的结果，然而，检察官并不是隐居在现实社会之外的隐士。法律不外乎人情，即使检察官接受的是严谨甚至刻板的法条主义教育，在具体行使审

---

① 参见任磊、刘孟田、赵晓蕾：《刑事检察的能动展开》，载《人民检察》2022 年第 22 期。

查起诉权时应受到刚性法律的约束，然而，在严格法律原则的边界，还有天理、人情等其他因素作用下裁量的范围，这会使检察官采取能动司法的方式行使国家赋予的公权力。在审查起诉阶段，首先，检察官应当通过审查是否有进一步追诉的必要和诉的利益，就个案作出诉与不诉的裁量。其中，对于大量轻罪案件，检察机关应当根据少捕、慎押、慎诉的刑事司法政策，善于、敢于行使法律赋予的不起诉裁量权。其次，对于需要继续追诉的案件，检察官则需要通过程序分流，实现司法资源的优化配置。具体而言，对于不认罪认罚的犯罪嫌疑人，将通过普通审判程序、通过控辩对抗的方式确定其是否有罪、是否应当负刑事责任；对于认罪认罚的犯罪嫌疑人，则需要通过协商，根据辩方的意见和选择，采取适宜的审判程序，从而实现案件的繁简分流、快慢分道。①

在检察官的双重角色中，虽然检察官要严格适用法律或是其角色从的核心，但是，检察官的职业行为并不纯粹是法律的产物，检察官也不具有唯一法律角色。如果从一种法律实用主义的角度出发，检察官也是维护社会多重利益角色的扮演者。检察官不仅是个案正义的保卫者，也是社会宏观利益的宣导者，检察官从诞生之初就被赋予关注社会多重利益的使命。司法作为法律的一种实施方式，不仅要追求最佳的法律效果，还要追求最佳的政治效果和社会效果，并把这“三个效果”有机统一起来。检察机关贯彻能动检察理念，应当通过以政策指导司法、全面准确理解执行法律、以司法解释填补法律漏洞、正确行使自由裁量权、把握办案时机和方式方法、坚持法理情相结合、深化办案释法说理等方法或途径，实现司法办案法律效果、政

① 参见吴宏耀、郭泽宇：《“能动检察”的法理基础与实践图景》，载《检察日报》2021年12月16日，第3版。

治效果、社会效果的有机统一。①

检察官表面是刑法及刑事诉讼法的适用者，其职务行为是法律运作的产物；实质上检察官却具有维护多重利益的角色面向，其职业行为是各种因素的综合产物。诚然，检察官具有权力场域作用下的法律人角色。然而，检察官不是生活在真空之中，其也是社会中的人。在个案中，检察官不应完全依凭法律进行诉讼活动，检察官在审查起诉中，应考虑历史因素、民族习俗、伦理道德、公共政策、通常情理等情况。因此，作为多元因素综合作用的结果，如果欲保持检察官纯粹法律世界中的独自存在，成为不食世俗人间烟火的法律隐士，显然是乌托邦的浪漫想法。

法律是解决社会问题的工具，其本身就是社会的产物，作为社会矛盾解决者之检察官，显然也不能免受社会力量的影响。检察官处置案件并不完全是法律原则控制下的行为，而是结合社会诸多影响因素综合衡量后的结果。因此，对于检察官而言，无论其追诉行为还是不起诉行为，都不是纯粹适用法律的产物。

四、检察官在审查起诉中能动司法的功效

（一）弥补法律刚性及僵化的不足，发挥检察官的机动权衡能力

对于法律而言，虽然其是先贤在社会现实基础上的经验、智慧的总结，然而，即使是最伟大的立法专家也不能精确预计将来发生的社会关系之具体情状，未来可能永远超出个人智力所能及之范围。即使人们在不断地认识新的事物，并且迷信自己能够认识人类事物的本质以及变化，然而，这不过是自欺欺人的迷思而已。对于立法者而

① 参见朱孝清：《论能动检察》，载《人民检察》2022 年第 13 期。

言也是如此。当更加具有值得重视的社会价值出现而立法者不能频繁修法或者立法时,就会产生利益权衡之困窘。与立法者相比,检察官与法官同处社会关系第一线,最能了解社会关系中哪怕是最轻微的震动。同时,检察官深谙法律意蕴,熟悉法律技艺,且在从事法律职业的社会实践中磨砺出人情练达之风格,因此,能够将严格法律及社会多样需要紧密对接。检察官应认识国家宏观利益的分量,能把握各种利益之间的比重。检察官在审查起诉中能动司法不过是其行使国家宏观利益保护者职权的表现而已。因此,检察官可以发挥其法律技艺,根据国家宏观利益的需要,从而代表国家做出有针对性的选择。检察官不能只注重法律条文的字面含义,满足于法律规则的形式逻辑,否定法律适用的目的与社会效果。检察人员在适用法律时必须严格依据法律行使裁量权,同时不能仅局限于条文字面含义,也不能完全受立法者当初的立法意图限制,而必须善意地将刑法规范朝着正义的方向解释。这种适用、解释法律的方式不是法律扩张主义,更不是重刑主义,唯有如此,才得以将不必科刑的行为排除在刑事追诉视野之外;唯有如此,才能更加准确地定罪以便更加妥当地适用刑罚。①

(二)彰显司法谦抑和善意,更好地体现司法为民的意旨

法官是将法律圣火予以点燃之人,而检察官则可以成为将法律的温度予以传递之人。这意味着检察官不仅是追诉者,而且是保护者。由于检察官审查起诉中的能动司法,这使刑事法不再是冷冰冰的法律机器,而具有了人性的温暖。刑事法不再单纯是惩治法,也可以成为保护法。这要求检察官以谦抑及善良之精神对待自己的审查起诉任务。检察官应以主持、维护、实现公平正义为根本,以理性、客

① 参见李斌:《检察工作中“能动司法”的引入》,载《国家检察官学院学报》2012年第3期。

观、审慎、平静为要义，以实现公正、公平、文明、理性司法作为根本的价值目标。[①] 这是刑法谦抑的外在表现，是实现公诉理性的必然要求。这要求要宽和地对待犯罪。[②] 通过检察官审查起诉中的能动司法，一方面体现出检察官司法中的善意，另一方面则可以将司法的谦抑转化为具体可见的“形状”，使司法的谦抑或者善意以一种看得见的方式实现。

---

① 参见古树：《平和——现代司法之境界》，载《人民检察》2005 年第 23 期。

② 参见丁晓波：《试论确立刑法谦抑的司法观——以检察公诉为视角》，载《湖南社会科学》2009 年第 6 期。

第四章
刑事诉讼中检察权制衡及运行边界

基于权力易于膨胀的本性,即使是检察权被赋予了客观中立之角色,也不例外地具有权力越界的冲动,因此,应当通过法律制度的设计,保证检察权合法有序运行。易言之,检察权运行应有其边界。

检察权在刑事诉讼中最重要的表现形式就是公诉权。检察权和其他权力存在于一定的结构和系统中,在该结构和系统中必须形成一种相对稳定的状态。因为权力和权力(利)之间的冲突不可避免,因此,关键是考虑如何使这些冲突的正面作用发挥至最大,负面影响消减至最小。其最终目的是:既要保证检察权的正常运作,完成其依法律规定的追诉任务,同时也要对检察权进行适当的制约,使其在正常的轨道上运作,而不是暴露其权力恣意的本性,在侵犯社会所珍视的基本权利、侵入他种权力(利)的疆域的同时,也会造成自己在运行轨道上颠覆的结果。

应当承认检察权从国家侦查司法权中分离出来,并对其他行政、司法权力进行制衡,这是现代政治、司法制度的一个巨大创举。但是,检察权在制衡其他权力的同时,其本身更是积累了巨大的权力能量,从而成为权力领域的一个新的垄断者。这就需要解决检察官本身的权力制衡问题。否则,制定了一个新的权力来约束其他权力,反而成了一种新的权力威胁,这就成了悖论。在美国,对于检察权的制衡除了有法官的司法权外，还有选举制对检察官权力的制约——如果检察官不按照法律规定行事，就不会在将来受到选民青睐，选民就有将其选下的可能。其实，检察权的制衡问题，本质上也是检察权如何配置，或者说是检察权与其他权力之间的位置及权力功能设计如何的问题。检察权配置原则作为研究权力配置的基础性问题，将直接决定权力配置的格局，并将直接影响检察改革的路线和走向。按照法治思维来配置检察权，就是要体现控权——对公权的控制、制约，尤其要解决"谁来监督监督者"的问题。将法治思维作为检察权配置的指引，是权力配置的应有之义和根本出发点。① 这就要求检察权的运行应符合宪法规定，也应符合法律确立的检察权与其他权力之间的界限——通过分权的方式来进行制衡。这些都是对检察官权力的外部制衡的方式。除此之外，检察权还需要接受内部制衡——这是一种检察官职业伦理的制衡，只有从内心拜服于对法律的敬仰或者对职业伦理的服从，才是对检察权真正的制衡。

一、权力制衡的渊源及实质

制衡是指每一个政府部门皆具有对抗其他政府部门行为的能力，从而不至于出现任何单一部门操控整个政府的权力和职能的理论。权力制衡理论是纯粹分权理论的高级发展阶段。由于静态分权理论实际上是用一种多元集权来取代一元集权，"集权容易导致滥用"的困境并未得到真正解决。随着时间的推移，人们已经逐渐意识到纯粹分权理论"换汤不换药"的实质，并对这一理论提出了修正，即将其与混合政体理论或制衡理论相混合，由此便进入了权力制衡理论发展的第二阶段——权力分立与制衡阶段。权力制衡理论是权力

---

① 参见边学文、施长征：《重构检察权配置原则的法律思考》，载《天津法学》2013年第3期。

分立理论新的发展,其不仅要求通过权力分割达到一种静态的制衡状态,而且还要求一种动态的、积极的行为来直接行使控权功能。制衡理论的精髓在于:给予每个部门一定限度的对其他部门行使权力进行直接控制的权力。制衡理论是一种对权力进行积极干预或者限制的政治理论,其要点在权力分割和职能区分的基础上,各部门在所有三种职能的领域内都可以行使某些有限制的权威。[①] 该理论深受法国启蒙思想家孟德斯鸠的影响,他提出的"权力制约权力"的著名命题乃是权力分立制衡理论的精髓。孟德斯鸠指出,欲实现政治宽和,必要使权力联合,使一种权力可与另一种权力抗衡。在这种理论的指导下,政府权力不仅被分为立法、行政与司法三块,由三个部门来行使,而且这三个部门在行使权力时一改以往条块分明、互不往来的局面,取而代之的是在独立行使自身权力基础上的相互制约机制,既保证了权力运行的独立性,又保证了权力运行的方向性。[②]

国家权力的存在就意味着人自身的不完善性质。汉密尔顿曾指出,政府存在本身就是人性的最大耻辱。[③] 人是不完善的,有人甚至警告说,国家权力是有限的而不是无限的,不但权力的范围是有限的,而且行使权力也要受到严格的制约。这种观念在西方政治文明中不但历史悠久而且根深蒂固。汉密尔顿在表达需要政府有能力管理被统治者并管理其自身的同时,也指出,需要由人民对政府加以控制,为控制政府需要建立辅助性的预防措施。人们认为,这样做的意义是显而易见的,"自由社会同警察国家之间的基本区别之一是,在

---

① 参见[英]M. J. C. 维尔:《宪政与分权》,苏力译,生活·读书·新知三联书店1997年版,第17页。

② 参见谈臻、茹洋:《限制政府权力的原因和方式》,载《中国律师》2002年第4期。

③ 参见[美]汉密尔顿、[美]杰伊、[美]麦迪逊:《联邦党人文集》,程逢如、在汉、舒逊译,商务印书馆1980年版,第264页。

自由社会里，对政府官员，特别是执法官员履行其职责的方式有着有效的约束”①。

政府权力是否能够抵制权力自身的冲动或者诱惑，以及是否具有防止政府权力越轨的监督机制，是现代国家民主政治体制健康和良性发展的试金石。在民主政治下，保证对政府权力的控制，历来都是重点。一般认为对政府权力最基本的制衡方式主要有两种：(1)以公民权利制约政府权力；(2)以其他公权力制约政府权力。在以公民权利制约政府权力的方式中，在宪政国家里，宪政制度为防止政府权力的滥用提供了两道防线：选举制和权力制衡。但是，宪政体制的代理人风险是公民权利制约政府权力面临的两难命题。在代议制度中，权力的持有者是有选举权的公民，权力的行使者是其代理人。在公民没有选举之前，其有权决定选举谁或者不选举谁，但是，等到投票结束后，被选举的代理人就成了权力的垄断者，可以决定如何行使政府权力。在其任职期内，一般是没有或很少受到民众的监督，因而按自己意志行使权力的空间很大，极易发生隐藏的道德风险。② 卢梭曾经说过，“英国人民自以为是自由的，但他们是大错而特错了。代表使他们自由的本质走了样：只有在选举代表的时候，他们才是自由的。代表一经选出，他们就变成了奴隶，他们的作用统统化成了零”③。公民选举代理人组成政府，纳税供代理人及其政府职员行使，本来就是要求其能够合法、正当、高效地行使公共权力，而保证政府正常运作的“所有风险、技术和技能，本来都是由政府来承当”④。

---

① 参见[美]詹姆斯·M. 伯恩斯、[美]杰克·W. 佩尔塔森、[美]托马斯·E. 克罗宁：《民治政府》，陆震纶等译，中国社会科学出版社 1996 年版，第 232 页。

② 参见张维迎：《博奕论与信息经济学》，上海三联书店 1993 年版，第 85 页。

③ 州长治主编：《西方四大政治名著》，天津人民出版社 2002 年版，第 386 页。

④ 吴思：《血酬定律：中国历史中的生存游戏潜规则：中国历史中的真实游戏》，中国工人出版社 2004 年版，第 240 页。

公民行使监督政府的权力使其被迫承受双重损失，一份是向政府缴纳的税赋，另一份是监督政府所带来的成本。诚然，不容否认公民监督对保证政府权力在正常轨道上运作具有非常重要的作用，但是，无论是公民监督的法律保障、经济基础、政治地位，还是信息资源、人力成本等，公民与政府之间的力量都是不对称的，并且公民监督是非常规性的、随机的，难以形成制度化、规范化的权力监督机制，因此，公民权利监督只是监督政府权力的一种方式，但不是最主要方式。

权力既给人类带来过福利，也造成过灾难，以保障人权为核心的权利制度和以拘束权力为核心的权力制度是法治的两大支撑制度。① 权力应当受到监督，以强大国家为后盾的政府权力更不例外。为有效防止和遏制权力的滥用和异化，不仅需要以公民权利来监督、制约政府权力，更需要在权力之间“以权制权”。通过权力监督政府权力，属于国家管理成本的正常支出部分，并且，权力之间的监督比较系统化、制度化、规范化，属于常设性机制，在同等条件下能够起到更好的效果。正如孟德斯鸠所言，权力制约的最佳方式就是用权力来限制权力。②

通过公权力对政府监督的方式主要包括立法监督和司法监督。在西方现代国家，宪法赋予立法机关监督政府的权力主要包括三个方面：第一，人事监督。立法机关有批准政务官员的任命的权力，同时除了对政府操作的人事任免有监督权外，还能够直接对重要的政府官员的职业水平、道德修养等方面进行监察，对不称职者有权弹劾、批评。美国的众议院道德委员会就是履行这一职能的专门机构。第二，财政监督。政府的财政经费来源于纳税人的税收。因此，立法

---

① 参见齐延平：《人权与法治》，山东人民出版社 2003 年版，第 220 页。

② 参见［法］孟德斯鸠：《论法的精神》（上），张雁深译，商务印书馆 1963 年版，第 154 页。

机关作为人民代表机关便具有“政府钱袋监督人”的职能。立法机关要派出专门机构按一定时间以及方式对政府的预算予以审议监督，立法机关还有权对政府各部门在一年度内的财政支出情况进行监督，检查是否有浪费和徇私情形。第三，通过质询、调查、弹劾、投不信任票等方式的监督。议员对政府某项决策，以个人或集体名义，通过口头或书面形式向政府部门主要官员提出询问和质问，要求即席或书面答复。司法监督也是政府权力监督的重要组成部分，这主要表现为两种方式：第一，司法权对政府权力的监督，主要是法院或者法官通过裁判权的行使，以纠正政府违法行为；通过追究职务犯罪者的刑事责任来规范行政人员的行为。第二，检察权对政府权力的监督，纠正政府的行政方面的违法行为，以实现对政府权力的制衡。

二、制衡检察权的方式

在该当或者应然层面上，检察权是制衡其他权力的权力，同时，也是应受制衡的权力。对于检察权而言，其制衡方式主要可以分为两个层次。第一层次的制衡是指分权制衡。这主要是指由于刑事侦查司法权被分割为公安、检察官、法官等主体的权力而导致权力的垄断性及攻击性下降从而在客观上形成的约束效果。这更侧重权力分割。因为在一个权力的“大蛋糕”中，其总量是固定的，如果刑事侦查司法权分别由不同的主体行使，那么就削弱了这种权力的集中程度。分权即制衡，就是这个道理。因为这无形中就会减少滥权和专横的概率。如果将刑事侦查司法权交由公安机关、检察机关或者法院一个机构行使，即使是由法官来行使，也会重回纠问式诉讼的老路。譬如，在德国，其《基本法》第 104 条规定，只有法院才可决定剥夺自由权，因此，强制处分的决定权基本上是由法官行使，只有在延误就有危险时才允许检察机关及其辅助官员决定。这本身就分割了检察官的权力，从而达到对检察官间接制衡的效果。

第二层次的制衡主要是指程序制衡，是指检察权在刑事诉讼运行中基于程序的审查作用而导致的限制、约束效果。其实，在检察官和法官之间，法官的权力是决定性的，因此，法官通过司法令状或者司法确认等方式体现出来的强制处分决定权具有更高的优势地位，这也是司法最终原则的体现。而对于事后司法审查而言，最有效果的应当属于程序性制裁，其不仅包括非法证据排除（证据禁用），还包括诉讼行为无效。这主要是以制裁为主要表现形式的事后制衡。但是，在程序制衡上，并不总是法官对检察官权能进行制衡，后者也可能会对法官的刑事司法权进行反制。譬如，在德国，采取检察官申请、法官决定的刑事侦查司法权模式，没有检察官的申请，法官就不能主动启动强制处分权，这可以说是检察官对法官程序制衡的客观表现。

对于分权制衡，可以称为客观型制衡；而对于程序制衡，可以称之为主观型制衡。客观型制衡主要是指并不直接以制衡刑事侦查司法权为外在目的，但客观上制约了其滥用。此类制衡的实现有赖于权力的结构性布局，它是客观存在的，是一种消极的、被动的制衡方式，是隐性的制衡形式。主观型制衡又可以称为积极制衡，它指直接以制衡刑事侦查司法权为目的，以防止其权力滥用，这是一种积极的、主动的制衡方式，是显性的制衡形式。权力分立原则对于司法审查制度之建构（设计）亦产生一定之约制。① 但是，由于分权制衡是静态的，因此，仅凭分权制衡难以达到对权力进行有效控制的目的。刑事诉讼中的权利被侵害后，分权制衡不能解决权利保护的实际操作问题。而程序制衡则是一种动态的制衡方式，通过程序性制衡才

---

① 参见汤德宗：《权力分立新论》，台北，元照出版公司2000年版，第202页。

能真正把制衡机制的功能落实到具体,转化为可视的效果。

三、我国检察权运行的边界

检察官既是人民权利的保卫者,同时也是刑事司法之追诉者。"检察官具有侦查权限,这是警察官特点的功能;提起公诉的权限,这是具有法官特点的功能;提出证据、陈述意见等的权限,这是具有律师特点的功能;指挥审判执行的权限,这是具有矫正保护职员特点的功能[①]"。在以权力和权利为纽带的社会关系中,以权力与权利占有者的位阶及方式不同,可以分为食肉者的权力及食草者的权利。在权力之食物链中,检察权无疑处于食物链顶端,有权监督警察或者法官这两种权力链条中的重要主体,所以,称检察权为超级权力或者有发展为超级权力之可能毫不为过。在欧陆法系国家,检察官更是挟检察机关上下一体之威势,以国家整体之力为后盾,其权力张扬如此,对民权之潜在或者现实威胁自不能小觑。在现代社会中,检察权及地位不是下降,而是普遍呈扩张之势,这在日本最为典型。1877 年至 1887 年的日本,警察才是刑事程序之主宰。其后由于警察违法侦查、侵害个人自由及人权事件不断发生,不断遭各界非难,为谋求对警察侦查活动之抑制,及刑事政策上基于诉讼经济、诉讼重点主义及发现缓起诉在刑事政策之作用,1890 年法院组织法再度大幅扩张检察官之权限,不但能指挥司法警察、支配预审法官,成为侦查程序之主宰,还能独占公诉,享有追诉裁量权,加上在检察一体下中央集权的组织形态,形成强而有力之检察体制,检察官之地位再度大幅提高,形成日本独特之检察官制。[②] 检察官非但具有强力地位,且其被

---

① [日]田口守一:《刑事诉讼法》,刘迪、张凌、穆津译,法律出版社 2000 年版,第 106 页。

② 朱朝亮:《从检察官天职,回首检改十年》,载《检察新论》2007 年第 1 期。

德法等国赋予等同法官之职位保障，然而却无法官平和、中立、客观的职业的天然品性，更无法官审级制度或者合议制度的约束，因此，一旦其权力失控，检察官有演变成人民权益之超级掠食者的可能。在日本也有检察官演变成刑事司法链条中超级权力的历史。对日本在“二战”前以“犯罪事实解明”为任务的检察官而言，其主要职责是进行追诉与犯罪搜查。在旧刑事诉讼法时代，他们拥有了甚至被称为“检察法西斯”的强大侦查权。同时，日本在“二战”前，检察官作为执掌天皇制国家机构中枢的官僚，被编入了战时体制。①

基于检察权也具有权力巨大之特征，检察权应当被限制在法律原则之“铁笼”内，防止其因过于积极而有伤人之患。可以说，设置检察官如此耗费司法成本之职业，目的在于发挥此一相对新鲜职位的最大维权效能，而不是培养新的刑事司法的权力垄断者，更不是为了生成民权的超级掠食者，此乃问题的核心所在。权力属于极度凶险之物，增加一种权力，必须考虑多种约束；增加一种攻击性国家职位，必须设置若干有效之国家救济。因此，对于检察权、地位调适或改革也应立足于检察权力应有适当界限之基点，否则无异于南辕北辙，没有领会检察官职位设置之旨趣。这也是需要确立针对检察官的诉讼监督或非诉讼监督的程序、制度制约之根由。②

因此，对于检察官而言，虽然其被赋予客观中立之义务，我国检察官还负有法律监督者的角色，但是，这种客观义务却被其追诉者的角色及追诉本能所冲淡或者抵消。可以说，让一个身兼两种在一定程度上互相冲突的职权的国家职官进行自我角色定位何其艰难？这

---

① 参见[日]森际康友编：《司法伦理》，于晓琪、沈军译，商务印书馆2010年版，第167页。

② 参见宋远升：《检察官论》，法律出版社2014年版，第199－222页。

也决定了不可忽视对检察权的制衡。一般而言,检察权的制衡有法律方面、司法现实方面以及检察官职业伦理方面。或者说,检察权运行在上述领域有其特定的边界。

(一)法律边界

检察权的运行应具有法律边界,其权力是法律赋予的,其限制也是法律所规定。一切权力都有在权利领域狂奔之冲动,同样,检察权也具有滥行之可能。而法律就是检察权的"界碑"。在界碑以内,是检察权任意畅行之场域。在界碑之外,则是检察权的禁区。可以说,检察权使用一定要谨慎,越过法律界碑一步,就可能走向了事物的反面。

当然,对于检察权而言,并不是绝对限制在法律固定的界碑之内而没有任何调整余地,但是,即使是检察权需要临时机动调整,也要出于更高的社会公共利益或者整体利益的考量,从而发挥司法能动主义,让检察权越界却符合实质正义的要求。同时,此后应当对法律做出相应调整,从而给检察权运行变更以正当名分。在我国,也有一系列的检察改革就是出于实质正义的要求,从而使检察权超出法律界碑之外运行的情状,这包括企业合规制度等。上述制度可能表面上不符合法律形式正义的要求,但是,却符合实质正义的要求。因此,这也是一种可以接受的检察权的突破及调整。

(二)司法现实边界

在我国,基于检察权过大且缺乏监督之事实,曾有人发出谁来监督监督者之惊呼。诚然,我国检察官曾负有对职务犯罪侦查之职责,曾掌控批捕、公诉之进攻性权柄,且在宪法及法律授权下,享有通过抗诉、事后监督等方式对法院的监督权,难免有人对此忧虑重重。因为这种检察权一权过大之现象,同样动摇了现代国家的权力结构,难免让人怀疑其权力有脱缰的可能。但是,实际上,自从我国检察机关原有的反贪、反渎部门转隶到纪检监察部门后,以前的检察权过大的情状已经大大缓解。表面上,检察机关的监督权及其他具体权种并没有缩减多少,只是少了贪污受贿等职务犯罪侦查权而已,但是,检察机关曾经的职务犯罪侦查权却是"权力当量"最高的,即尽管都是权力,但是,权力的影响力却存在差别,检察机关的职务犯罪侦查权在其所有的权力群中属于最有威慑力及影响力的。之所以以往检察机关法律监督权有效及凌厉,根本原因之一在于其具有的职务犯罪侦查权。检察机关以往以职务犯罪侦查权作为隐含的威慑利器,监督权行使效果自然显而易见。诸多被监督主体不是恐惧检察机关更为抽象的宪法赋予的法律监督权,而是畏惧其职务犯罪侦查权而已。自从检察机关的职务犯罪侦查权被收走以后,其监督权的"权力当量"大大缩水,特别是在法律没有规定被监督者不接受监督后的制裁性法律后果的情况下,即使相关被监督机关不接受检察机关的法律监督,检察机关也没有办法。可以说,即使没有在法律中明确指明,但是,这种司法现实就是我国检察权运行的实际边界,也是检察权被现实情况无形的制约。

(三)检察官职业伦理边界

对于我国的检察官而言,其权力运行的制衡不仅来自外界,还来自自身。这就说明检察权的制衡不仅是外在的,也是内在的。这种内在的制衡就是检察官职业伦理对检察权的制衡。检察官职业伦理是一种特殊的职业伦理,主要是指检察官在检察行为运行中应当遵循的行为价值准则或者规范。职业伦理对于检察官而言,不仅可以有外在的具体形式,而且可以通过遵循这种特殊的价值准则使自己的统一性得到加强。从本质上而言,检察官职业伦理具有约束性质,基于职业或者职位的伦理属于纪律性规范约束,基于检察官人本天性的伦理属于人性化价值准则的约束。因此,可以看出,检察官行为不仅受到职业规范约束,而且也被一种检察官的自豪感所促动,这种由于自豪感所产生的自我约束,属于自发状态的约束,但并不是检察官职业规范所明确规定的内容。

第五章

协商性司法中检察官角色定位

协商性司法(negotiated justice),本身并非一个法律文本上的概念,而是学者们在理论研究中抽象出来的一个术语。它并非指代某一特定国家的某项特定制度,而是一类制度的统称,同时也指向了两大法系传统刑事司法模式的变革。另外,与其说协商性司法是一种固化的制度,不如说它是西方世界刑事诉讼在 20 世纪后期以来的一股发展潮流。它起源于普通法系的美国,并以美国的辩诉交易制度为最具标志性的蓝本。① 协商性司法见证了一种司法制度的转型,这是从对抗式的强制型司法向合作式的和谐型司法转型的范例。协商性司法被世界诸多国家所采用,本身有其逻辑根据,既包括诉讼成本的居高不下、不断攀升的外在因素,也包括协商性司法内在的因素,也即这种司法模式符合和谐司法的内在品质——这是现代司法所努力追求的最高境界。可以说,对于协商性司法,各个适用的国家根据自己的具体现状进行了不同的调整,但是,无论在哪个国家的协商性司法中,检察官的定位以及其与被告人、被害人之间的位置关系都是一个不可回避的问题。对于检察官而言,其本身是一个具有进攻性

---

① 参见张进德:《协商性司法在西方的兴起》,华东政法大学 2010 年博士学位论文,第 1 页。

控诉职责的国家职官，而在协商性司法中，其却让渡出一部分权力转化为其他参与主体的权利，这意味着检察官从更强的控制性地位而给予其他参与人更多的程序自主性，从强制规范性处理转为协商性合意处理的方式。可以说，无论哪种具体的协商性司法，检察官的定位都是非常关键之事。因为这决定了协商性司法是否是真正的协商，也决定了协商性司法的效果，甚至决定了协商性司法的成败。

一、协商性司法的内涵

协商性司法是指通过理性对话的方式，在互相妥协的基础上，照顾各方的利益，从而最终形成一致意见而达到争端解决目的的司法行为模式。协商性司法是一项符合当今社会发展趋势的司法运作形态，其在“合意”或者“协商”方面的特征与传统刑事司法的强制以及规范刚性形成鲜明对比。协商性司法是在刑事案件中，不同程度地给当事人之间的“协商”或者“合意”留有一定空间的案件处理模式。[①] 协商性司法的核心价值在于通过控辩双方的对话、协商，在合意的基础上谋求控辩审三方都乐于接受的司法结果。它并不严格受规则的刚性约束，也不完全把正统的诉讼价值目标奉为指针。在维持基本法制底线的框架内，该司法体系尽可能让不同利益诉求的控辩双方在诉讼过程中拥有更多的发言权，相互之间减少不必要的对抗而增加更多的对话与合作机会。[②] 因此，这和传统刑事司法相比，无论在商谈性、合意性还是在当事人的参与性及程序主体性等方面，协商性司法都属于新型的司法模式。

---

① 参见魏晓娜：《背叛程序正义：协商性刑事司法研究》，法律出版社 2014 年版，第 13 页。

② 参见马明亮：《正义的妥协——协商性司法在中国的兴起》，载《中外法学》2004 年第 1 期。

20世纪90年代，当中国的法律界还在围绕“对抗制”是否应当引入司法审判而在理论上展开激烈争论的时候，以“对抗制”为诉讼程序基本特征的国家已经完成了或正在对这个被发展到了极致的诉讼制度进行反思。以促进当事人之间的沟通和对话为旨趣的新型诉讼文化逐渐主导了晚近世界各国推行的司法改革的方向。[①] 从全球范围来看，协商性司法与传统刑事司法模式之间相互并立甚至背道而驰的局面日渐明显。协商性司法的兴起对整个刑事诉讼理论与实践产生了深刻影响，无论是宏观上的刑事诉讼目的、原则，还是微观上的具体诉讼制度与程序建构，无不受到其影响。[②] 协商性司法在一些国家已经进入刑事诉讼的主流，在我国也被学者奉为现行刑事司法的全功能替代模式和认识犯罪的“新镜头”。[③] 协商性司法是诉讼成本逐渐增加和案件数量不断增多矛盾激化的产物。国家司法资源在一定时间阶段基本是固定的，这台国家司法机器逐渐有拖拽不动庞大的司法运行成本的趋势，这导致司法改革者的眼光越过规范法律的围墙，从强调法律规范的强制性向强调社会效果的合意性及强调司法效率的高效性转型。

协商性司法是一种商谈式的司法模式。因此，这种司法模式的参与各方根据自己的利益充分表达意见以影响协商结果非常重要。协商的参与者应积极参与辩论与说理的过程。“任何一位参与者的任务都是形成并交流支持其行为的理由，这将影响其他参与者赞同其所支持的集体结果。如果不管什么原因他都无法有效地完成任

---

① 参见王建源：《迈向对话的正义——协商性司法的制度逻辑及本土实践》，载《司法改革论评》2007年第1期。

② 参见罗海敏：《论协商性司法与未决羁押的限制适用》，载《法学评论》2022年第3期。

③ 参见张庆方：《恢复性司法——一种全新的刑事法治模式》，载陈兴良主编：《刑事法评论》第12卷，中国政法大学出版社2003年版，第432页。

务,他将无法影响集体决策过程。在这种情况下,其利益与目标就更不可能在民主过程中受到重视。这就违反了民主结果是平等公民利益产物的基本观念。"[①]可以说,协商性司法是一种以协商替代对抗的司法,以合意替代单方决定的司法,是一种共赢替代分配正义的司法。从这一点而言,协商性司法是对传统司法的颠覆性的改变,也是对后者存在的缺失进行深刻反思、矫正的结果。与当下流行的对抗式诉讼建制和模式相比,协商性司法的根本特点在于:参与诉讼和司法活动的各方在交往理性的导引下,通过合作寻求真理和达成共识,解决已经出现的矛盾、纠纷,纠正违法犯罪行为,最终维持社会的团结和持续合作。[②] 协商性司法的发展,将体现自由意志和契约精神的"协商"引入原本被认为是纯粹公法领域的刑事诉讼程序,于是以权力和权利对立为特征的公法领域出现了一些私法元素。在这种因素的影响下,检察机关此时不仅是国家强制性权力的行使者,还可能是带有私法性质的平等协商的一方主体。[③]

协商性司法是重视当事人意思自治的司法模式。特别与传统的刑事司法相比,在协商性司法中,当事人被置于更为重要的地位,其能够充分地参与到决定自己命运的刑事诉讼中,自主决定自己的利益取舍,从而对刑事处理结果具有更大的影响力。协商性司法是一种新的程序主义,它不仅是通过立法技术的运用所作的改变,更是一种观念的变革。这种新的程序主义是以当事人意思自治为指导原则,强调通过理性对话来实现纠纷解决中公权力与私权的合作。[④]

---

① [美]詹姆斯·博曼、[美]威廉·雷吉主编:《协商民主:论理性与政治》,陈家刚等译,中央编译出版社 2006 年版,第 223 页。

② 参见李贵成:《协商性刑事司法原理》,载《中国刑事法杂志》2009 年第 8 期。

③ 参见张青:《论检察机关量刑建议的必要性——以协商性司法为视角》,载《云南大学学报(法学版)》2011 年第 4 期。

④ 参见唐力:《论协商性司法的理论基础》,载《现代法学》2008 年第 6 期。

协商性司法是互利的司法模式。较之于传统刑事司法,协商性司法在很大程度上背离了依法惩处犯罪的目标,诉讼主体双方从“对抗或冷战”状态走向合作与对话。[①] 无论是被追诉方还是控诉方都是“理性经济人”,若非受到外来的强制压迫,双方所作出的决定都是一个旨在不断追求自身利益最大化的理性权衡利弊的过程。[②] 协商性司法最终的处理方案是在相对自由平等的协商过程中达成的,是平衡犯罪涉及的国家利益、被告人利益、被害人利益的产物,体现了各方参与者的意志。[③] 在协商性司法中,被告人之所以放弃抵抗,愿意配合检察官,只是因为检察官能够提供一定的法律利益刺激。对于检察官而言,其之所以愿意降低指控的力度,则是因为能够迅速结束案件,减少诉累。被害人之所以愿意原谅被告人,是因为其能够获得经济赔偿,并且得到心理安慰。因此,协商性司法是一种互利互惠的司法模式。即使协商性司法被有人称为不正义的司法,但是,这种不正义更多的是指其形式上的不正义,而不是实质上的不正义。因为在实质意义上,协商性司法最有可能是使各方利益最大化的司法模式。相反,恪守传统僵化的司法模式可能是刑事诉讼参与各方利益共损的模式——国家司法机关耗费了更多的司法成本,被告人更多地丧失了人身权、财产权,而被害人则可能受害后得不到任何救助。

协商性司法是妥协式司法。在协商性司法中,妥协(合作)正义价值主张通过控辩双方的对话、协商和相互妥协达成具有合意性、互

① 参见马明亮:《协商性司法:一种新程序主义理念》,法律出版社 2007 年版,第 68 页。

② 参见冀祥德:《建立中国控辩协商制度研究》,北京大学出版社 2006 年版,第 145 页。

③ 参见聂志琦:《协商性司法:刑事司法的新选择》,载《法律适用》2006 年第 9 期。

惠性、现实性的协议而解决刑事责任的承担程度和方式问题。[①] 协商性司法是多方妥协后的过程及产物。这表征了一种从原有的刚性司法向妥协性司法的转型过程，也是从重惩罚司法到重和谐司法的过程。协商性司法就是一种通过各方妥协从而形成了一种共赢的局面。这种妥协是在检察官作为公权力代表的主持下，检察官与被告人以及被害人在一起进行商谈，通过妥协互动使各方利益尽量得到满足。其实，在这里能够明显看出，这种协商性司法能够顺利运作的前提条件是，作为国家公权力代表的检察官的权力需要让渡出一部分。实际上，在这种妥协式协商性司法中，被告人获得了刑罚的宽缓化对待，被害人获得了经济方面的补偿，而这是以检察官降低对被告人的刑事指控为前提的。刑事指控本来就是国家权力的行使方式，这样就是国家权力损耗一部分转移到被告人及被害人身上。当然，国家权力在这种程序性博弈中并不是输家；相反，却可能是大赢家，因为获得了国家亟须节省的司法资源或者成本。

二、确立协商性司法制度的理据

（一）协商性司法是基于司法成本的节省及诉讼效率的提高而确立

协商性司法的兴起，是为了摆脱司法困境的一种自发反应。[②] 因为国家是刑事司法权力的掌控者，其需要在整体或者宏观上调控司法资源投入与案件处理结果的关系。国家作为司法权力的“大家长”，其会在考虑各方面因素的基础上进行综合衡量，在司法资源投

① 参见韩德明：《协商性司法：理论内涵、实践形态及其语境》，载《南京社会科学》2010年第5期。

② 参见马明亮：《协商性司法：一种新程序主义理念》，法律出版社2007年版，第7页。

入方面进行量入为出,合理节俭地完成刑事司法目标。可以说,无论一项刑事司法程序多么精美,打击犯罪多么精确,如果不计司法成本的话,这对国家司法权力调控者都显然是不现实的。特别是在诉讼爆炸时期,诉讼成本的巨大压力迫使国家对处理案件的程序进行调整,而协商性司法就应运而生。协商性司法在司法实践中具有强大的生命力,归根结底是因为其提供了新的程序机制,可以解决传统刑事诉讼程序无法解决或难以应对的问题。无论是在美国还是在德国,都有学者声称,如果没有协商性司法实践,刑事司法制度就会分崩离析。① 我国也存在司法成本激增倒逼司法改革的问题。目前我国的司法成本急剧上升,已经对办案总体质量形成了不小掣肘。从宏观意义上来看,我国司法面临巨大压力。根据《中国法律年鉴》公布的统计数据,自 1986 年到 2013 年,全国检察机关起诉案件的数量由 257,219 件增长到 958,727 件,而同期检察机关人数由 140,246 人增加到 250,879 人。法院的情况也基本类似,自 1986 年到 2013 年,全国法院受理一审案件的数量由 1,611,282 件增长至 8,876,733 件,而法院人数由 163,000 人增加到 338,000 人。由此可见,案件数量增长的幅度远超工作人员的增长幅度,办案人员的工作压力可想而知。② 同时,在我国普遍地存在案多人少的现象,然而,我国法官人均案件数量在世界上并不属于最多的国家之列。根据国家法院中心(National Center for State Courts,NCSC)出台的年度报告,2010 年全美地方法院系统共有法官 30,319 名,该年度地方法院系统共受理案件 103,480,348 件,法官年均办案约 3413 件。2011 年出版的《中国

---

① 参见向燕:《我国认罪认罚从宽制度的两难困境及其破解》,载《法制与社会发展》2018 年第 4 期。

② 转引自陈永生、白冰:《法官、检察官员额制改革的限度》,载《比较法研究》2016 年第 2 期。

法律年鉴》中显示,2010 年我国法官人数为 19.3 万人,该年度法院处理案件总数为 1099.9 万件。以此标准,2010 年我国法官的人均年办案数约为 57 件,仅约为美国法官年均办案数的1/60。然而,中美法官人均办案率的比较应结合具体制度背景的差异进行:上述的NCSC的数据仅代表了全美各州法院立案数,这与实际结案数还是存在一定区别,因为美国立案后的案件有相当一部分并不需要通过完整的诉讼程序/环节予以处理;在受理案件类型上,美国法院受理案件的类型也与我国法院存在明显差别,其会采取简略、迅捷的程序审理大量的交通违章等轻微刑事案件,而此类案件在我国则属于公安管辖的治安案件;在法庭辅助人员方面,美国每个法官皆配备一定数量的辅助人员,相关的判决书撰写或者其他文书处理都是由法官辅助人员负责;等等。这都大大减少了法官实际工作量的承担。[①] 在我国,之所以法官办案压力巨大或者诉讼成本高,这主要是因为我国的司法成本/耗费具有不同的诉讼流程及制度背景等方面的因素。一般而言包括:在具体诉讼流转时间及诉讼文书方面的耗费。在我国的刑事诉讼程序中,相当一部分时间被耗费在无效诉讼流转、烦冗/重复诉讼文书的准备等方面,从而导致诉讼案件繁简不分、程序琐碎,真正用于办案的有效时间却相对减缩。

对司法成本节俭及诉讼效率的追求不是哪一个国家所独有,而是现代国家所共同追求的目标,只不过是具体操作方式有所差异而已,也就是这些司法资源到底是分配给人权保障更多一些(因为在一定程度上,程序烦琐复杂可能更有利于人权保障,反之则可能不然),还是分给司法效率的目标多一些。可以说,如果从国家层面上来看,不仅追求司法公正具有正当性,在司法资源压力暴增的情况下,对节

---

① 参见王禄生:《美国法官年均办案 3400 件,究竟咋回事》,载管理软件系统网,http://data.tsci.com.cn/News/HTM/20160802/1000758327.htm。

俭司法成本的追求也有其正当性。不仅是我国有节省司法成本的现实需求及相应制度需要,两大法系很多国家皆对此做出反应。在英美法系的美国,其协商性司法的最为典型的现实制度体现就是辩诉交易制度,而欧陆法系的德国同样采取了协商性司法的方式解决其繁重的诉讼负担。

(二)协商性司法是一项恢复性的和谐型司法

协商性司法关键在于商谈,通过参与方的合意,最大限度地化干戈为玉帛,实现各方利益最大化之目的。可以说,协商性司法在形式上重视参与方的平等对话或者商谈,而不再是检察官实行咄咄逼人的威压,这可以缓解检察权和被告人权利之间的互相敌对的关系,这其实也是国家权力和公民权利之间的关系在刑事诉讼中的缩影。可以说,刑事诉讼中被告人权利的提升对推进国家政治生活中的民主进步也大有裨益。在协商性司法中,虽然有检察权作为国家权力的代表控制着总体局面,但是比一般的刑事司法程序多了柔和性,具有内在亲和力。这比通过对刚性规则的严格遵守来保证法秩序的传统刑事司法更容易让人接受。如此一来,刑事司法程序不再纯粹是报复的性质,而是具有了恢复性司法的秉性。通过协商性司法的参与方的互动,可以有效地弥补被害人一方受到的损失,从而获得被害人与被告人之间的和解。这本身就是对破坏了的法律秩序进行修复。当然,虽然存在被害人不要求刑事赔偿而宁愿要求被告人获得更重刑罚的情况,但是,也存在通过被告人积极赔偿获得被害人一方谅解的情形。可以说,只有通过协商性司法达到了参与方的合意,才能最大限度地恢复被犯罪所侵犯的社会秩序或者法益,也可以让被犯罪所侵害的损失得到恢复,从而努力实现一种最大限度地减少危害结果的正义。这是与和谐司法的要旨相通的,也是追求和谐司法目的的重要手段之一。不仅如此,通过协商性司法的法律程序的示范及号召作用,可以使社会伦理价值观得到提升,这也是司法社会责任的重要内容。“法律商谈既具有法律性质,也具有道德性质。”①

(三)协商性司法让刑事诉讼程序具有更大的弹性及张力

在很大程度上,传统的刑事诉讼就是一场诉讼竞赛。对于公诉方而言,要不就是将被告人送到法院的审判车上,要不就是让其借助法律漏洞而脱逃法网。在被告人和被害人之间,两者也是互不相容,没有更多的兼容空间。协商性司法却柔化了这种纯粹“硬刚”的关系。在协商性司法中,通过参与者的充分参与,尊重被告人及被害人的选择权,这可以最大限度地在兼顾各方利益的基础上形成协商合意。更为重要的是,协商性司法的柔化作用也可以使整个刑事诉讼程序更加柔顺地运作,如同润滑油之于机器的作用,从而让刑事诉讼这台机器更加顺利地运行。这也可以使其他诉讼制度或者程序获得协商性司法价值理念上的助力,包括暂缓起诉制度、量刑制度、和解制度、认罪认罚制度、企业合规制度等。协商性司法可以在价值根基上为上述这些制度或者程序奠定基础,从而使其具有更大的弹性及张力。

三、检察官掌控下的协商性司法的困境

(一)协商性司法中检察官和被告人地位的不平等决定了不是真正意义上的协商

在协商性司法中,真正的协商是建立在参与各方权力/权利、地位基本平等上的,并且协商各方应当在协商“筹码”上大致相近,否则,协商就可能不是真正的协商,而是单方面的决定或者安排,从而使协商性司法沦为法律的摆设或者形式。特别是被告人一方法律

① [德]哈贝马斯:《在事实与规范之间:关于法律和民主法治国的商谈理论》,童世骏译,生活·读书·新知三联书店2003年版,第348页。

"筹码"的有效供给是保证建立公平对话规则的关键支撑要素。否则,协商性司法就成为自说自话,从而以自由、平等为基础的活跃的互动就会消失。这也会让协商机制成为"一潭死水",缺乏能够包容各方充满活力运作的机制。其实,在协商性司法中,因协商主体间能力的不同,在司法公正允许的范围内可以存在一定的实体偏差。若实体结局过度偏离普通程序审理的刑罚预期,如辩诉交易制度虽然允许对事实进行交易,但是接受无辜者的认罪交易,背离了最基本的客观事实,属于错案。因认罪答辩必须出于自愿,使协商性刑事司法错误地披上了"自愿"的外衣,即使意识到存在起诉权滥用、错误认罪等问题,事后也很难予以证明与救济。提高诉讼效率、节约司法资源,是辩诉交易制度获得合法性、实践中适用率超过90%的根本原因。但辩诉交易制度对于效率的追求,体现了一种效率至上的片面价值观。在该价值观的引导下,检察官被赋予了庞大的起诉裁量权,法官司法审查职能严重弱化,被害人及公众参与欠缺,导致无辜者认罪等严重问题。① 因此,即使是在美国,作为其协商性司法的具体制度代表,也就是辩诉交易也存在协商双方不平等的情状。因为检察官掌握着是否公诉及如何公诉的权力,而被告人一方相对而言协商"筹码"不足。在一个双方"筹码"严重不对等的情况下谈判,很难相信其结果能够达到协商性司法的目的。

虽然同为协商性司法的我国认罪认罚制度和美国辩诉交易存在一定差别,这包括是否能在罪名和罪数方面进行协商交易,适用证明标准不同,适用案件范围不同等。但是,由于二者在精神或者价值理念方面实质上具有一致性,那就是通过协商达成合意的结案方式。因此,二者也是可以互相参照的。在我国,在认罪认罚中,被告人并

---

① 参见王迎龙:《协商性刑事司法错误:问题、经验与应对》,载《政法论坛》2020年第5期。

无新增的权利,我国犯罪嫌疑人、被告人不享有沉默权。同时,由于我国司法实践中很低的取保候审率,被告人很大可能被羁押在看守所中,如果不认罪,那么可能被检察官认为态度不好,在实际追诉中会加重对其不利的结果。同时,即使不认罪,在我国极低的无罪判决率下,被告人最终最大可能的结果还是被判处被追诉的罪名、罪数及刑罚。此外,基于被告人处于被羁押状态,在法律信息、法律技艺及灵活度上极大地限制了其协商的能力。虽然有值班律师的协助,但是,这种协助往往流于形式。即使其辩护律师在场,也会受制于检察官的量刑建议的威力。辩护律师会认为,不接受认罪认罚可能会使自己的当事人获得更不利的法律后果,而辩护律师也不敢冒如此大的风险,这对被告人的协商能力提升有限。由于上述这些对被告人协商不利因素的叠加,可以说,在认罪认罚这种协商性司法中,有时表面上是协商,实际上却是单方面强制性的安排,有些时候是被告人一方不得不协商,不得不配合检察官完成认罪认罚的任务。因此,认罪认罚这种协商性司法可能成为检察官单向性和不平等的法律“表演”。在美国的辩诉交易中,同样存在检察官权力过大而使协商机制扭曲的现象。一直以来,美国检察官在辩诉交易中享有几乎不受限制的权力,其可以运用各种策略来说服或诱使被告人接受认罪协议,并在提起公诉和量刑建议方面拥有极大的自由裁量空间,这些恰恰成为与被告人进行协商谈判的强大“筹码”。正因如此,控辩双方在认罪协商过程中实际处于一种结构性的不平等状态。① 可以说,在检察官掌握了量刑建议等方面的重要“筹码”后,检察官和被告人之间协商至多是形式上平等,实际上被告人劣势明显,从而导致被告人在辩诉交易程序中权利失衡,而不是真正的协商。

---

① 参见吴思远:《论协商性司法的价值立场》,载《当代法学》2018 年第 2 期。

（二）协商性司法可能实质上造成被害人利益的受损

一般而言，在现代法治国家中，司法改革或者立法革新都应兼顾各方利益的平衡，这其实也是法律乃妥协之美的另外一种表现形式。对于协商性司法而言也是如此，本来协商性司法的参与者应包括被害人，或者说应当通过被害人在协商性司法中的参与而实现对其权益的保护。而在现实的司法操作中，对被害人利益的保护却不尽如人意。这里以认罪认罚中的协商性司法为例进行分析。在我国的认罪认罚制度建构中，也应至少不违背利益平衡的原则性要求。易言之，认罪认罚制度应当兼顾被告人及被害人的利益，因为他们才是刑事诉讼中真正的利益攸关者。然而，在我国的多次司法改革或者程序革新中，被害人并不是改革的受益者，相反却可能成为司法改革的牺牲品。这可能是以国家诉讼效率或者司法成本为先或者以被告人权利保障为根据而导致的。在认罪认罚制度中也是如此，可能获利者是国家（以诉讼成本节省为体现形式）或者被告人（以权利保障为体现形式），而被害人权利却被潜隐性地遮蔽。然而，被害人权利保障亦属于现代国家一种新的权利保障趋势。基于平等保护原则，既然全体国民通过选举等方式将保护义务赋予国家（这包括抵御外敌入侵及防卫犯罪侵害等），国家就不能放弃这种一般保护的义务。然而，在我国的认罪认罚制度中，被害人法益没有受到应有的重视。对此，有学者认为，“为确保认罪认罚制度适用的效率性，防止被害人主观情感的变化而导致协商过程随意变更损害诉讼程序的确定性，被害人不宜作为参与主体而对案件协商过程产生实质影响”①。可以说，这属于典型的国家本位主义，其中涵盖的理念只是基于国家立场而取舍。然而，国家不能因为管理/治理的便利而放弃自己的本源义

① 陈卫东：《认罪认罚从宽制度研究》，载《中国法学》2016 年第 2 期。

务。否则,这在背离人民信任的同时,也会直接损害国家相关公权力机关的公信力。因此,应当赋予被害人在认罪认罚制度中的参与权或主体地位。在具体诉讼运作中,应当将获得被害人谅解作为认罪认罚制度的一项重要参考因素。一方面,这可以促使被告人积极赔偿以获得被害方的谅解。另一方面,这也是对检察官的一种程序性约束,从而防止检察官基于案件的压力或诉讼便利而忽视被害人应有的权利。

四、我国检察官在协商性司法中的角色定位

(一)检察官应是协商性司法中具有一定裁量权的控制者

协商性司法是一种系统性结构,存在权力—权力之间以及权力—权利之间的交互关系。在这个系统中,系统效果的发挥不仅取决于权力和权利的大小问题,也取决于权力和权利之间的位置问题。一般而言,检察官在协商性司法中拥有一定的裁量权是这个系统能够正常运作的关键。在我国的认罪认罚制度中,这种裁量权主要是以量刑建议的方式体现的。可以想象,如果检察官没有量刑建议权,其拿什么让被告人认罪,仅用法律教育或者感情劝导都不如量刑建议的激励更为实际及有效。协商性司法对检察机关而言是一种新的追诉理念和结案方式,其运行的前提,首先检察机关必须拥有必要的裁量权,这涉及的是检察机关公诉权的配置问题;其次是庭审阶段的量刑建议权,而检察机关的量刑建议权应该是公诉权的应有之义。[①]量刑建议是检察官参与认罪认罚这种协商性司法制度的"筹码"。如果没有"筹码",就难以影响一场关系到参与各方法益的法律交易。可以说,尽管量刑建议并不等于最终的法官裁判结果,但是,其却仍

---

① 参见张青:《论检察机关量刑建议的必要性——以协商性司法为视角》,载《云南大学学报(法学版)》2011 年第 4 期。

有很强的指导作用,一般在没有法律规定的例外情况下,法官不会对检察官的量刑建议进行更改。这对被告人而言,就可能意味着是一种激励性法律机制,从而让其配合检察官,承认检控方可能并不掌握的证据或者犯罪事实,向被害人一方积极赔偿,在恢复法秩序的同时,也让自己获得法律宽缓的对待。检察官运用量刑建议这个“筹码”,可以把被告人控制在认罪认罚的机制内。当然,在认罪认罚的协商性司法制度中,检察官考量更少的是规范性的法律正义——对于法官而言这是分配的正义——而更多考量的是实质正义,也就是说综合考量社会公共利益、被告人的利益及被害人的利益,从而使各方利益都能得到最大限度的保证。

(二)检察官不应是协商性司法的新的独裁者

应当说,在应然意义的协商性司法中,应当是被告人权利得到提升,被害人权利得到重视,检察官应定位于具有一定控制权的仲裁者的角色。但是,即使对检察官有如此之定位,检察官作为强势的国家刑事职官的身份也是一个现实存在。可以说,检察官可以通过指挥警察来对侦查程序进行控制——即使我国并无检察指挥侦查之模式规定,但实际上,对于一些案件,检察官会提前介入,从而通过指挥固定证据等来部分接管警察的权力。同时,检察官也可以通过审判监督及控诉等方式对法官进行制约,这都是实在的权力,是法律所授予检察官的。因此,自身具有的权力决定了检察官在协商性司法中定位的两难境地。可以说,在协商性司法中,立法者本意是扩展被告人及被害人的权利,实际上,在很大程度上,这种美好愿望很可能被现实所击穿。在认罪认罚中就是如此。这种协商性司法是检察官与被告人一方“筹码”非常不平等的协商。

由于检察机关主导下的控辩协商机制已然脱离了规范意义上的协商性司法的结构设计,在这种控辩力量对比不平衡的较量中,检察机关占有绝对的主动权和控制权，如果对检察权控制不当，极有可能出现检察机关滥用公诉权的情况。[①] 为了避免检察官成为协商性司法的新的独裁者，应当赋予其一些法律约束性义务，这包括法官对被告人是否自愿认罪进行审查。如果检察官确实存在强迫被告人认罪认罚的，应当在判决结果中做出对被告人有利之判决。对于检察官而言，一旦与被告人达成认罪认罚协议，就不应撤回该协议。这是国家公权力机关的公信力所决定的，至少这牵涉到一个国家正式机构的司法诚信问题。当然，如果检察官发现了被告人其他新的罪行或漏罪，可以就其他案件进行追诉，而不能全部推倒重来。可以说，建立检察官的约束机制是保证认罪认罚制度稳定及有序运作的必要，也是保证该制度实效性的关键。此外，应当提高被告人一方认罪认罚这种协商性司法的谈判"筹码"，譬如，在认罪认罚案件中设立与该制度相配套的证据开示制度，通过强制性的程序规则保障信息提供的及时性、有效性，有益于促进控辩双方的坦诚协商和被追诉人的理性抉择，有利于提高量刑合意结果的稳定性。[②] 可以看出，证据开示制度可以为被告人提供更多有用的法律信息支持，从而提高其认罪认罚中协商决策的科学性。同时，在司法实践中应提高取保候审的比例，提高无罪判决的案件数量。此外，也应当保证认罪认罚中律师在协商中的法律帮助质量，这是真正能够实现协商目的以及保障被告人利益的重要组成部分。被告人是否能够有效参与协商，很大程度上有赖于律师这一重要角色，其应当在律师的有效帮助下作出对

---

① 参见刘泊宁：《我国控辩协商程序的规范进路：以认罪认罚案件为视角》，载《法学》2022 年第 2 期。

② 参见刘泊宁：《我国控辩协商程序的规范进路：以认罪认罚案件为视角》，载《法学》2022 年第 2 期。

自己诉讼命运有影响的决定。① 上述是被告人参与协商的法律“筹码”。只有被告人一方的法律“筹码”足够，协商性司法才能成为真正的协商，才能成为实质的协商，而不是形式上的协商——仅在程序上完成协商的过程，却没有达到协商的目的。

① 参见吴思远：《我国控辩协商模式的困境及转型——由“确认核准模式”转向“商谈审查模式”》，载《中国刑事法杂志》2020 年第 1 期。

第二编

检察关系

第六章

错案发生机制及错案中检察官和被告人的关系

古今中外，刑事错案是刑事司法历史中一道难以抹去的阴影。从某种程度而言，刑事错案就氤氲在刑事司法的历史中。刑事错案是历史的产物，是制度的产品，同时又是对司法运行认识规律的反映。在这点上，古今相同，中外亦然。这为我们提供了一个反向思维的空间。错案确实能导致权利的侵害、法律的践踏、正义的减损，但是，它同样使人们对司法保持警惕与警醒，为改良司法提供了一种契机和动力。从历史的视角进行考察，刑事错案是历史的产物；从认识论和司法规律的角度上进行探究，刑事错案是认识和司法规律的反映；从比较法的角度上，可以探知中外国家刑事错案的成因的异同；从检察官和被告人之间关系上观之，错案是二者关系失灵的反映。因此，应当从失灵的原因着手，有针对性地采取对策，溯本求源，正本清源，从而达到对刑事错案的正确认识，实现对其控制和纠正的目的。

一、中国历史视野下的刑事错案控制考察

错案是刑事司法活动的副产品，可以说，有认识活动就会有错

误,有司法活动就会有错案。在中国司法历史中,最早见诸书面的错案可以上溯至春秋战国时期。根据《史记·循吏列传》篇,晋文公的法官李离因办错案声称“理有法,失刑当刑,失死当死”,而“伏剑而死”。在错案追究制度产生初期,中国古代法律制度中追求实质正义的传统决定了错案追究制度的本质,其关注的不是法的形式理性,更多地强调伦理意义上的实质合理性。① 错案控制见证了古代朴素司法正义的一种挣扎,也体现了封建制度自我调整的希冀。即使在封建时代,控制和纠正错案也代表了正义的呼声。不可否认,统治阶级由于自身统治的需要,往往会亲手制造错案,但即使如此,在有法律可查的历史上,错案控制一直是中国历史中历朝历代的法律孜孜以求的目标。在唐朝,《唐律疏义·断狱》规定,故意将重罪轻判的,轻罪重判,以少判或多判部分量刑。过失出入人罪的,比照故意出、入人罪减等处罚。在宋朝,则仿效唐制,谨慎用刑。宋太祖、宋太宗“躬自折狱虑囚,务底明慎”,以期通过对在押人犯的亲自审查,纠正冤假错案,实施法律监督。在元朝延佑年间,则制定了平反冤假错案的《平反通例》,成为其漫长黑暗司法历史的一个亮点,对于防止和纠正冤狱起到了积极的作用。在明朝《大明律》刑律第一卷中,将“枉法赃”列为六赃之一,明朝太祖亲自编纂了《大诰》,更是突出了严惩贪官污吏、失职的特征。清承明制,规定执法官员受贿而故意曲法判断造成冤假错案,则构成官吏履行职务中的最严重的犯罪。《大清律·刑律》受赃门规定:“凡官吏受财者,计赃科断,无禄人各减一等官追夺除名,吏罢役,俱不叙。”“枉法赃各主者,通算全科”,从银一两以下杖七十,至八十两绞等十三条。纵观中国古代历史,即使统治阶级采取了种种措施,却并没有根治或者是减少错案的发生。

① 参见陈兴良:《刑事法治的理念建构》,载《刑事法评论》2000 年第 7 卷。

这是因为，错案不仅体现了一种司法认识的局限，即错案表征了人们对司法规律的认识水平，而且错案是一种制度性问题。制度是错案的母体和环境，即使不包括统治阶级故意制造的政治错案，错案也是专制主义制度滥用职权、枉法裁判毒树之上的必然结出的有毒果实。

二、刑事错案成因之中外比较

错案是专制制度的产物，但是，现代司法制度自身的缺失也是造成错案的重要成因。从比较法的观点来看，在当今的美国和英国，刑事错案的形成与司法制度的缺陷有密切的关系。这些“缺陷”包括错误的辨认、不可靠的证人证言、告密者与共犯等的伪证、被告人的虚假供述、错误鉴定、检控方的不当行为以及辩护律师的失职行为等。一份权威的调查报告表明，在美国的刑事错案中，大约有52%的案件出现了目击证人的错误辨认，11%的案件涉及告密者与线人等的伪证，8%的案件涉及被告人的虚假供述，约2%的案件涉及不科学的鉴定，约7%的案件涉及检察官与警察的不当行为，还有32%的案件涉及律师的辩护失职。这些在美国西北大学教授罗伯·瓦登在1978年福尔曼案后的17起死刑错案分析中可以看出（见表1）。

表1 美国伊利诺伊州17起错判死刑案件的成因

案件名称（被告人、案号）	不可靠的证言（同案犯的口供）	被告人的虚假陈述	错误的辨认	律师的失职行为	错误鉴定	检控方的不当行为
布劳斯一案［People v. Burrows,592 N. E. 2d 997,1008（Ⅲ. 1992）］	×	×				
库布一案［People v. Cobb, 455 N. E. 2d 31,32－34（Ⅲ. 1983）］	×		×			
克鲁兹一案［People v. Cruz,643 N. E. 2d 636, 639（Ⅲ. 1994）］	×	×				
赫南德兹一案［People v. Hernandez,521 N. E. 2d 25（Ⅲ. 1988）］	×	×				×
霍布里一案［People v. Hobley,637 N. E. 2d 992, 996（Ⅲ. 1994）］	×	×			×	×
霍华德一案［People v. Howard,588 N. E. 2d 1044, 1048－49（Ⅲ. 1991）］	×	×	×			×
杰姆森一案［People v. Jimerson,535 N. E. 2d 889,891－92（Ⅲ. 1989）］	×	×	×			×

续表

案件名称(被告人、案号)	不可靠的证言(同案犯的口供)	被告人的虚假陈述	错误的辨认	律师的失职行为	错误鉴定	检控方的不当行为
劳森一案[People v. Lawson,644 N. E. 2d 1172, 1174 (Ⅲ. 1994)]					×	
琼斯一案[People v. Jones, 620 N. E 2d 325,329(Ⅲ. 1993)]		×				
曼宁一案[People v. Manning,695 N. E. 2d 423, 428 (Ⅲ. 1998)]	×					×
沃瑞吉一案[People v. Orange,521 N. E. 2d 69,71 – 72(Ⅲ. 1988)]		×		×		×
帕特森一案[People v. Patterson,610 N. E. 2d 16,21 – 22(Ⅲ. 1992)]	×	×		×		×
帕特一案[People v. Porter,489 N. E. 2d. 1329,1329 – 30 (Ⅲ. 1986)]			×	×		×
史密斯一案[People v. Smith,565 N. E. 2d 900, 902 (Ⅲ. 1990)]	×		×			×

续表

案件名称(被告人、案号)	不可靠的证言(同案犯的口供)	被告人的虚假陈述	错误的辨认	律师的失职行为	错误鉴定	检控方的不当行为
斯德尔一案[People v. Stweidl,568 N. E. 2d 31 – 32 – 34(Ⅲ. 1991)]	×		×	×		
提里斯一案[People v. Tlith, 455 N. E. 2d 31,32,34(Ⅲ. 1983)]	×		×			
威廉姆斯一案[People v. Willianms, 444 N. E. 2d 136(Ⅲ. 1982)]	×	×	×	×	×	

资料来源:转引自刘品新:《当代英美刑事错案的实证研究》,载《国家检察官学院学报》2007 年第 1 期。

在美国刑事司法程序中,有很多因素都会导致或者诱发错案,这包括不实口供、证人错误辨认、科学证据失灵、辩护律师的辩护技艺缺陷、侦控人员违规、采信告密者的陈述等。可以说,美国错案产生的原因繁杂多样。从制造错案的主体角度,其中一个重要的因素涉及代表政府行使公权力的检察官。如舍克(Scheck)教授,他与在纽约本杰明 · N. 卡多佐(Benjamin N. Cardozo)法学院最早开始无辜者计划的诺伊菲尔德(Neufeld)和德怀尔(Dwye)共同研究了检察机关和检察官在错案产生发展中的地位和作用后发现,在其所调查的 74 宗无辜者案件中有 33 件涉及检察官的不轨行为,占到误判案件成因的 44. 6%。应当说,检察官的不轨行为正在上升为错案萌发的重要原因,美国民众以及司法界对检察官行为的关注也越来越强烈。①

在法国,谈及错案就不能不让人提及德莱福斯案。此案不仅使德莱福斯蒙受不白之冤长期被囚禁,还使数位为德莱福斯翻案的正义人士被伤害、审判甚至判刑,其中就包括左拉。德莱福斯案带来的教训值得警醒。在该案中,德莱福斯的基本诉讼权利没有得到保障,种族歧视"阴魂不散",有利于被告人的证据被束之高阁,行政对司法的无端干涉,都是造成该错案的重要原因。正如法国学者勒内·弗洛里奥所说:"公正的审判是不容易的事情。许多外界因素会欺骗那些最认真、最审慎的法官。不正确的资料,可疑的证据,假证人,以及得出了错误结论的鉴定等,都可能导致对无辜者判刑。"②(见表2)

表2 法国8起刑事错案的成因

案件名称(时间)	不可靠的证言(同案犯的口供)	被告人的虚假陈述	错误的辨认	律师的失职行为	错误鉴定	检控方的不当行为
普莱纳案,1948/05/08		×			×	×
多米尼西案,1952/08/04		×			×	×
帕斯居阿尔案,1945/12/22					×	
德莱福斯案,1894/09/26					×[1]	×
拉菲特案,1945/02/22						

① 参见董坤:《检察官的不轨行为与错案防治研究——美国的考察及其借鉴》,载《四川大学学报(哲学社会科学版)》2016年第3期。

② 参见[法]勒内·弗洛里奥:《错案》,赵淑美、张洪竹译,法律出版社1984年版,第23-58页。

续表

案件名称(时间)	不可靠的证言(同案犯的口供)	被告人的虚假陈述	错误的辨认	律师的失职行为	错误鉴定	检控方的不当行为
拉隆希尔案,1834/09/24	×					×
杜阿兹案,1945/06/28	×					×
里昂信使案,1796/04/27			×	×[2]		

注:[1]在德莱福斯案中,鉴定专家做出了正确的鉴定意见,而另一位鉴定专家贝蒂荣是一位有名的"排犹者",恰恰德莱福斯又是一名犹太人,因此做出了不客观、不科学的鉴定结论。

[2]该案发生时,律师称号被1790年法令取消,律师被称为辩护人。

在中国,通过对一些公开的具有较大社会影响的错案进行研究,可以发现错案成因的基本脉络(见表3)。

表3　中国17起典型错判死刑案件的成因

案件名称(被告人、地点、逮捕时间)	不可靠的证言(同案犯的口供)	被告人的虚假陈述	错误的辨认	律师的失职行为	错误鉴定	检控方的不当行为
李化伟涉嫌杀人案,辽宁省大石桥市,1986/12	×				×	×
陈国清等涉嫌强奸案,河北省承德市,1994/11					×	×
杜培武涉嫌杀人案,云南省昆明市,1998/10					×	×
李久明涉嫌杀人案,河北省唐山市,2002/07						×

续表

案件名称（被告人、地点、逮捕时间）	不可靠的证言（同案犯的口供）	被告人的虚假陈述	错误的辨认	律师的失职行为	错误鉴定	检控方的不当行为
聂树斌涉嫌强奸杀人案，河北省石家庄市，1994/09				×		×
佘祥林涉嫌杀人案，湖北省京山市，1994/04						×
胥敬祥涉嫌抢劫案，河南省鹿邑县，1991/04			×			×
赵新建涉嫌杀人案，安徽省亳州市，1998/08						×
滕兴善涉嫌杀人案，湖南省麻阳市，1987/12					×	×
秦艳红涉嫌强奸案，河南省安阳县，1998/09	×					×
岳兔元涉嫌杀人案，山西省柳林县，2000/04					×	×
孙万刚涉嫌杀人案，云南省巧家县，1996/04					×	×
张海生涉嫌强奸案，河南省淅川县，2003/12			×		×	×
王树红涉嫌嫖娼杀人案，云南省丘北县，2002/09			×			×
陈金昌抢劫杀人案，云南省曲靖市，1995/05						×

续表

案件名称(被告人、地点、逮捕时间)	不可靠的证言(同案犯的口供)	被告人的虚假陈述	错误的辨认	律师的失职行为	错误鉴定	检控方的不当行为
林超忠涉嫌杀人案,广东省江门市,2002/07						×
李龙等涉嫌故意伤害致死案,安徽省巢湖市,2005/10	×					×

根据上述各表,可以对美国伊利诺伊州、法国错案和中国错案的成因进行比较。在上述各表中,既可以看到各国(地区)错案成因的共性,同时又存在区别。共同之处主要有两点:第一,错案主要集中在强奸和杀人案件。这在美国和中国尤为明显。其中美国超过97%的错案主要集中于谋杀和强奸两类恶性案件。在中国,在表3列举的案例中,有超过88%的案件是强奸和杀人案件。当然,这里也有杀人和强奸的错案容易激起媒体和大众兴趣而影响较大,从而更容易收集到资料的原因。但是,即使在权威的《美国错案报告》中,错案中的杀人和强奸的比例也超过99%。第二,在美国伊利诺伊州、中国甚至法国采集的案例样本中,造成错案的原因主要是检控方的不当行为。其中,警察的非法侦查行为又占到很大部分的比例。这说明,检察官和警察的非法调查原因不是哪一种具体制度中才有的问题。从根本上说,警察或者检察官的不当行为导致错案不仅是制度性问题,而且涉及人的本性问题,也就是由权力滥用的本性或者是人有滥用权力的本性决定的。但必须说明的是,即使在某些数据上表面相同,但并不表明其实质内容相同,数据也会具有欺骗性。例如,根据表1和表3,美国和中国律师的失职行为都不是造成错案的主要原因,都

在形成错案的成因中占到很小的比例。但是,在美国,由于律师本身具有较高的法律素养和职业素质,同时基于英美法系国家控辩式诉讼中的律师作用使然,数据本身就是这些因素的直观反映。而在中国,律师在诉讼中作用相对有限,加上本身素质缺失,其作用远远比不上数据那么乐观。当然,在有的案件中,如杜培武涉嫌杀人案件中,律师很好地为自己的称谓进行了正名。

中、美等错案成因也存在差异。在纠错路径上,首先,在中国,错案的发现都是偶然性大于必然性。例如,在胥敬祥案中,因为检察官调查其他有关的案件发现了错案。从错案纠正的程序机制而言,正常程序多于非正常程序。在上述表3的案例中,除了胥敬祥案是通过检察机关的抗诉,走正规的司法纠正程序外,其他的大多是因为被害人"死而复生"(佘祥林案),或者是因为真正的犯罪人被发现(李久明案、杜培武案),才使错案最终得到纠正。由此可见,中国正规的纠错程序曾在相当大的程度上未发挥作用。而即使通过正常救济程序,也会出现救济机制运转不灵、救济渠道不畅的弊端,不能有效地防止错案发生。美、英等国则一般是通过正常的救济程序,错案问题限于在程序内解决,错案一旦发生,救济渠道比较通畅,一般能得到及时的救济。其次,对于美国的强奸案而言,90%的错案是由于目击证人的错误指认造成的。而在中国,造成强奸案错案的主要原因集中在检控方的不当行为。最后,对于谋杀案而言,美国错案主要是虚假自白和伪证造成的。青少年和精神有障碍的被告人这两个弱势群体容易出现虚假自白,由虚假自白造成的青少年错案中的被告人几乎都是黑人和墨西哥人,这表明种族歧视在美国青少年司法审判系统中是普遍存在的。伪证主要包括目击证人的错误指认,真正案犯为了逃避司法追究蓄意进行伪证,以及同一监室囚犯及其他警察线人的伪证等。在中国,曾经一些警察的刑讯逼供行为以及检控方的其他不法行为在错案形成中也扮演着不光彩的角色。

三、错案控制路径国外探究

在美国,基于对错案理性的认识和良知的觉醒,联邦、州政府采取了一系列的措施保证对错案的预防、纠正与控制。在联邦和州层面上,首先,成立刑事案件审查委员会,它属于常设机构,是一个致力于死刑制度缺陷以避免冤杀而成立的正式组织。通过采取全程录音录像、采取诸如"双盲"辨认规则等方法改良警察组织辨认的程序、减少死刑案件取证中的欺骗情况、增加经费培训律师和法官以提高办理死刑案件的能力、强化对告密者证言的审查、补充实施审查死刑案件的新程序等,①从而有效地避免和减少死刑错案的发生。其次,成立临时错案纠正机构,即在必要时成立临时调查委员会,作为刑事案件调查委员会的补充,以应对发生错案的不同情形。在民间社会层面上,美国一些高校成立专门的学术组织,与联邦、州层面上的错案纠错系统形成互补,例如,由纽约卡多索法律学院及多位律师创办的"清白行动"计划,在 1989 年首度利用 DNA 平反冤案。在一次有 110 名获释的无辜囚犯中,有六成依靠该组织得以申冤。此外,这些民间学术组织的监督和示范作用也是很明显的。

在英国,在错案的控制机制上,存在与美国的相同之处。英国在 1997 年成立了刑事案件审查委员会,这是一个官方组织,有权独立对错案进行调查。然而,英国更主要是通过立法对错案进行调控和规制,这是通过一系列的立法实现的,具体包括:1907 年英国《刑事上诉法》、1965 年英国《谋杀法》、1984 年英国《警察与刑事证据法》、

---

① George H. Ryan, *Report of the Governors' Commission on Capital Punishment*, at 1(Apr. 2002), available at http://justice. policy. net/cj reform /studies/ilryancom / indexilrpt. vtm[hereinafter Governors' Commission].

1995 年英国《刑事上诉法》等。

当代欧美国家与中国在错案控制方面存在的异同。首先，在上述 2 个西方国家对错案的控制路径上，主要是采取的司法性控制，基本上是从司法权力配置的本身规律出发，建构程序装置，从而形成错案控制的现代化路径。例如，美、英两国都是通过加强相关立法、畅通救济程序等司法方式实现的。而在中国，则更多地表现为行政性错案控制的特征。例如，实行错案追究制或者是“法官不规范行为认定”制度。这一方面体现了我国对行政化手段的信任和依赖，另一方面，则反映了司法机关在国家政治权力配置中的弱势地位。之所以这么说，是因为司法机关的弱势导致其在运转中的呆滞和消极，因此才使行政调控手段有插手的余地和前提。

其次，在上述西方两国的错案控制机制中，特别在英、美两国，既有官方的专门机构，也有民间社会组织的力量，形成一种立体型的、多层面的、系统的错案控制网络。而在中国，则基本上是通过司法程序中上诉审或者再审等纠错路径而为之。如果该条路径倾斜或者失灵，受害人一方或者会陷入呼告无门的境地，或者奔波于漫漫的上访路途。这不仅是受害人的第二次受害，也是正义的第二次受辱，更可能动摇一个国家和政府的政治、司法的伦理基础。

最后，在上述西方两国的错案控制机制中，除了在宏观上进行立法、外部进行控制外，在微观和内部的具体的措施上也进行了细化。例如，在辨认的具体方式、鉴定人的选任、侦查人员的培训和教育、设立临时性的错案机构上，通过具体措施保证最大可能地切断和减少错案的形成路径，其做法不仅要控制错案，而且明确如何控制。而在中国，则主要是通过错案追究等行政化手段，一般只是通过惩戒性措施的威力警告有关人员不要产生错案，但基本上没有明确和细化如何控制错案。这也是中西差异之处。

四、错案中异化的检察官与被告人之间的关系

(一)应然意义上公诉之检察官和被告人之间的正常关系

首先,公诉之检察官和被告人之间是一种规范的法律关系。这就意味着检察官不能超出法律的范围行事,即使其是国家追诉权力的掌控者,并以国家武器作为后盾。同时,被告人也是法律运作轨道上的被追诉者。被告人不对检察官负有法律之外的特殊义务。虽然其因为涉嫌犯罪而被追诉,但是,这只是其暂时穿上了涉嫌犯罪的外套而已,是否真正犯罪,需要经过法律程序的过滤以及实体法上的锤炼,最终才能确定其真正的法律身份。其次,在刑事诉讼中,公诉之检察官和被告人之间都是法律角色扮演关系。在法律的眼里,检察官和被告人都不过是演员而已,其都是在完成自己的角色扮演工作。最后,公诉之检察官和被告人之间没有输赢之分。在检察官和被告人之间的关系上,不存在高低,并不能以胜败论英雄,而是保证无罪的人不被追究,或者无罪的人能够借助法律脱困。否则,检察官追诉的越多,就错的越多,对法治的破坏作用就越大。

(二)检察官和被告人之间的异化关系及其原因

本来,检察官和被告人之间的关系一般只有两种形式:法律合作关系和法律对抗关系。但是,在我国的司法实践中,基于追诉利益的压力及其他因素的影响,检察官和被告人之间往往是对抗关系,特别是对于检察官而言,可能会穷尽一切努力将被告人送审,从而满足自己强烈的追诉欲望。之所以如此,是基于以下原因。

第一,从柏拉图“洞穴之喻”可以得知检察官诉讼心理偏见的形成。由于检察官针对被告人存在诉讼心理偏见,因此可能会导致错案的发生。“洞穴之喻”是指:当专注于中央视觉时而失去了周边的视觉,导致形成一个狭小的像圆形隧道一样的视野。由于实际办案

之检警人员，通常目光都放在可对被告定罪的证据上，自然特别容易忽略一些能够证明被告人无辜的证据，因而有可能造成误判。① 在具体的办案过程中，即使心理作用并不直接对检察官造成影响，但是，其却可能潜隐性地影响着检察官对证据、事实及法律的判断。实际上，检察官所做的一些检察行为可能是其心理的反射，只是其没有发现而已。在具体的控诉阶段中，虽然检察官具有客观义务，同时，我国检察官还有法律监督者的角色，但是，不可否认，将被告人送到法院审判并让其获得惩罚是检察官最大的心理镜像，这就会导致检察官在办案的过程中，只注意对被告人不利的证据，而对被告人有利的证据可能视而不见。即使检察官并不是有意的，但是，心理作用却暗示其应当这么做，因为这是最能符合其利益的行为。由于检察官在办案中具有“洞穴之喻”心理，那么，其将会偏狭地将目光聚焦于对被告人的追诉方面，过早形成对被告人就是罪犯的预判，从而忽视其他的可能性，放弃检察官本来应具有的客观中立性，从而成为“洞穴之喻”心理的奴隶。因此，这种心理就可能误导检察官偏执地追诉没有犯罪的人，而可能放纵真正的犯罪者。

第二，被害人一方的压力推动检察官的追诉失范，从而可能导致错案发生。长期以来，传统刑事司法制度的中心乃如何改善被追诉人的境况及保障其权利，而被害人更多作为刑事诉讼程序中的一项证据，其被害之惨状及诉讼程序中的困境，很多时候被制度化地漠视。这导致被害人对传统之刑事司法制度产生一种冷漠的疏离感。② 基于此，在 20 世纪的世界各国、地区普遍地加强了对被害人的保护，

---

① 参见刘国庆：《从心理偏见审视刑事冤案成因——以柏拉图“洞穴之喻”为视角》，载《苏州大学学报(法学版)》2015 年第 1 期。

② 参见朱朝亮等：《刑事诉讼之运作》，台北，五南图书出版公司 1997 年版，第 370 页。

从而形成了被害人保护的新浪潮。但是,如此却造成另外一种困境,那就是,被告人本来就处于岌岌可危的弱势地位,在被害人强烈的助攻下,就可能会导致公诉之检察官追诉失范。在那些有直接被害人的犯罪案件中,被害人及其家人的利益似乎就是人民利益的集中体现,被害人或其家人也就成为民意的代表。于是,公检法机关在查办刑事案件的过程中,往往要经受这种"民意"压力的考验。[①] 在我国,被害人推动检察官导致错案的例子屡见不鲜,佘祥林涉嫌杀妻案就是如此。在佘祥林妻子张在玉失踪后,张某玉的娘家亲属无端怀疑佘祥林杀妻,并以各种方式对司法机关施加压力,客观上成为铸成这起冤案的重要助力。在张某玉失踪3日后,其三哥张某生就到派出所报案,并提出佘祥林可能因其妻患上精神病而杀妻。在公安机关发现了一具无名女尸后,张家亲属认为很可能就是张某玉,张佘两家遂反目成仇。假如当初那具无名女尸的身份没有被错认,也许不会酿成这起冤案。后来在湖北省高级人民法院发现此案的疑点要求重审时,张家亲属多次上访,并组织220名群众签名上书,声称"民愤"极大,要求对"杀人犯"佘祥林从速处决。可以说,在司法实践中,被害人一方的压力特别是在达到上访的程度时,会对检察官造成很大压迫感,作为这种压力的应激反应,检察官可能就会在审查起诉时放松了逮捕、起诉标准的把握,降低了逮捕、起诉的门槛,这导致在门槛外本来不应被逮捕、起诉的犯罪嫌疑人被收入法网,从而仓促造成了错案的发生。

第三,警察考核的压力传导到检察官以及警察和检察官之间的关系导致错案发生。我国公安机关一直非常重视对办案人员和办案机关的绩效考核,绩效考核的结果直接决定着办案人员的工资奖金、

---

① 参见何家弘:《当今我国刑事司法的十大误区》,载《清华法学》2014年第2期。

职级晋升、职务升迁等政治、经济待遇。实践中，许多公安机关制定的考核指标体系存在严重问题，对保障犯罪嫌疑人、被告人的权利以及纠正错案极为不利。① 2001 年我国公安机关提出了“命案必破”的口号，虽然这是一种目标追求，但是，这也是不符合侦查规律的行为。特别是一些在社会上有重大影响的案件，基于政府或者社会各界的压力，警察可能就会采取刑讯逼供等异常手段侦破案件。在侦破案件后，这种压力将会传导到检察官处。检察官作为压力的二传手，就可能不得不把公安机关移送的案件公诉到法院。这样，本来检察官和被告人之间是法律规范下的正常追诉与被追诉关系，就异化为二者之间的必须起诉和被起诉的关系。近年来，媒体披露的许多刑事冤案都曾在不同的阶段因被发现存在错误而被退回补充侦查或发回重审，甚至被多次退回补充侦查或发回重审，但由于此前经办案件的公安司法机关坚持要求作有罪认定，最终在证据没有显著增加、没有达到认定有罪的证明标准的情况下，后续阶段的办案机关都屈从此前的办案机关，做出了有罪认定。②

第四，认罪认罚制度可能导致检察官和被告人之间关系变形，从而致使错案的发生。关于认罪认罚制度下是否存在错案频发的风险，我们仍需持客观谨慎的态度。根据过往的司法经验，错案曝光具有一定的滞后性，申诉、发现、纠正均需要相当长的时间，因此认罪认罚从宽制度未有错案报道，但这并不意味该制度绝对安全可靠。如果将视线投向适用辩诉交易时间更长的美国，我们会发现肩负繁简分流责任的辩诉交易也并不完全可靠。③ 认罪认罚制度是我国诉讼

---

① 参见陈永生：《冤案为何难以获得救济》，载《政法论坛》2017 年第 1 期。

② 参见陈永生：《冤案为何难以获得救济》，载《政法论坛》2017 年第 1 期。

③ 参见董凯：《认罪认罚从宽制度中的错案风险——以 206 起认罪错案为考察对象》，载《北方法学》2021 年第 5 期。

成本增加及诉讼压力增强的一种应急性反应,其是我国宽严相济政策的制度性呼应,同时也属于科学配置诉讼资源的司法精细化体现。认罪认罚制度具有其特定的优势,但是,该项制度在设计方面也面临着现实困境。认罪认罚是一种以利益驱动、利益交换为机制核心的通过诉辩双方达成司法协议而实现程序及实体结果的制度。在认罪认罚制度中,自愿性是该制度一切后续制度、措施的基础。这避免了被告人的行为不是自己自由意志选择的结果,而是被其他权力、意志所绑架。但是,在我国的认罪认罚实践中,被告人往往处于不得不认罪的境地。我国无罪判决率极低,同时,我国取保候审适用率也不高,这些导致被告人普遍地处于被羁押状态,基于此,被告人实际上没有和检察官在认罪认罚中讨价还价的"筹码",或者说没有更多的选择,只能认罪。实际上,我国的认罪认罚的量刑协商很多不是双方协商,而是检察官单方强势主导下的结果。"从形式和内容来看,具有高度行政化色彩的具结书并非对控辩双方平等协商过程和结果的记录,而是犯罪嫌疑人对检察机关提出的量刑建议的认可和单方承诺。对于检察机关提出的量刑建议,犯罪嫌疑人只有接受或拒绝的选择,没有更多协商的余地。犯罪嫌疑人既无充裕的思考时间,也很难就量刑建议的内容求助专业的法律帮助。"①在无罪判决率、不起诉率整体较低的大背景下,社会公众乃至司法办案人员容易形成一种"被追诉即存在过错"的思维惯性,即被立案侦查、起诉的人,其本身或多或少地存在过错。在开展协商时,由于办案人员先入为主的刻板印象,致使其不愿持一种开放性的态度开展协商。在实践中,若嫌疑人拒绝作出认罪认罚的供述,检察机关可以据此认定其具有"社

① 李奋飞:《量刑协商的检察主导评析》,载《苏州大学学报(哲学社会科学版)》2020 年第 3 期。

会危险性”，悔罪态度不好，进而采取羁押措施。[①] 特别是在被告人处于被羁押的封闭状态，而检察官处于绝对优势地位，被告人没有沉默权却有如实供述义务，以及检察官掌握认罪认罚从轻之法律诱饵的情形下，这就可能会使被告人即使没有犯罪也可能认罪。此外，特别是被告人可能被判处较轻的刑罚的情况下（羁押期往往会多于实际判的刑期），在无罪判决很难指望时，不认罪极大概率将比认罪对被告人更为不利，因为认罪认罚可以直接缓刑而不适用实刑。因此，作为一种理性人利益权衡的结果，即使在这种情况下被告人没有犯罪，也可能会违心认罪，从而导致错案的发生。

第五，舆论压力导致检察官与被告人之间关系异化，从而致使错案发生。即使检察官是以法律为业的职业人士，但是，也不能完全无视案件发生当时的占据主导地位的舆论。对于案件信息披露者而言，其会通过有意或者无意设置一个议题，借助新闻媒体的扩散效应扩大这个议题，从而形成民意之压力。在这一系列的过程中，存在一种动力机制，检察官的公诉更多是这种动力机制下的结果，是法律原则下的产物，这也是舆论压力之现实展示。可以说，即使经过媒体报道，最终导致政治人物的介入，这些政治人物亦会考虑民意的因素，因为民意之压力会转化为政治人物关注的动力，最终这些压力机制一起向检察官汇集。从李国和案可以看到，公共舆论一旦经过“议题设置”把案情放大并置于公众视野之下，就会对司法机关形成两种压力、两种法外“合法性”：一种是公共舆论直接指向司法机关的“道德合法性”诉求；另一种是公众舆论输入政治系统（领导关注）后再转而指向司法机关的“政治合法性”要求。前者尽管是直接的，却是柔性的、体制外的、评价性的，只是可能会发生且大小不定的作用；而后

---

① 参见李鲤：《认罪认罚从宽制度适用中错案防治研究》，载《山东理工大学学报（社会科学版）》2022 年第 3 期。

者尽管是间接的，却是刚性的、体制内的、指令性的、确定能够发生较大作用的，因而也是对司法机关最为有效、最具约束力的压力，并且是最能改变司法过程的力量。① 因此，在舆情汹涌有社会重大影响的案件中，检察官在很大程度上可能会被媒体所控制，使公诉成为媒体或者民意压力下的产物，从而造成“舆论公诉”后果的发生。这就会导致检察官审查起诉或者公诉时丧失或者模糊法律标准，从而导致错案发生。

可以说，检察官具有客观中立地位是大陆法系国家的传统做法，即使是英美法系国家，检察官也不是一味追诉的火枪手。然而，实际上并非如此。案件发生后，尤其是一些严重的具有轰动性的刑事案件，检察官也经常面临诸多内外的压力，包括来自被害人及其家庭的压力，来自被害人援助团体、新闻媒体，甚至包括社会民众、同事以及上级的压力，要求其起诉成功，将被追诉人绳之以法。当然，检察官的最大压力来自其自身，渴望胜诉以获得同行及社会的认同。为此，各国部分检察官甚至为了取胜而不择手段，致使其应然角色发生异化。②

第六，由于法律操作技术性原因，检察官与被告人之间关系异化导致错案。这包括：首先，我国在刑事审前程序中普遍性适用羁押措施。本来羁押措施并不是我国刑事诉讼强制措施，但是，在司法实践中，基于对“社会危险性”等标准把握过于宽泛，从而导致检察官把公安机关送交批捕的案件普遍予以批捕，这导致在以后的公诉中其会顺水推舟，把可能的错误延续下去。其次，检察官对非法证据没有进

---

① 参见马长山：《法外“政治合法性”对司法过程的影响及其消除——以“李国和案”为例》，载《法商研究》2013 年第 5 期。

② 参见刘国庆：《从心理偏见审视刑事冤案成因——以柏拉图“洞穴之喻”为视角》，载《苏州大学学报（法学版）》2015 年第 1 期。

行认真审查。对于公安机关收集的非法证据，本来检察官负有审查职责，但是，由于在实际司法实践中，基于控诉利益的一致性，导致检察官对非法证据疏于审查或者降低审查的标准，这也是错案发生的一个重要诱因。再次，检察官隐瞒、忽略对被告人有利的证据，从而导致错案的发生。这在美国也是检察官导致错案高发的重要原因。隐瞒证据，特别是故意不开示对被告人有利的无罪、罪轻证据是美国检察官不端行为中最为常见的形式，诱发错案的情形也最多。[①] 在中国也存在这种情形。最后，在审前程序中，检察官忽视律师的辩护作用，从而导致审前程序中律师辩护作用严重弱化。在现代刑事诉讼中，平等武装、控辩对抗这一对抗性诉讼机制的确立，不仅是被告人权利保障的需要，而且对于发现案件事实，准确定案也具有关键性的意义。毕竟，事实越辩越明，对于控方指控证据体系中的任何一个瑕疵、缺漏的揭示，都将最大可能地避免一个冤错案。因此，辩护制度的发达与完善对于冤错案的防范具有关键的意义。然而，在侦查中心主义之下，事实定格于侦查，辩方的主体地位没有得到凸显，诉讼权利受到压制，对抗性机制的实质缺失使冤错案丧失了重要的防范机制。[②] 在普遍意义上，律师是被告人权利的保护人，在刑事诉讼中这种角色体现得尤为显明。被告人面对国家权力，为了自己的生命、财产等最基本的生存权利而不得不与之抗争，而辩护律师是其在刑事程序中最重要的帮手。[③] 但是，在我国的刑事诉讼审前程序中，辩护律师作用的严重虚化导致其不能从法律角度为被告人提供有效的

① 参见董坤：《检察官的不轨行为与错案防治研究——美国的考察及其借鉴》，载《四川大学学报（哲学社会科学版）》2016 年第 3 期。

② 参见杨波：《审判中心主义视域下刑事冤错案防范机制研究》，载《当代法学》2017 年第 5 期。

③ 参见宋远升：《刑事强制处分权的分配与制衡》，法律出版社 2010 年版，第 177 页。

法律帮助,辩护纠错机制不能发挥应有的作用。在审查逮捕环节,辩护律师的介入率也偏低,此阶段辩护人提出错拘、违反程序使用侦查措施、错误使用警械致犯罪嫌疑人受伤以及提出的无罪、无社会危险性、羁押必要性等辩护缺乏法定硬性听取程序,以及在侦查、检察机关未依法听取辩护律师意见的情况下,未明确程序性制裁后果,从而使可能的冤假错案被顺利地送上法庭。[①] 此外,检察官和被告人法律关系异化而导致错案的法律操作技术原因还包括,检察官让证人作伪证、在审判时提供不适当的证据等,从而使被告人权利严重受损,走向冤狱。当然,在公诉裁量权行使过程中出现的一些问题,也可能导致错案的发生。这突出表现在以下几个方面:(1)够罪即诉问题。(2)不起诉裁量权行使的自我限制问题。(3)疑罪也诉问题。(4)起诉变更制度的不规范不完善问题。[②]

第七,检察官对在被告人身上负有的客观义务的背离是导致错案发生的重要原因,从而也致使二者正常的法律关系发生偏离。刑事诉讼中的错案是由于司法办案人员受主客观因素影响,对问题的性质或案件中的事实判断发生错误,或者对刑事法律的适用发生错误而造成的。如此必定会使当事人受到冤枉,或被错拘,或被错捕,或被错诉,或被错判,给当事人带来难以名状的痛苦,轻则被错误剥夺人身自由权、财产权、政治权,严重者甚至会被剥夺生命权。因此,刑事错案的实质,就是对人权的严重侵犯。而预防错案的根本价值就在于全面、充分地保障人权,这正是检察官客观义务的根本意旨之

---

① 参见瑞金市人民检察院课题组:《对刑事错案防治理论与实践的反思——以检察环节为视角》,载《犯罪研究》2015 年第 2 期。

② 参见胡常龙:《论检察机关视角下的冤假错案防范》,载《法学论坛》2014 年第 3 期。

所在。[①] 在应然角度上，检察官客观公正义务是为了确保法律公正实施，最大限度地确保实体真实的发现，达到案件处理的实体公正，避免检察机关追诉犯罪时片面重视有罪证据而造成错案，“努力发现并尊重事实真相”[②]。但是，在我国司法实践中，会出现检察官客观义务的规范与现实的背离。诚然，从法律规定来看，法律对我国检察官客观义务有较为完备的规定。但遗憾的是，由于观念、体制、机制等原因，导致司法实践中检察官客观义务并未完全实现，检察官履行职责时存在与客观义务相背离的现象，表现为：检察机关自侦案件收集证据具有片面性；审查起诉时忽视无罪证据，存在对未达到证据确实充分起诉标准的案件强行起诉的现象；辩护律师申请检察机关收集和调取证据，一般很难获得许可；检察机关的诉讼救济义务一定程度上依然停留于书面；审查批捕时听取辩护律师意见难以实现。[③] 对这种客观义务背离的结果，检察官就存在证据不足时起诉、为达到追诉目的而擅自违背管辖有关规定等问题，这些都有较大可能诱发错案，也有一些被曝光的案例对此可以证明。

第八，检察官绩效考核会导致其与被告人正常法律关系变异，从而成为诱发错案的一个重要因素。其中，考核的内容包括批捕率、不起诉率、无罪判决率等指标。可以看出，上述这些指标都是以追诉为目的的，而不是防止错案发生为目的。因此，错案发生就成为可能之事。现行检察机关业务考核机制，是将某一具体检察院的各项业务数据按一定权重折算为分数，以数据排名作为评价优劣的标准。批

---

① 参见吴建雄：《检察官客观义务的错案预防价值》，载《法学评论》2011 年第 1 期。

② 朱孝清：《检察官客观公正义务及其在中国的发展完善》，载《中国法学》2009 年第 2 期。

③ 参见王晓红：《检察官客观义务的背离与矫正——以冤案防范与纠正为视角》，载《法大研究生》2015 年第 2 辑。

捕率、捕后起诉率、起诉率、有罪判决率均是重要的考评得分项目。相反,捕后不起诉率、无罪判决率和诉后无罪判决率,则属扣分项目。这种考评机制削弱了侦查监督、公诉和刑事申诉多部门审查的防纠机制的实际效用。[①] 其实,检察权运作有其特定的规律所在,这种规律不会以考核的指挥棒而转移。违背这种司法运作规律的行为本身就为错案埋下了伏笔。如果对司法的性质和其工作方式作深层次的考察,我们其实不难发现绩效考核和司法之间存在许多无法克服的矛盾与冲突……绩效考核是“科层官僚制”组织形式的重要形式。它以管理为职能,以维护某种秩序为目标,以效率为价值取向,其权力结构从上而下依次成阶梯分层,其行政行为具有鲜明的上令下从的性质,其内部层级关系是一种命令与服从的关系,其权力运作表现出特有的从上而下的“一体化”的倾向,其成员在地位上具有一定的依附性。因此,这种组织形式的运转靠得是一种“规训的逻辑”,即“科层官僚制”为组织内的每个成员都划定岗位,通过各种规章制度来精密控制和严格约束成员的行为,使成员能够最大限度地服从和服务于组织所设定的目标……把一套奉行“规训的逻辑”、适用于行政机关的绩效考核制度拿到奉行“自由逻辑”的司法体制内显然是不适合的。[②] 可以说,员额检察官业绩考核制度是科层化管理模式,以量化的指标体系为中心实现对员额检察官的监督和管理,加剧了司法行政化,这与司法改革所强调的“去行政化”相抵触。实践中,员额检察官常常自嘲为“司法民工”,认为办案者好比流水线上的工人,办案结果就好比“产品”,以“产品”对员额检察官进行绩效考核的做法使检

① 参见贾宇、马谨斌:《论检察环节刑事错案防纠机制之完善》,载《河北法学》2015 年第 5 期。

② 参见李拥军、傅爱竹:《“规训”的司法与“被缚”的法官——对法官绩效考核制度困境与误区的深层解读》,载《法律科学(西北政法大学学报)》2014 年第 6 期。

察官被各种考核指标所捆绑，为“机械式劳动”而叫苦不迭。[①] 由于检察官绩效考核直接与检察官绩效相挂钩，这直接影响检察官的业绩，关系到其升迁或者经济利益，这些成为检察官盲目、违规办案的负面性助力。在我国现行的检察官管理体制中，普遍地用“规训的逻辑”来管理本来属于司法规律控制的场域，检察官成了被规训的法律机器。如此，在检察机关受到外界压力之时，这种压力就会直接传导到检察官身上。如此之操作，在纷繁的检察公诉业务之中，焉有从不出错案之理。

五、中国刑事错案的控制

从比较法的纬度进行观察，可以看出，无论是美国、法国、加拿大等国，还是在我国，错案的形成都有其共同的成因，其中包括侦控人员法律技术水平不高，在证据的收集和固定上不到位，有罪推定，先入为主，办案人员综合审查、判断证据的能力不强，对以刑讯逼供等非法手段所获取的证据没有及时发现并按照证据规则予以排除等。但是，也存在一些差异之处，诸如，在我国造成错案的原因中，就没有种族歧视的影响。同时，欧美各国也没有和我国完全一样的导致错案的历史传统和法律文化。但是，无论原因是否不同，研究错案的目的主要是对其进行预防、纠正和控制，在这点上，中外是没有差别的。具体而言，重构我国检察官和被告人之间的正常法律关系，控制或者减少错案的方式应当包括如下几方面：

（一）在技术层面上，加强侦、控人员的培训，提高其办案水平

在技术层面上，可以分为两部分，即司法技术部分和法律技术部分，司法技术部分主要指在进行诉讼活动时的先进科学技术的运用。

---

① 参见龙婧婧：《员额检察官业绩考核制度优化路径》，载《行政与法》2021 年第 3 期。

例如,在测谎仪的适用方面,应当恰当地选择测谎机构和测谎员,科学地控制测谎程序。在DNA证据的鉴定方面,也应当严格遵守一定的规程和方法,保证DNA证据的科学采集和保存。此外,应当建立DNA实验室的监督标准,避免刑事实验室人员疏忽、操作不善、管理不严格给DNA证据科学性带来影响,培训检察官如何对科学证据进行审查判断等。

在法律技术部分,主要指在证据规则适用上。这主要包括:第一,适用非法证据排除规则。禁止采取非法手段收集证据,对于非法取得的证据,特别是非法言词证据,不得作为定案的证据,并因而使侦控机关在程序上蒙受不利的后果。此外,对于非法取证的人员,还应当根据法律和具体情节,使其承担行政、民事甚至是刑事处分。如果造成他人身体、财产、精神损失的,应当给予国家赔偿。第二,采取"疑罪从无"的原则,在对是否存在犯罪有疑问时,应当做出有利于犯罪嫌疑人或者被告人的决定和裁定,而不能采取"疑罪从轻"或者"疑罪从挂"处理。第三,完善证人出庭作证制度。应当完善和改进立法,在单行证据法或者刑事诉讼法中规定证人除确实不能出庭作证的法定情节外,应当出庭作证,否则就依法承担相关的责任。鉴定人应当出庭作证,运用自己的专业知识对自己的鉴定理由和过程予以证实和说明。侦查人员也没有不出庭作证的特权,否则其提出的证据不应当被采纳。第四,摒弃传统的"人证至上"的观念,从重视人证到重视物证的方向转变。

(二)通过司法责任制来制裁及威慑检察官而防控错案的发生

在我国现行司法改革中,司法责任制是作为整个改革的把手予以设计的,其具有惩戒、制裁、威慑检察官不法行为之功效。在司法责任制中,错案属于该责任制度的基础性构成部分。而错案界定也属于司法责任制建构中最为关键的技术性难题。之所以以错案为基础确定司法责任制,其原因在于:其一,对于司法责任制而言,其虽然包括错案责任、司法违纪责任以及职业伦理责任,然而,司法责任制主要是由于错案对主政者的压力而设计的。特别是近些年来出现的错案或者疑似错案,已经对我国司法公信力造成了严重损伤。其中不仅包括以前的杜培武案、佘祥林案、李久明案等,也包括近些年发现的张氏叔侄案、呼格吉勒图案等。这些案件中既包括疑罪从无的案件,其中有首例适用疑罪从无原则判决的"广东陈传钧"案,也包括"死者归来""真凶复活"等确定无疑的错案,这在很大程度上对我国司法机构的权威形成了严重冲击。基于民意的强烈反应及媒体的传播效果,错案在很大程度上抵消了司法机关所做的努力。这也是我国主政者启动司法责任制的关键因素。其二,错案本身的界定就具有复杂性,然而,这是不能回避的问题。否则,这不仅牵涉司法公信力的生成及恢复问题,也关系到检察官办案质量及办案积极性、效率等各方面问题。其三,尽管司法违纪责任与司法职业伦理责任亦属于司法责任的重要方面,然而,对于司法违纪责任而言,这在我国现有的强大司法体制惯性及传统文化/人际关系因素下,往往被司法机构内部所消化。对于司法职业伦理责任而言,其并不属于办案责任,法官违背职业伦理被发现的可能性及处分的影响效果都与错案责任相距甚远,因此,其并不属于优先处置或者解决的问题。

在错案认定的标准方面,应当实行行为与结果相结合的二元主义,这是因为,在错案界定的各种学说中,行为及结果结合的二元主义最能满足要求,这属于一种各方利益能够妥协的最佳结合点。如果仅采取错案的结果中心主义,则是对办案检察官职业权利保障的损伤,甚至可能在纠正错案的同时,也会对检察官形成新的错误。这就要求,确定错案标准应当以相应程序行为为前提要件。不少学者认为检察官错案的行为标准应当具有故意或者重大过失，这种立意或者论点的出发点是正确的，但是，在操作中则成为难题，因为存在故意或者重大过失的区分问题。因此，应当通过法律或者司法解释明确列举错案的行为标准，如果违反这些标准或者规定就构成错案。可以看出，这种做法相对而言具有操作简单之优势。如果检察官有违反程序法、破坏司法规范的行为，本身就足以证明其具有主观上的故意或者过失。对于检察官违反法律法规的行为，通常直接认定为检察官故意违法。也就是说，在违法行为与违法故意之间建立了一种事实推定关系，使有关的追责部门无须承担不必要的举证责任。这显然说明，检察官只要违反了法律法规，就足以被认定为存在主观过错；至少，在主观过错形态存在争议的情况下，认定检察官存在过失显然是没有争议的，也是公平的。之所以规定应当结合司法行为所造成的结果来认定错案，是因为这属于对司法责任制的一种限制或回缩。同时，这也是平衡各方利益的一种做法，从而可以防止司法追责的扩大化。[1] 可以说，建立主客观相统一的检察官办案责任追究机制，就要彻底摒弃机械化的结果论，以检察人员的执法办案行为为基准，明确检察人员的执法过错行为的种类和表现形式，将徇私舞弊、滥用职权的故意违法行为，玩忽职守、造成严重后果的过失行为均涵盖其中，既包括违反法定程序的职务行为，也包括违背实体法律的行为，既有导致错案结果发生的违法行为，也有需要追究执法办案责任的非规范行为。[2]

---

① 参见宋远升：《技术主义司法改革与法治现代化》，上海人民出版社 2017 年版，第 39 – 40 页。

② 参见储国樑、段继涛：《检察环节错案追究制度的反思与重构——兼论司法改革视野下的检察官办案责任追究机制》，载《新一轮检察改革与检察制度的发展完善——第四届中国检察基础理论论坛文集》，中国检察出版社 2015 年版，第 498 页。

（三）建立法官司法审查制代替检察官批捕等方面的权力而减少错案风险

之所以采取司法审查或者令状制度，首先，这是因为逮捕系对公民身体自由权的侵犯，而该权利皆为宪法上的基本人权，必须有“相当理由”之实质原因，始得为之。令状原则之理论，即要求政府在侵犯公民基本权利前，必须先由司法机关审核实质理由，以防止无相当理由的强制处分。[①] 其次，司法审查或者说令状制度的设立，也是基于人天生的心理因素考虑，因为人都是利己动物。司法审查制度的确立，则符合了“任何人都不能做自己法官”的法理，纠正和防止了人为自己谋利益而自觉或不自觉的利己行为，当然这包括批准决定强制措施行为。最后，司法审查也是一种形式上正义的制度。这是因为，无论侦控机关自己审批涉及对公民隐私权、财产权、身体自由权侵犯的强制措施是否正确，但是其在形式上的欠缺却容易使人产生怀疑。而司法审查无论实质上是否公正，但是在形式上却让人无话可说，从而有利于发挥诉讼定分止争的本质功能，消弭当事人对国家强制机关的抵触。这对释放当事人或者社会公众因诉讼产生的不满也起到一种阀门作用。

（四）加强检察官职业伦理培养

随着各国在立法技术上的不断完善，无论在国外还是在中国，法律上虽然存在差异，但是，在对错案的控制上，都相应做了较为完善的规定。我们不能说某一国刑事诉讼法或者刑事诉讼规则在立法理念上不先进，立法技术上不合理，对当事人的权利保障不完善，对国家权力或者说侦控权力的控制不严格。但是，即使是在美国，错案也是一种常见的司法现象。据美国学者研究，美国自 1973 年至 1995

① 参见王兆鹏：《美国刑事诉讼法》，北京大学出版社 2005 年版，第 90 页。

年,一审法院作出的死刑裁判有68%在后来的程序中被推翻。[①] 可以看出,美国同样存在错案,并且错案率也非常高。在英、法、德和加拿大国也存在类似的问题,因此,还应从法律之外探究控制错案的路径。这也是检察官职业伦理培养之价值所在。

在建构检察官与被告人之间的正常关系方面,由于检察官在二者之间属于事实上的主导者,因此,应当从检察官职业伦理入手,从而使检察官和被告人之间的关系规范化发展。对于我国而言,[②]检察官职业伦理相对处于初建时期,在具体操作层面上,仅是具备了检察官伦理的"官样化形式",检察官职业伦理的内在要求还远未达到。在具体内容方面,检察官职业伦理更多的是政治性、空洞性的内涵,而欠缺具体的规范性内容,职业伦理只是在一些相关法律中简单提及,不具备制度化之要件,且可操作性不强。在价值取向上,检察官伦理更是体现了明显的追诉倾向,而不是向人权护卫方向倾斜。因此,我们对检察官职业伦理的构建更多的是基于一种"外在视角",即社会需要什么样的检察官,国家要求检察官应当做什么,不得做什么,从政治、道德、行政命令和行政管理的角度去填充职业伦理的内容。[③] 在我国,检察官职业伦理的建构应当立足于职业视角。这是因为,即使检察官可以有自己的政治信仰,然而,政治信仰与职业伦理还是具有内在的差异。可以说,检察官职业本身就具有特定性,因此,其职业伦理不能是政治伦理,也不能是社会公正伦理,与个人伦理也应当区别开来。让政治归政治、社会归社会、个人归个人、职业归职业,都各自回归其本来面目。不同的职业在社会中扮演不同的

---

① 参见陈永生:《死刑与误判——以美国68%的死刑误判率为出发点》,载《政法论坛》2007年第1期。

② 参见宋远升:《检察官论》,法律出版社2014年版,第240-242页。

③ 参见张志铭、徐媛媛:《对我国检察官职业伦理的初步认识》,"法治思维与检察工作"第九届国家高级检察官论坛会议论文,2013年8月于黑龙江。

角色，角色不同，职业行为的价值取向也不同，公众对职业行为的看法和道德评价也会受到这种角色的影响。因此，从这一角度看，职业行为是一种“因角色而异的行为”，是社会分工专业化的表现。从业者需要把个人信仰与好恶暂放一边，按照特殊的伦理规则行事。① 检察官职业伦理只能是特定职业行为中的产物。可以说，检察官职业伦理建构是其职业化内容不可缺少的一环。如果说检察官教育培训、遴选任免等基础性保障制度是检察官职业化发展的实体之维的话，那么检察官职业伦理则是检察官职业化的精神之维。正是通过检察官职业伦理建构，可以使检察官群体真正能融合沟通而成为结构稳定、自成一体的职业体。因此，检察官职业化的发达程度是与检察官职业伦理直接挂钩的。检察官职业伦理越是具有更高的发展程度，其职业化就呈现出愈加稳定的结构和形态。而欲保证检察官职业化的建构与健康发展，应当做到：检察官职业伦理的制度化建构。应当专门制定检察官职业伦理规范，明确规定检察官职业伦理内容。应当说，规则化的职业伦理具有双重保障之效果。在针对被告人方面，可以使被告人获得能够维持其基本诉讼地位的保障；在检察官本身方面，可以防止其因为不知悉职业伦理具体规定而无所适从，从而深陷伦理道德之泥潭。同时，检察官职业伦理可以防止其成为法律技艺理性的奴隶，从而有职业非道德性之可能。“法律职业的非道德性就根源于法律家的专业化。法律家技术理性，使许多人担心法律家远离民众，缺乏亲和力，变成为‘不食人间烟火’者，甚至有背离人间情理、违反社会伦理之虞。”②

① 参见单民、上官春光：《多重视角中的检察官职业伦理》，第四届国家高级检察官论坛会议论文，2008 年 11 月于重庆。

② ［英］波雷斯特：《欧美早期的律师界》，傅再明、张文彪译，中国政法大学出版社 1992 年版，第 154 页。

刑事诉讼是一个充满风险的过程,不仅对嫌疑人或者被告人如此,对检察官也是如此。法令承认提供的事实并根据事实来宣布指定的法律后果,但是,事实并不是完整地提供给我们的。确定事实是一个充满着可能出现许多错误的困难过程。错误认定导致过许多错判,而这决定了为了预防舞弊和诈骗而规定各种办事规则和形式的必要性。错案也是人类司法认识活动中的死角,也是司法机器运转下的副产品。对于机器来说,我们不能苛求其永远生产出百分之百合格的产品。同样,对于刑事司法而言,我们不能超越理性地要求其永远正确。这也是各国对错案的一般认识。但是,也不能因此降低检察官的责任与道德水准,因为每个人都可能是错案的猎物,都可能是错误司法绞架下的冤魂。"不要以为您的声誉、您工作上的成绩和社会关系可以保护您。您如果以为这种司法裁判的错误只会被那些地位低下和倒霉的人遇上,那就大错特错了。这种错误不分青红皂白地打击着各种人,既有权贵,也有平民。"①错案率低于5%对国家可能是个不错的数字,但是,对于当事人本人来说,错案率就是百分之百。无论是基于国家司法良性运作的要求,还是作为人之所以为人的基本良知,错案都为世界各国带来司法的警醒和改良的契机。

由于造成错案的主角之一是侦控机关,因此,应当在思想上对侦控人员进行教导,在侦控人员伦理观上进行职业伦理教化。应该明确,犯罪嫌疑人或者被告人不是其谋求个人声誉和升迁的工具,而是实在的人。侦控人员作为文明人道共同体的一部分,其没有理由用折磨、殴打以及其他残酷的不人道的手段轻视、侮辱犯罪嫌疑人、被告人。实际上,包括美国以及其他的一些西方国家的一些著名案例,错案都是在一些社会上有重大影响的案件中,一般是在恶性杀人、抢

---

① [法]勒内·弗洛里奥:《错案》,赵淑美、张洪竹译,法律出版社1984年版,第77页。

劫、强奸案件中，侦控机关迫于上级、公众或者舆论压力而采取非法手段而造成的。因此，必须创造一个良好的社会氛围，保障侦控机关在正常的心态下独立、公正、理性地办案。这其中包括通过立法采取一定的措施，保证侦控机关办理此类案件的相对独立性，防止政治家通过控制侦控机关把此类案件作为其牟取政治利益的工具；在新闻方面，新闻机构或者记者也不应当为了自己的片面利益而大肆宣传，使嫌疑人或者被告人被投入有罪推定、未判先决的困境；对于公众而言，也要保持理性的态度，不应当因为一个案件的影响而为其推波助澜。因为错案是一种不可预知的“疾病”，没有人可以保证一个体面的或者有社会地位的人不受错案的侵袭，可能错案就发生在每个人身边。

第七章
检察官职业伦理视角下的检察官和律师关系

检察官职业伦理是调整检察官与其职业相关主体之间的伦理规范及精神内容。在结构意义上，检察官职业伦理是检察官与其职业相关主体之间的一种客观交往关系。检察官职业伦理并不是单个因素的结构，其包括作为职业伦理主体的检察官、检察官职业伦理关系、检察官职业伦理规范，以及检察官职业伦理秩序四种构成要素。在功能意义上，检察官职业伦理产生于检察官职位本身，同时又对检察官个体具有濡化作用。检察官可能并没有感知到这点，但是，这种濡化过程却实在地发挥着作用。因此，检察官职业伦理可以在很大程度上优化检察官职业的内在结构，将检察官职业巩固为一种稳定的关系，并使检察官职业共同体成员由法律认同感提升至伦理认同感，从而保证检察官职业共同体成员的有效互动及效能。

一、由特定职业而生的检察官伦理

英文“专业”(profession)一词最早出现在12世纪，意指加入基督宗教修会前所做的誓言。其字源来自拉丁文professionem，意思是“宣告”。所以，曾经“专业”的概念与其他行业截然不同，因而西方文化中,除神职人员外,就只有律师和医生能够被称为专业。[1] 在职业主义看来,"profession"应该具有以下三个主要特征:①建基于深奥理论基础上的专业技术,以区别于仅满足实用技巧的工匠型专才。②以公众服务为宗旨,其活动有别于追逐私利的商业或营业(business)。③形成某种具有资格认定、纪律惩戒和身份保障等一整套规章制度的自治性团体,以区别于一般的"行业"(occupation)。[2] 可以说,职业的特征一主要是从职业的理论基础方面与一般专业技术做了区分,申明职业的理论性,以此区别于专业技术的技艺理性或者实践性的特质。特征二和特征三则更多地涉及职业伦理问题。特征二主要涉及的是德行型伦理或者精神方面的伦理价值要求,而特征三则主要涉及职业制度伦理或者说是责任伦理方面。因此可以看出,职业伦理是职业或者职业共同体建构的关键前提。特别是对于法官或检察官等法律家群体而言,这种道德化或者精神性要件的需求则更为关键。现代社会的法律人在适用法律的过程中,法律伦理已经从一种附属性要求演变为一种主体性内在需求,法律伦理已成为法律职业生成及延续的关键。"近代官吏团体已发展成为一支专业劳动力,经过长期的预备性训练后各有专长。近代官僚集团出于廉洁正派考虑,发展出一种高度的身份荣誉意识,若是没有这种意识,可怕的腐败和丑陋的市侩习气,将给这个团体造成致命的威胁。没有这种廉洁和正派,甚至国家机构纯粹技术性的功能也会受到威胁。"[3]法律职业不再是纯粹的技术性活动,而更多地内含了法律伦理的要求,从而使法律技艺成为法律伦理的外在承载或者演示,而法

---

① 参见[美]布莱恩·甘遒迪:《美国法律伦理》,郭乃嘉译,商周出版社 2005 年版,第 7 页。

② 参见李学尧:《法律职业主义》,中国政法大学出版社 2007 年版,第 6 页。

③ [德]马克斯·韦伯:《学术与政治》,冯克利译,生活·读书·新知三联书店 1998 年版,第 67 页。

律伦理则属于法律技艺的内在支撑。

就法律职业伦理而言,其虽然并不一定呈现出一种有形的东西。但是,其却是法律职业的黏合剂。对内而言,其能从精神和气质方面将法律职业共同体粘合成一个整体。“群体的结构越牢固,适用于群体的道德规范就越多,群体统摄其成员的权威就越大。群体越紧密地凝聚在一起,个体之间的联系就越紧密、越频繁,这些联系越频繁、越亲密,观念和感情的交流就越多,舆论也越容易扩散并覆盖更多的事物……职业伦理越发达,它们的作用越先进,职业群体自身的组织就越稳定,越合理。”①对于法律专业更是如此,精神性的伦理内容使其成为一种真正自我循环的牢固的整体或者职业。对外而言,法律职业伦理通过满足社会或者民众对其预期的理念要求,从而赢得声望和名誉,继而获得法律职业权威或者权力。对于检察官而言,其需要的是一种真正的权威性。这种权威性不是用大理石镌刻而成的文字,也没有通过法律的形式予以强制迫使民众信服,然而,这种权威性“雕刻”在民众心中。通过内心信服产生权威性力量,与通过国家强力压服产生的强制性,虽然可能来自同一对象,但是,具有不同的功能及蕴含着不同的伦理价值。可以说,检察官的真正权威在于其名望和声誉,而名誉和声望则需要求助检察官职业伦理,这一切不言而喻。

当然,如果仅从法律的技术性与客观性的基础方面考虑,检察官作为法律的操作者没有考虑法律伦理的需要,或者说其并不需要承担道德上的职责或者责任。然而,检察官的法律职业具有公共性,维护社会正义是检察官的天职。在应然意义上,如果其不是社会正义的唯一的保卫者的话,至少算得上是其中之一。在检察官职位设置

① [法]爱弥尔·涂尔干:《职业伦理与公民道德》,渠东、付德根译,上海人民出版社 2001 年版,第 10 页。

之初其就被赋予了社会公益或者法律监督等诸多高贵的、道德化的义务。在法治国的建构中,检察官更是承载了一种美德性的社会诉求。检察官应当是能够代表社会公共利益,具有特定德行伦理的公共职业阶层。检察官不仅是法律技术娴熟的技艺者,也应当是具有无私奉献、正义精神的掌握者,这是法治国建构的内在需求,也是其职业伦理价值之真义。“法律专业人士必须重视法律伦理。坦白而言,只要民众仍视律师为讼棍、检察官是一般公务员、法官有贪污腐化或腐败之向,他们就不会相信法治。”①可以说,精神层面上的征服属于真正的征服,只要民众没有从内心真正相信法治,法治国就不会建立,而法律伦理在其中的价值作用不言而喻。

检察官的职业伦理不仅是其达致内外融通,精神与技术成为一体的保障。更为现实的意义是,职业伦理还是保证检察官能够独立公正地适用、执行法律的关键,更是检察官实现正义的首要要求。因为法律不过是具化的正义而已,其实施法律只是实现正义的一种形式,而起诉犯罪、证明被告人有罪不过是其中的一种手段。马丁·路德·金认为,手段代表了形成之中的理想和在进行之中的目标,人们无法通过邪恶的手段来达到美好的目的,因为手段是种子,目的是树。在指控犯罪与实现正义之间,指控犯罪的检察官公诉行为的正当性取决于正当的目的,而不是相反。因此,检察官职业伦理不仅是考验其是否真正能够以正义为职业试金石,也是保证检察官能够在具体个案中实现正义的真正精神保障。否则,检察官难以应对上下级别之垂直压力,以及来自外界各种关系之牵连。如果说检察官从事该职业本身是有谋生或者生计考虑的话,其职业伦理则真正将这

---

① [美]布莱恩·甘迺迪:《美国法律伦理》,郭乃嘉译,商周出版社2005年版,第2页。

种谋生方式变成了职业。[①]

二、检察官职业伦理的内涵

(一)检察官职业伦理关系

伦理关系就是人与人之间、反映其伦理规定的关系。理解人类社会伦理关系的前提是理解社会交往关系。任何主体与主体之间的交往的实践活动,都蕴含着一种互相对待的关系原理。当然,我们不可否认的是,主体与主体之间的交往,在一定的场合、条件下,也具有“主体—客体”性的一面。同时,伦理关系还意味着一种互主体性的关系。互主体性意味着理论上从单主体向复主体的扩展。人类的社会实践活动本身,有着“主—客”关系与“主—主”关系两重结构,而具有精神道德性的“主—主”关系,用另一概念表示,就是人类社会的伦理关系,或者说,伦理关系是人类交往实践的内在结构之一。[②]

在检察官的职业伦理关系中,体现这种伦理关系的最主要方式是相关主体间的交互作用及实践。在主体与主体之间的伦理关系中,最为核心的莫过于检察官与被告人之间的伦理关系。这是检察官所有职业伦理关系的中轴,其他关系则围绕此对伦理关系存在及展开,因此,这两者之间的伦理关系及交互作用,就成为展示检察官职业伦理关系的最主要场域。

(二)检察官职业伦理规范

检察官职业伦理规范又可称为检察官职业伦理制度。对于检察官职业伦理制度而言,其被理解为一种公开的规范体系,这一体系确定职务和地位及它们的权利、义务、权力、豁免等。这些规范指定某

---

① 以上引自宋远升:《检察官论》,法律出版社 2014 年版,第 44 - 48 页。

② 参见龚群:《当代中国社会伦理生活》,四川人民出版社 1998 年版,第 60 - 68 页。

些行为类型为被允许的，另一些则为被禁止的，并在违反出现时，给出某些惩罚和保障措施。① 检察官职业伦理制度是规则性的职业伦理，其主要采取了一种义务要求或者行为禁止的方式，从纪律约束及管理方面对检察官予以控制。与古代社会的伦理相比，现代社会伦理的核心内容发生了转移，其并不是一种以整体性目的要求为表现形式的德行型伦理，而是一种以规则为外在形式的责任伦理。"责任伦理本身是规则规定，其特征是责任的分辨。职业伦理本身就是一种责任伦理。责任伦理并非一种整体的目的伦理，它并非需要一个个人德性作为伦理起点，也非需要一个宇宙天地性目的作为终极追求，而是一种受到职业或专业界线限定的伦理，目的性必须在一定范围内的职责中去寻找，在一定的知识中去认定"②。

（三）检察官职业伦理秩序

检察官职业伦理秩序是其职业伦理关系的一种客观表达。也就是说，有什么样的伦理关系就体现为什么样的伦理秩序。检察官职业伦理包含着检察官职业伦理秩序。检察官职业伦理的差异性决定检察官职业伦理秩序的差别。如果检察官与相关伦理主体在平等、互相尊重的基础上形成良性的伦理关系，那么，这种伦理关系不仅能够强化检察官职业共同体的职能，也能通过检察官伦理价值提高检察官个体职业行动的正当性。更为关键的是，检察官职业伦理关系能够促进现代社会法律职业最高目标的实现，那就是促成一种司法公正乃至社会公正的整体秩序。如果检察官与其他相关伦理关系主体之间没有形成合理的、正当的交互方式，或者没有能够生成"善良"环境的能力，那么，不仅检察官职业本身存在的正当性会受到质疑，

① 参见[美]约翰·罗尔斯：《正义论》，何怀宏、何包钢、廖申白译，中国社会科学出版社 1988 年版，第 54 页。

② 龚群：《当代中国社会伦理生活》，四川人民出版社 1998 年版，第 183 页。

而且司法公正、社会公正的秩序也将成为泡影。这也说明了检察官职业伦理秩序的正当性建基于其职业伦理关系的正当性之上。易言之，检察官职业伦理秩序的合理性不能由自己来证明，也即“伦理秩序自身亦有个合理性根据问题。伦理秩序自身的合理性根据在于伦理实体的具体内容及其规定性”①。因此，检察官职业伦理关系属于检察官职业伦理秩序应然的合理根基及正当性依据。

检察官职业伦理秩序的积极意义根源于检察官职业伦理关系的公正性，这种公正以检察官伦理制度的形式得以具体化。在检察官职业伦理秩序中，检察官与被告人及其辩护律师、法官、被害人等可以有效地进行互动。这种互动不仅是合作的，也是竞争的。其实，在法律程序范畴内的有效竞争也具有合作的意蕴。然而，要义在于无论竞争还是合作都是在一种“善良”的氛围下进行的，这是检察官职业伦理秩序追求的真正目标。在这种职业伦理秩序中，每个相关主体可以最大限度地延伸自己的知识和能力，并且可以预见与检察官合作所能获得的法律及伦理利益，或者说刑事诉讼中检察官职业伦理关系的相对人可以形成稳定的预期，这种预期不仅是相关主体安全感的保障，而且更是相关伦理主体行为的内在动力。哈耶克曾言：“所谓‘秩序’，我们将一以贯之地意指这样一种事态，其间，无数且各种各样的要素之间的相互关系是极为密切的，所以我们可以从我们对整体中的某个空间部分或某个时间部分所作的了解中学会对其余部分作出正确的预期，或者至少是学会作出颇有希望被证明为正确的预期。”②检察官职业伦理秩序也同样具有产生稳定预期的功

---

① 高兆明：《现代性视域中的伦理秩序》，载《南京师大学报（社会科学版）》2003年第6期。

② ［英］弗里德利希·冯·哈耶克：《法律、立法与自由》（第1卷），邓正来、张守东、李静冰译，中国大百科全书出版社2000年版，第54页。

用。当然，检察官职业伦理关系的相关主体能够做出正确预测的前提是在交往中存在具有规律性的行动规则。这是保证相关主体在自由意愿的指引下，实现自己的权利及意志自由的必要条件。如果相关伦理主体能够按照伦理规范行为，那么不仅可以形成一种习惯性伦理行为模式，而且可以获得相应的秩序保障，从而能够更加有效地安排自己的诉讼行为，实现自己的目的。

三、以检察官职业伦理为根据的律师权利保障

在检察官与辩护律师的关系上，二者本来生长于同棵法律之树，基于社会分工、国家治理需要，以及市民社会与国家之间的力量重新分配，从而分化出这两种不同的法律职业。然而，二者在适用的法律方面无异，在培训教育方面也无差别，只是权力（利）基础结构不同，从而产生检察官与辩护律师权力（利）的差别。虽然在形式上检察官与辩护律师被设计成旗鼓相当、方向相异的对手，但是在实质意义上二者权力（利）、地位却存在差异，特别在职权主义国家中更是如此，从而产生二者职业伦理关系之差异。在实际意义上，辩护律师往往是以个人的技术能力及资源来与以国家权力及司法资源为依托的检察机关对决，其中难度可想而知。然而，即便如此，辩护律师也不应当是国家设计的法律漂亮摆设，其内在存在原因在于民权意识之促动，是市民社会与国家权力分野演变而成的产物。因此，为保证辩护律师与检察官保持恰当的伦理关系，不仅在检察官职业伦理规范方面，各国制定了一些关于检察官正确对待辩护律师的伦理准则，而且，在律师职业伦理方面，有的国家的立法机关或律师协会也通过法律或者律师协会章程以规范律师的伦理行为。譬如，日本律师联合会根据律师法的规定，专门设定了“律师道德”一章，其中第 13 条规定，“律师无论在法庭内外，对法官、检察官及同僚都应当遵守礼节，

不得假公济私”。从中可以看出,律师道德的重点是强调内心世界的净化。①

检察官职业伦理内涵中有平等伦理、诚信伦理等方面的内容。所谓检察官平等伦理主要是指检察官在诉讼程序之中应当平等地对待律师、尊重法官及遵守诉讼秩序。在和谐社会之宏观背景下,检察官应当具有平等伦理,易言之,平等伦理是和谐社会语境下检察官伦理的必然含义。构建和谐社会是我国各项制度构建的总背景,谈控辩平等不能脱离这一语境。和谐社会应当是人人平等的社会,每个人(每一方)的权益都能得到充分保障,诉讼中一方凌驾于另一方之上致使另一方维护自身权益的行动举步维艰,则不能体现司法文明。人人平等不仅是和谐社会的目标,更是社会和谐存在和发展的基础,同样也是刑事诉讼的基础,更是司法文明的标志。和谐社会语境下的控辩平等不应再成为需要证成的问题。② 控辩平等原则的价值基础首先在于个人本位主义,即刑事诉讼中国家与个人具有平等的法律地位。不能以国家利益高于个人利益为逻辑前提,认为控诉方代表的是国家利益,辩护方代表的是个人利益,就推导出控诉方的诉讼地位高于辩护方诉讼地位的逻辑结论。③ 在检察官与辩护律师之间的刑事诉讼对抗中,即使二者是法律中的对手,但是,这并不是你死我活的斗争。检察官与律师之间表面上是对抗,实质上只是国家在制度层面的分工安排而已,并不是真正的仇人。同时,检察官不是一般的民间人士,其是代表国家进行刑事诉讼程序运作的官方代表,加之我国检察官有国家法律监督人的身份,这也决定了检察官不应将

---

① 参见[日]佐藤博史:《刑事辩护的技术与伦理:刑事辩护的心境、技巧和体魄》,于秀峰、张凌译,法律出版社 2012 年版,第 6 – 7 页。

② 参见张霞:《控辩平等与我国控辩审诉讼机制的选择》,载《山东社会科学》2009 年第 4 期。

③ 参见冀祥德:《论控辩平等之理论基础》,载《求是学刊》2009 年第 5 期。

律师特别是刑辩律师视为敌人，而只能是法律对手。可以说，在与刑辩律师的关系上，检察官具有双重身份。在法律意义上，检察官依据法律与刑辩律师进行实质性对抗，从而为法官发现案件事实提供出口。在检察官职业伦理层面上，检察官也应对律师的控辩平等权利予以实质性关照。此时，检察官就分身为第二个身份，也就是作为国家公诉机关代表的身份，并以此身份及境界对刑辩律师的合法权利予以关照。在具体诉讼操作中，这包括检察官应当保护刑辩律师阅卷权、会见权等，满足刑辩律师在程序中提出的合法或者合理要求，不能以各种理由予以拒绝或者阻挠。

检察官平等伦理也包括礼仪伦理。检察官礼仪伦理是检察官应具有的礼节、仪式等方面的伦理规范。2009 年 9 月 3 日，最高人民检察院通过了《检察官职业道德基本准则（试行）》，该准则提出了“检察礼仪”的概念，明确规定检察官应“遵守各项检察礼仪规范，注重职业礼仪约束，仪表庄重、举止大方、态度公允、用语文明，保持良好的职业操守和风范，维护检察官的良好形象”。这是检察官礼仪伦理的规范性渊源。因此，在礼仪方面，检察官也应以国家代表的庄严内心对待辩护律师。特别是在开庭之时，不能对律师予以降低人格尊严待遇。不能在开庭之时，进行一些违反检察机关相关规范性法律文件的行为。譬如，在开庭之时与法官交换纸条，特别在公开审判甚至公开直播之时，这会给社会公众以不好的心理暗示。到底交换纸条或者传递纸条目的是什么？如果说是法律监督，目前相关法律已经取消了当庭监督。在多年前的相关庭审案例中，还发生过开庭时出庭公诉之检察官将辩护律师手中的材料揉搓成一团的事情。作为检察官须谨记，只要进入诉讼程序之中，就应当超脱出自我。因为此时检察官已经是国家形象代表或者法律代表。此时检察官不是代表自己，而是代表整个检察官群体的形象。同时，检察官在开庭时，不应对律师发表与案件无关的攻击性言语,无论是讽刺还是侮辱,这都是与检察官本职毫无关系之行为,不能把检察官个体情绪附加于检察官职业之上。当然,在刑事诉讼过程中,律师也不能有侮辱或者辱骂检察官的行为。因为检察官是国家法律代表之一,如果侮辱检察官,这直接就是对国家法律的挑战。

在检察官诚信伦理规范方面,其对律师权利保障也是天经地义之事。所谓的检察官诚信伦理规范就是指,检察官在法律程序运作之中,应当以最大善意及真诚对待律师。这也是与检察官的职业定位一致。从公众对检察官评价看,检察官的诚信是社会公信力产生的基础。司法权力的独特性、权威性使检察官在公众心目中产生了强大的公信力,这种公信力能够为社会公众对法的真诚信仰和对司法的权威与公正提供坚强的感性经验和情感支撑,以及理性的思维方式。[①] 因此,在诉讼过程中,检察官在与律师的法律互动之中,一定要守诚信,承诺之事一定要兑现。这是因为,即使是普通公民也应守信,对于作为国家正义代表的检察官而言,更不能主动违背自己的承诺。特别是已经成文的法律文书,更不能轻易撕毁。譬如,在认罪认罚之中,如果在检察官与刑辩律师都同意的情况下签订了认罪认罚协议书,只要不实质性地违反规范性法律文件,检察官一方就不能主动宣布撤回认罪认罚协议书,因为这是代表国家签订的承诺,个人或者单位都无权轻易废除或者撤回。

可以说,基于检察官特定的角色以及承担的使命,决定了其应平等及诚信地对待作为职业对手的辩护律师。易言之,检察官对律师权利予以保障,并不是自降身份,而是提升了自己的形象。保障律师权利其实就是保护检察官自身的职业神圣。

① 参见葛太进:《诚信当代检察官的核心价值观》,载《检察实践》2002 年第 4 期。

第三编

行政诉讼检察监督

第八章

行政诉讼监督规范与现实的断裂与弥补

对行政诉讼的法律监督是指人民检察院对行政诉讼的当事人进行行政诉讼活动和人民法院对行政案件的审判活动实施的监督。[①]毋庸置疑,根据宪法规定之检察官法律监督原则,这项监督具有权威性,不容忽视也不能拒绝。检察官具有行政诉讼监督权,除了监督的宪法根基外,检察官作为社会公共利益的代表,这也决定了其行政诉讼监督具有正当性。"检察机关作为国家法律监督机关,是国家利益和社会公共利益的维护者,理应充分履行法律监督职责,保障将国家利益和社会公共利益的特殊的保护政策落到实处"[②]。同时,行政诉讼监督是建基于权力制衡原理之上的。这也是检察官具有行政诉讼监督权的法理支撑。这是因为,行政诉讼中各方地位是不平等的,一方是具有行政权的强大的行政机关,一方是相对弱势的行政相对人,特别在法官可能倾向于行政机关之时,以个人之力量很难对抗二者形成的合力,检察官作为行政诉讼的监督者就可以让这种失衡的力量重新矫正而得到平衡。当然,检察官对行政诉讼监督不只是针对

---

① 参见应松年主编:《行政诉讼法学》,中国政法大学出版社 1994 年版,第 62 页。

② 方国弘、高方亮:《检察机关的民事行政公诉权》,载《检察实践》2001 年第 3 期。

行政诉讼中的行政机关，也对法院的行政案件审判权进行监督，防止法官受案外因素影响、理解法律错误、事实认定判断失误而导致审判权被扭曲。总而言之，检察官行政诉讼监督是一项保证法律统一准确实施的行为。从这个意义上而言，检察官是对包括行政诉讼在内的总的法律监督官，其以一种法律与案件事实错误纠正者的身份，时时关注着法律运行中的不当之处、事实认定机制中的扭曲之处。虽然我国在宪法上为检察官的监督提供高度的支持，在行政诉讼法中也专门对检察官行政诉讼抗诉者角色予以确立，2019 年 10 月，最高人民检察院开展了“加强行政检察监督促进行政争议实质性化解”的专项活动，这也彰显了检察机关推动行政争议解决的努力，但是，在司法实践中，检察官的行政诉讼监督却存在不尽如人意之处，并没有达到立法者最初的立法设计之目的。究其原因，其中有立法上的粗糙原因，在法律规定方面缺乏行政诉讼监督的可操作性，这导致检察官行政诉讼监督职能难以得到充分发挥。当然，在检察官的行政诉讼监督中，监督效果不佳的原因还与检察官行政诉讼监督中具体职权制裁性不强有关。“当前行政检察建议的运行质效与预设功能之间存在差距，致使行政检察监督缺乏实效性。”①因此，应当确立检察官多元化行政诉讼监督体系，扩大行政诉讼监督的范围，赋予检察官行政诉讼监督中调查核实的建议处分权和弹劾权等刚性措施，以保证检察官在行政诉讼中的监督真正发挥实效，而不是虚置浪费检察官的监督权力。

一、问题的提出：一起案例引发的思考

在山东省临沂市兰山区丰瑞畜禽养殖农民合作社（以下简称丰

---

① 张敏、汪倩：《论行政检察监督制度的困境及完善路径》，载《长江师范学院学报》2021 年第 4 期。

瑞合作社)所建养殖大棚被当地政府强拆一案中,一审法院也即山东省临沂市兰山区人民法院(以下简称兰山法院)在判决的事实查明部分认为:2011 年 11 月,张某与刘某国签订土地承包协议,约定张某承包刘某国安庆庄村东北的土地 11 亩,期限为 30 年。2013 年 9 月 10 日,原告丰瑞合作社登记设立,法定代表人系张某。2016 年 9 月 8 日,临沂市发展和改革委员会、临沂市畜牧局针对兰山区发展改革局、畜牧局作出关于丰瑞合作社生猪标准化规模养殖场建设项目实施方案的批复,批复中载明"为提高生猪标准化规模饲养水平,促进我市生猪生产持续健康发展和农民增收,同意你区对丰瑞合作社生猪养殖场进行标准化、规模化建设"。之后原告在其承包的地块上建设养殖大棚,从事畜禽养殖业务。2017 年 3 月 10 日,临沂市国土资源局向张某下达责令停止违法行为通知书,告知其未办理合法用地手续擅自在安庆庄村占用集体土地 5 亩建钢结构厂房,涉嫌违反《土地管理法》(2004 年)第 43 条、第 44 条的规定,根据《土地管理法》(2004 年)第 67 条的规定,责令其立即停止违法行为。现原告称其在未接到任何通知的情况下,被告于 2019 年 4 月 24 日组织人员将涉案大棚强制拆除。张某不服,诉至法院。一审法院判决:确认被告临沂市兰山区方城镇人民政府(以下简称方城镇政府)对原告丰瑞合作社养殖大棚实施强制拆除的行政行为违法;被告方城镇政府于判决生效后 60 日内赔偿原告丰瑞合作社经济损失 1,991,850 元。

实际上,根据国土部门的监测报告,丰瑞合作社法定代表人张某建造的涉案争议的大棚所占用的土地属于违法用地,因此,被方城镇政府拆除。但是,一审、二审判决主要理由都是涉案养殖场经过了乡镇政府同意,县级农业部门验收合格,一直实际用于养殖,符合用地的用途管制要求,满足养殖产业发展的需求。丰瑞合作社法定代表人张某对养殖场建筑及利用其进行养殖的合法性产生了合理信赖,该信赖利益应当受到法律保护。

对此,方城镇政府请求临沂市人民检察院向山东省人民检察院抗诉。其主要理由是:《国家赔偿法》第7条第1款规定,行政机关及其工作人员行使行政职权侵犯公民、法人和其他组织的合法权益造成损害的,该行政机关为赔偿义务机关。在这里可以看出,只有行政拆迁对被拆迁人的“合法权益”造成损害,行政机关方可赔偿。或者说,在行政拆迁中,保护的是“合法权益”,而不是非法权益。这是法律明文规定的。

实际上,根据法律,一审、二审适用所谓“合理信赖”,属于适用法律错误。行政法上确立信赖保护原则的目的在于维护法律秩序的安定性和保护社会成员的正当权益,信赖保护原则的适用必须具备以下三个条件:首先,必须存在信赖基础,行政行为只有生效以后才能对行政相对人产生拘束力,才能获得相对人的信赖。因此,行政行为生效并且生效事实被相对人知晓是使用信赖保护原则的前提。其次,必须具备信赖表现。信赖表现是指行政相对人基于对行政行为的信赖而采取的处分行为,即相对人因相信信赖基础稳定不变所采取的对自己生活作出安排和对财产进行处分的行为。最后,信赖必须值得保护,即保护的必须是“正当的信赖”,即“人民对国家之行为或法律状态深信不疑,且对信赖基础之成立善意无过失”。

因此,判定信赖是否值得保护主要根据行政相对人对法律状态的改变有没有过错。行政相对人如有以下情形,则不适用信赖保护原则:一是通过恶意欺诈、胁迫或行贿而促成的行政行为;二是通过对重要问题的不正确或不完整的陈述而促成的行政行为;三是明知或因重大过失而不知其行政行为违法。

就该案的证据来看,第一,丰瑞合作社法定代表人张某系行贿原畜牧局取得批复。第二,丰瑞合作社法定代表人张某借用批复,明知违法,不在批复规定的基础上进行建设,且明知建设需要审批土地以及建设手续,而故意违反规定在基本农田上进行非法建设,对被拆除的违法建设具有故意违法,不具有“合理信赖”的基础和法律依据。

在该案的事实方面,一审、二审及再审法院认定事实错误。第一,被拆除的大棚既不是相关部门批复的位置,也没有合法手续。丰瑞合作社所谓的批复在原址“改扩建钢结构育肥圈 1000 平方米,项目总投资 46.4 万元”和拆除的违建毫不相干(涉案大棚违法建设面积为 3296 平方米,评估面积为 4167 平方米)。丰瑞合作社所建钢结构大棚并未取得相关建造及土地使用手续,法院认定所谓批复让丰瑞合作社对建设及发展养殖产业产生了合理的信赖,属张冠李戴,其支持涉案被拆除钢结构大棚的损失赔偿,毫无事实和法律依据。第二,拆除的非法建筑物和所谓批复的,不是同一位置。相关部门的批复内容:在原大棚基础上加高 2 米,改扩建 1000 平方米。并且,一审、二审判决书也明确认定:系在原址上改扩建。实际上被拆除的大棚并非对原大棚进行拆除,而是丰瑞合作社在靠近原大棚附近的基本农田上另行非法建设的建筑 3296 平方米。涉案建筑拆除前,丰瑞合作社根本没有打算进行养殖。因此,被拆除的钢结构大棚与其提交的扩建手续(批复)并无任何关系,系违法建筑,在方城镇政府依法拆除后不应予以赔偿。

在该案中,针对临沂市两级法院坚持的信赖保护原则的适用存在很大的争议,作为两级法院判决最主要的法理或者法律基础存在问题,那么,就会动摇法院判决的根基。基于此,根据事实及法律,针对临沂市兰山区人民法院作出的(2020)鲁 1302 行初 46 号行政判决、临沂市中级人民法院作出的(2021)鲁 13 行终 64 号行政判决,方城镇政府向检察机关申请抗诉。

在该案中,在准备抗诉的前期阶段,临沂市人民检察院做了大量的工作，在法律认定和事实查明上，都细致地进行了研判。当然，临沂市人民检察院在对该案的行政诉讼监督的前期准备过程中，在对相关行政机关行使调查核实权时，遇到了一定的障碍，这也和我国行政诉讼监督普遍遇到的问题是一致的。针对上述问题，笔者准备以宏观和微观相结合的方式，通过论证行政诉讼监督的价值所在，困境在何处，从而针对困境对行政诉讼监督重新进行建构。

二、行政诉讼监督的价值

行政诉讼是现代社会规范和控制行政权力、保障行政相对人合法权益的重要法律制度。检察机关作为我国的专门法律监督机关，通过行政诉讼实现法律监督职能既是检察监督的应有之义，又是我国检察制度与行政诉讼实践相结合的产物。[①] 检察官对行政诉讼具有监督权，这是建立在宪法授权的大前提之上的，同时，这也和我国检察机关的角色定位有关，更是与权力制衡的理念直接相关的。

（一）宪法是检察官行使行政诉讼监督的最高法律根基

我国《宪法》第134条规定了" 中华人民共和国人民检察院是国家的法律监督机关"。基于此，《行政诉讼法》第11条的"法律监督原则"中规定了人民检察院有权对行政诉讼实行法律监督。因此，检察机关除了审查起诉、提起公诉和自行侦查外，还肩负着行政诉讼法律监督的职责。在现有宪法框架内，监督审判权的行使，既是检察机关的宪法性权力，也是其宪法性义务。由于宪法赋予了检察机关专门的法律监督权，这使其在行政诉讼中的监督权具有宪法根基。这是一项宪法意义上的强制性权力。在检察机关法律监督权中，行政诉讼监督权是不可缺少的一环。在行政诉讼中，检察官不仅针对审

---

① 参见丁鹏、维英：《试论行政诉讼检察监督的改革完善》，载《内蒙古大学学报（哲学社会科学版）》2015年第4期。

判权进行监督，而且也针对行政权进行监督。

（二）检察官的本质属性决定了其有行政诉讼监督权

检察官不仅是以控诉为职责的公诉人，其还是具有客观义务的司法官。作为法律之守护人，检察官既不可能被定位于“一般的行政官”，也不可能被解释为“独立的法官”，而是自成一格，居于两者之间的“司法官署”或称“自主之司法机关”。[①]这决定了检察官在法律运行过程中，能够以客观的立场对待法律赋予的义务。其实，检察官这种客观义务，不仅是大陆法系国家的传统，即使英美法系国家也有向此发展的趋势。因此，负有客观义务的检察官在行政诉讼中发现有违法判决等情形时，有权启动监督机制，让其重新回归到法定的轨道上。

在大陆法系的国家中，德国在创设检察制度的过程中，对检察官的地位和权限进行了相应的改造，为保证检察官权力行使的客观性，将法国原属于行政官性质的检察官归类为非审判的司法官，检察官作为“法律守护人”“民权保障者”的功能因此得到进一步开掘。由于承继列宁关于社会主义国家检察权性质的基本理论，我国检察机关在现行体制中具有专门法律监督机关的地位，以至于在行政诉讼中也承载着相应的法律职能。应该说，为了保障行政诉讼审判的合法性，防止法官等权力危害法治秩序，将我国检察机关定位为负有客观、公正义务的“法律权威的捍卫者”或者“法律守护人”具有深远的法治意义。

（三）司法权所具有的权力属性决定了应对其进行行政诉讼监督

所谓司法是指国家司法机关根据法定职权和法定程序，具体应

---

① 参见林钰雄：《刑事诉讼法》，中国人民大学出版社 2005 年版，第 102 - 114 页。

用法律解决纠纷处理案件的专门活动。① 司法权是相对于立法权、行政权的第三种国家权力。相对于立法权而言,司法权是一种裁判权,并且是通过将一般的法律规则适用于具体案件来发挥其裁判案件的功能。②因此,作为一项权力,传统意义上的司法权指的就是法院的审判权。它包括审理和裁判两方面的权力内容,即在查清案件事实的基础之上,才能就相关法律争议问题进行裁判。③司法是在事实认定的基础上适用法律的过程,是一种理性思维判断活动。在公力救济制度产生之初,由于行政司法不分,司法只是行政权的一项功能。作为独立形态的司法权,却是在近代启蒙运动以后,才从行政权中分离而产生的。④

为了避免法官诸多权力于一身,可以通过"不告不理原则"等来限制司法权的能动性,意在确保其超然、中立的诉讼地位。当然,即使法官的司法权天然具有中立的性质,但是,只要是权力,其就有膨胀滥用的危险,在行政诉讼中也不例外。法官的权力越大,滥用的风险也越大,这就使检察官的监督成为必然。这也是现代国家设官分职制度设计的价值所在。

检察官通过行政诉讼抗诉等来监督审判权的行使也有比较法视野中的借鉴。学界认为行政公诉最早于德国出现,19 世纪末在德国巴伐利亚州行政法院,当政府出现违法行为时,行政法院内设之检察官可向法院提起公诉,行政公诉制度自此产生。德国此项制度主要

---

① 参见孙辙:《司法、司法权及其他》,载《法律适用》2003 年第 8 期。

② 参见陈瑞华:《司法权的性质——以刑事司法为范例的分析》,载《法学研究》2000 年第 5 期。

③ 参见陈兴良:《独立而中立:刑事法治视野中的审判权》,载《华东政法大学学报》2007 年第 6 期。

④ 参见谢佑平、石伟:《配置与运行:论刑事诉讼中的权力关系》,载《社会科学》2007 年第 1 期。

在其《行政法院法》第35条和第36条中予以规定。首先，行政法院中被任命的检察长担负着维护社会公益的职责；其次，该国于其各级行政法院内设立的公益代表人制度使得其可以在普通案件或指定案件中，作为州或是州政府的代表参加行政诉讼。[①] 在法国，法院系统分为司法法院系统和行政法院系统。与司法法院系统相比，行政法院系统更为复杂、多样。因此，驻行政法院的检察系统也更复杂多变。在具有一般管辖权的行政法院中，检察官仅仅是法律的捍卫者，而在具有特殊管辖权的行政法院中，检察官则是特殊行政机关利益的代言人。[②] 在沙皇俄国时期，除了在枢密院设立总检察长和副总检察长外，沙皇还在各委员会和各地方法院设立检察官。检察官对各委员会的活动和法院的审判进行监督。[③]苏联则根据列宁关于检察长的唯一职权和必须做的事情只有一件，即"监视整个共和国对法制有真正一致的了解，既不顾任何地方上的差别，也不受任何地方上的影响"[④]的理论，赋予检察机关以专门法律监督机关的宪法地位，使得检察机关有权监督审判机关的司法活动。从其制约形式来看，检察官在行政诉讼中对审判权的监督主要是提出要求纠正审判违法行为的检察意见，或者依法提起抗诉程序而引起案件再审，直至撤销原判或改判。行政诉讼检察监督是健全监督机制、促进民主法治建设的重要环节。在我国，两审终审程序结束之后，对于存在错误的裁判结果，单靠当事人自己是很难引起再审程序发生的，法院的内部监督也

---

① 参见行政立法研究组编译：《外国国家赔偿行政程序行政诉讼法规汇编》，中国政法大学出版社1994年版，第353页。

② 参见施鹏鹏：《法国检察监督制度研究——兼与中国的比较》，载《暨南学报（哲学社会科学版）》2010年第5期。

③ 参见温辉：《检察官：从国王代理人到公共利益代表》，载《广西大学学报（哲学社会科学版）》2007年第3期。

④ ［俄］K. Q. 斯克沃尔佐夫等：《苏联东欧国家的检察长监督》，梁启明译，中国检察出版社1990年版，第36页。

难逃“自家人难揭自家短”的规律。赋予检察机关监督的权力,正是为了弥补私权力量的不足和内部监督的缺陷,从而维持诉讼双方当事人的对抗平衡,维护其合法权益,并进而维持裁判的公正性。① 由于行政诉讼当事人原、被告双方的地位极不对称,当行政相对人的合法权益受到侵害时,需要借助行政诉讼,请求法律对其合法权益提供救济和保障,借助审判权抗衡行政权。但是,一旦法院的天平发生倾斜,或者审判权依附于行政权,行政相对人与行政机关的地位均势就无法实现,必然要求第三种力量的介入。检察权以国家公权力为后盾,依法介入行政诉讼,对其进行直接监督,为行政诉讼中处于弱势、权利易受侵害的行政相对人提供保护和救济,以实现对行政诉讼的制约和平衡。②

三、我国行政诉讼监督空心化之窘境

行政诉讼检察对遏制“诉讼空转”、满足公民司法诉求有重要意义。新时代下的行政诉讼检察理应成为构建严密法治监督体系的关键少数。③ 当然,这是在行政诉讼监督能够正常发挥效果的前提下达到的状态。《行政诉讼法》第 11 条确立的行政诉讼基本原则之一是:人民检察院有权对行政诉讼实行法律监督。从字面上考察,这一原则赋予检察机关的法律监督权是没有限制的(当然从法理上讲,则应该有限制),从而,无论是监督对象,还是监督方式和监督手段,《行政诉讼法》的具体条文都可以根据实现监督目的的需要而赋予检察机

① 参见杨国云、刘建平:《论完善我国民事行政诉讼检察监督制度》,载《行政与法》2003 年第 9 期。

② 参见孙建国:《论检察监督在行政诉讼中的功能》,载《河南大学学报(社会科学版)》2006 年第 1 期。

③ 参见陈家勋:《行政检察:国家行政监督体系中的补强力量》,载《现代法学》2020 年第 6 期。

关以广泛的范围。[①] 但是，在现实司法实践中，行政诉讼监督本身也存在操作性不强、制裁性不足、运行不规范等诸多弊病。可以说，虽然我国《宪法》《人民检察院组织法》《行政诉讼法》等规定检察机关有权对行政诉讼实施监督，但是，这只是在高位上予以授权，在低位上却存在具体监督操作配套不足之空心化窘状，即立法上存在严重缺陷——“总则规定的检察机关诉讼监督权力的广泛性和分则规定的具体监督方式的狭窄性之间的矛盾”[②]。因此，这也值得进行针对性研究并给出相应对策支持。

（一）具体法律操作规则缺位

对于我国行政诉讼监督的法律依据而言，其主要包括：第一，《人民检察院组织法》。在我国《人民检察院组织法》第 20 条第 5 项规定：人民检察院对诉讼活动实行法律监督。该条第 6 项规定：人民检察院对判决、裁定等生效法律文书的执行工作实行法律监督。为了保证上述条款的实施，该法第 21 条规定：人民检察院行使该法第 20 条规定的法律监督职权，可以进行调查核实，并依法提出抗诉、纠正意见、检察建议。有关单位应当予以配合，并及时将采纳纠正意见、检察建议的情况书面回复人民检察院。抗诉、纠正意见、检察建议的适用范围及其程序，依照法律有关规定。但是，对检察官调查核实权、提出检察建议等职权运作并未做细致性规定。同时，虽然上述条款规定“有关单位应当予以配合，并及时将采纳纠正意见、检察建议的情况书面回复人民检察院”，但是，如果有关单位不予配合，却没有相关的法律后果。对于一项完整的法律规范而言，其应当包括行为模式和法律后果，如果没有法律后果，那么，该项法律规范的价值也

① 参见姜明安：《行政诉讼中的检察监督与行政公益诉讼》，载《法学杂志》2006 年第 2 期。

② 杨立新：《民事行政检察教程》，法律出版社 2002 年版，第 93 页。

就会打折扣。这是我国行政诉讼监督操作难点之处,也是其实际效果不明显的关键原因。第二,我国《行政诉讼法》第 11 条规定:人民检察院有权对行政诉讼实行法律监督。但是,对于《行政诉讼法》上述条款而言,同样存在过于简单、实际操作困难的问题。对于《行政诉讼法》第 11 条规定的"人民检察院有权对行政诉讼实行法律监督",现行法律只确立了行政诉讼检察监督的基本框架,但缺乏监督的具体规则,致使检察机关在实践中无从实施,导致检察机关有监督权但无法行使。[①] 同时,对检察建议书的法律后果也同样没有规定。这些都是导致行政诉讼监督在法律层面上的困窘之处。

(二)行政诉讼监督缺乏刚性法律条款支持

基于法律规定缺失的原因,检察机关虽然在宪法或者法律宏观意义上获得了法律的授权,但是,实际上由于这些授权在关键之处存在刚性不足的缺失,因此,这让行政诉讼监督在运行中面临诸多困境。这包括:首先,检察官在行政诉讼中调查核实权的具体操作细则没有法律明确规定。实际上,在行政诉讼监督中,本来法官在证据材料及法律事实掌握方面就占据着先行优势,同时,因为法官也是职业法律人士,形式上一般很难让检察官找出明显的问题。在具体的行政诉讼监督中,出于利己的心理,谁也不希望自己被发现问题,因此,部分法官可能不会配合,相关的行政机关在接受检察官的调查时也会借故推诿。在检察官调查核实权具体规定不明确的情况下,就会存在证据和法律事实供给不足的情形,因此,很难对行政诉讼进行有效监督。其次,检察官在行政诉讼中的监督存在滞后性。根据相关法律规定,基于保障法官独立审判的要求,检察官行政诉讼监督属于事后监督,而不是同步监督,这就使其难以接触到审判的第一现场,

---

① 参见魏建新:《冲突与完善:基于行政诉讼检察监督的属性分析》,载《理论月刊》2011 年第 10 期。

也难以获得监督的直观感受，这不仅导致监督延迟，也增加了监督的难度。“本应贯穿于全部诉讼环节的检察监督，被定格为事后监督，操作规程亦作了简略处理，原则性条款与具体适用性条款之间逻辑联系的缺失，使检察监督权在行政诉讼的司法实践中难以有效展开，行使空间大大压缩”①。

（三）行政诉讼监督行为规范性不足

对于行政诉讼监督而言，本身是一项严肃的国家权力运行活动，作为监督者而言，检察官检察行为的规范性是监督效力的前提保证，否则，就可能丧失行政诉讼监督的权威性、公信力及说服力。这种规范性不足之情形主要包括检察建议的粗糙化等方面。实际上，如果检察官本身以看似不谨慎或者不严肃的态度对待检察建议书，如何要求被监督者能够信服并且接受检察建议。何况检察建议本身也没有强制性的约束力，而检察建议说理性不强或者没有说理则更加影响检察建议的效果发挥。

四、行政诉讼监督的完善

（一）在立法上对行政诉讼监督进行针对性调整

即使我国有关于行政诉讼监督的相关法律，如《人民检察院组织法》《行政诉讼法》等，这些相关法律也确实为行政诉讼监督提供了一定的法律支持及动力。但是，由于这些法律先天性的操作性不强、制裁性不足、规范性缺失等弊端，从而导致行政诉讼监督后天失调。因此，应当重构行政诉讼监督法律体系，细化行政诉讼监督法律规则，为行政诉讼监督奠定法律基础。为了保障行政诉讼监督的法律完善，在具体立法中，可以专门制定“行政检察法”。在该法中，应细

---

① 吴卫东：《行政诉讼中检察监督权力的完善性扩张》，载《湖北行政学院学报》2006 年第 4 期。

化行政诉讼监督的具体操作规程,从而方便检察官的司法操作,使行政诉讼监督效果最大限度地发挥。当然,这实际上与单独制定"法律监督法"在目的与功能方面有所重合,但"行政检察法"的监督范围更有针对性,更能为当前行政检察工作的困境提供出路。目前检察机关实施法律监督的内涵与外延还有待进一步明确,考虑到我国行政检察监督的现状与立法资源配置,制定"行政检察法"为可行之举。①

(二)保障行政诉讼监督的规范性

规范行政诉讼监督有诸多方面,其中包括规范行政诉讼监督案件来源、检察建议的规范行使等多个方面,特别是检察建议的说理问题更应当重视。可以说,行政检察建议书说理是一项成熟的法律文书应当具有的品质。在行政检察建议书中,应通过论证实现"以理服人",而不是"以力服人"。检察官在检察建议中的论证是通过说理的方式而赋予其结论合法性、合理性的司法行为。通过检察官的说理活动,可以为被监督者提供一套理解范式,那就是,在行政诉讼这个游戏中,每个人都要服从游戏规则,被监督者有服从义务,那么检察官就有通过检察建议提供服从理由的义务。在检察建议的说理中,法律论证技术是一项重要的内容。法律论证技术是检察官在运用法律解决问题过程中,依据一定的证据或者理由,通过书面或者口头的方式确认其检察建议根据或者结果的活动。法律论证技术是一种理性的职业活动,通过互动、商谈、说理,从而使其成为一种说服性的活动而不是压制性的活动。这也是使被监督者信服以及检察监督公信力的程序性展示的意义之所在。对于检察官而言,法律论证技术是其应当具备的职业要素。因此,可以说,虽然检察官行政诉讼监

---

① 参见张敏、汪倩:《论行政检察监督制度的困境及完善路径》,载《长江师范学院学报》2021 年第 4 期。

督本质上体现为一种权力，但是，其也是一种专业的司法技术或者司法操作能力。检察官通过法律论证或者逻辑推理，借助司法说理技术实现了检察监督公信力的提升。

（三）赋予行政诉讼监督支持、配套措施的强制力

行政诉讼监督支持、配套措施包括检察建议权、调查核实权等。对于这些权力而言，其是完整的行政诉讼监督不可缺少的部分。如果这些权力没有强制力，就可能等于虚设。这就成了一种悖论。“检察建议制度具有重要的意义和作用，应当进一步细化其对法院乃至对行政机关的约束力。”[①]因此，只有赋予上述权力以强制力，才能够产生威慑力，这是让被监督者服从，以及产生法律监督效果的关键要件。

---

① 杨建顺：《科学建构行政诉讼检察建议制度》，载《检察日报》2014年7月9日，第7版。

第九章

行政诉讼监督视域下检察调查核实权的行使基础及建构

随着 2018 年《人民检察院组织法》的颁布及检察机关构筑“四大检察”的进行,检察机关的调查核实权逐渐变得重要,在行政诉讼监督中也是如此,因为这是真正实现有效监督的有力工具。对于目前我国检察机关行政诉讼监督调查核实权而言,其有着法律基础、法理基础以及现实需要,然而,也存在相关法律具体规定缺位、程序缺失以及保障配套措施阙如的困境。因此,即使在行政诉讼中检察调查核实权具有相应的基础,还应在立法中予以细化,从而使得该项监督权能够发挥效能。

一、问题的提出

检察调查核实权是指检察机关针对司法机关、行政执法机关的司法、执法行为,通过专门的调查手段,查明司法机关、行政执法机关是否存在诉讼违法行为或者损害公益的行为,并据此决定是否进行检察监督的权力。人民检察院在民事审判监督程序中和在行政公益诉讼检察程序中“可以”行使调查核实权,那么在行政诉讼中,人民检察院是否还能行使调查核实权?对此,不同专家或者学者提出了不同的观点。江必新教授在《行政诉讼法及司法解释关联理解与适用》一书中认为“不宜行使调查核实权”①,具体理由②主要包括:第一,在行政诉讼中,根据“案卷排他主义”和“先取证后行为”原则,司法机关的调查核实权受到严格的限制。在行政诉讼过程中,法院的依职权调查案件的权力本身就受到极大限制,检察机关作为法律监督机关更不能对案件事实进行调查核实,这会违反行政诉讼证据规则的基本要求。第二,检察机关在对行政案件进行法律监督过程中,应当主要考虑法律适用问题。对于事实问题,一般由行政机关和人民法院依法调查。人民检察院作为法律监督机关,不宜重复调查案件的事实问题。第三,如果当事人在行政诉讼中因客观原因无法收集、调查证据,可以申请法院依职权进行调查,也可以要求行政机关对行政行为的合法性进行举证。检察机关没有必要在行政诉讼中享有事实调查核实权。第四,《行政诉讼法》对人民检察院的法律监督权力进行了列举规定,其中没有关于调查核实权的内容。

董坤教授则认为,调查核实权是新时代检察机关履行法律监督职能的重要手段和方法,是对检察职能的历史传承,也是在构筑“四大检察”“十大业务”的新格局中法律监督权发展的必然结果。检察机关应不断更新检察理念,主动适应法律监督模式的转型,引导检察人员敢用、会用调查核实权。同时,应通过制定规范性文件细化具体措施的适用程序、明确被调查部门或人员的配合协助义务以及加强专业培训等方式不断健全权力行使的外部保障机制。③

---

① 本书编委会编:《行政诉讼法及司法解释关联理解与适用》,中国法制出版社2018年版,第65页。

② 本书编委会编:《行政诉讼法及司法解释关联理解与适用》,中国法制出版社2018年版,第65页。

③ 参见董坤:《新时代法律监督视野下检察机关调查核实权研究》,载《内蒙古社会科学》2020年第6期。

可以说,上述观点虽然都具有一定的合理性,但是,也有值得商榷之处。对于江必新教授而言,其只是看到了行政诉讼的特殊性,但是,没有将行政诉讼置于整个检察监督理论大背景下进行讨论。对于董坤教授而言,其并没有对行政诉讼监督视域下检察调查核实权的行使基础进行专门的论述。然而,检察调查核实权的行使基础是该权力顺畅运行的基础,也是从高屋建瓴的角度上进行讨论的关键。如果对此不进行深入研究的话,检察调查核实权的行使就没有牢固的理论根基支撑。因此,笔者主要以检察机关在行政诉讼中调查核实权的行使基础为切入点,同时兼顾目前该权力行使存在的困境,从而对该权力的行使予以全方位的建构。

二、行政诉讼视域下检察机关调查核实权的理据

(一)检察机关行使调查核实权的理论基础

法律理论能给予法律更高层次的指导,是法律具有生命力的关键。对于检察机关应在行政诉讼中行使调查核实权而言,其具有深刻的法学理论基础。

其一,从权力制衡的角度而言,赋予检察机关在行政诉讼监督中的调查核实权,有助于审判权力的规范运行。作为国家主动追诉犯罪的机构形式,检察机关的另外一个重要价值目标就是保障法律在全国范围内取得统一遵守执行的效力。检察官的诉讼监督职能重要的方面体现为对审判权的制约,以保证审判权的客观公正行使。这本身具有权力制衡的深刻理论根基。制衡是指每一个部门皆具有对抗其他部门行为的能力,从而不至于出现任何单一部门操控整个国家权力和职能的理论。为有效防止和遏制权力的滥用和异化,不仅需要以公民权利来监督制约权力,更需要在权力之间"以权制权"。通过检察权力监督审判权力,属于国家管理成本的正常支出部分,并

且，权力之间的监督比较系统化、制度化、规范化，属于常设性机制，在同等条件下能够起到更好的效果。正如孟德斯鸠所言，权力制约的最佳方式就是用权力来限制权力。① 行政检察监督的根本面向是保障宪法和法律完整统一实施而对有关公共行政权进行控制，其根本价值应在规制国家公权、构建检察权威和保障公民权利之间寻求平衡。② 这种平衡正是社会主义法治建设的需要。相对于行政相对人（或者原告），行政机关处于强势地位，在一定程度上公权力对公权力的"制约监督"是个人追求法治或者说建设法治政府、法治社会的潜在要求。

其二，检察官客观公正义务要求其在行政诉讼中应当具有调查核实权。"检察官客观公正义务产生于检察官角色与职能的特殊性"，"其基本要求和具体内容可概括为客观取证义务、中立审查责任、公正判决追求……程序维护使命"③。不论是民事诉讼还是行政诉讼，相关证据基本上是掌握在案件有利害关系的当事人手里，一般来说，庭审以当事人提供的证据为主、法院调查收集的证据为辅就能满足诉讼的需要。但是，对于某些特殊情况，有些行政诉讼的证据可能掌握在潜在的被告人、证人手里，相关的当事人不掌握，检察机关也不掌握，如检察官在司法活动中必须恪守客观公正义务，就必须掌握能够证明事实真相的相关证据，为此，必须赋予检察机关调查核实权，即存在这样的逻辑：人民检察院行使检察权的个体（检察官）应该履行客观义务——必须行使调查核实权——《人民检察院组织法》的

① 参见［法］孟德斯鸠：《论法的精神》（上），张雁深译，商务印书馆 1963 年版，第 154 页。

② 参见秦前红：《两种"法律监督"的概念分野与行政检察监督之归位》，载童建明主编：《检察智库成果》第 3 辑，中国检察出版社 2019 年版，第 680 页。

③ 龙宗智：《检察官客观公正义务的理据与内容》，载《人民检察》2020 年第 13 期。

明确规定。

其三，调查核实权内生于检察监督权。从检察机关的法律地位来说，检察机关具有法律监督权，该权力是宪法定位的权力。“检察机关对监督事项进行必要的调查核实，是开展法律监督的前提条件”①。检察机关进行调查核实是开展法律监督的职责所在，基于履行法律监督权需要而衍生出来调查权。

（二）检察机关在行政诉讼监督中行使调查核实权的法律基础

检察机关作为国家法定的法律监督机关，其监督应当在法律规定的范围内进行，法律也是其能够在行政诉讼中行使调查核实权的最基本依据。一般而言，检察机关在行政诉讼中具有调查核实权的法律基础包括：

第一，检察机关在行政诉讼监督中行使调查核实权有着《行政诉讼法》上的法律指引。《行政诉讼法》第 101 条明确规定，人民检察院对行政案件受理、审理、裁判、执行的监督，《行政诉讼法》没有规定的，适用《民事诉讼法》的相关规定。该条为指引性法条。《民事诉讼法》第 2 条规定，“人民检察院因履行法律监督职责提出检察建议或者抗诉的需要，可以向当事人或者案外人调查核实有关情况”。这不仅从法律层面正式对民事诉讼中检察机关的调查权予以规定，也从法律层面对行政诉讼中检察机关行使调查权予以明确规定。

第二，《人民检察院组织法》赋予了检察机关在行政诉讼监督中的调查核实权。《人民检察院组织法》第 21 条第 1 款第 1 句规定，“人民检察院行使本法第二十条规定的法律监督职权，可以进行调查核实，并依法提出抗诉、纠正意见、检察建议”。该规定为检察机关行

① 万春：《检察法制建设新的里程碑——参与〈人民检察院组织法〉修订研究工作的体会》，载《国家检察官学院学报》2019 年第 1 期。

使法律监督职权而进行调查核实提供了法律支持。只要行使该法第20条规定的法律监督职权，检察机关就可以进行调查核实，并且该调查核实是为后来依法提出抗诉等提供支持的。行政诉讼为检察机关监督对象之一，检察机关当然享有对行政诉讼的调查核实权。《人民检察院组织法》赋予了检察机关在行政诉讼检察监督中的调查核实权，不仅在法律操作层面上使之出师有名，而且实际上彰显了检察机关的法律威严。"以权制权"决定了检察权作为制约权力必须有足够权威，赋予检察机关调查核实权，能促进检察机关在权力制约架构中、在强大的行政权力面前保持权威，保障检察机关独立、有效地行使宪法赋予的监督权。①

（三）检察机关在行政诉讼监督中的调查核实权具有党和国家政策的基础

对于检察机关在行政诉讼监督中的调查核实权而言，不仅有法律根据，而且也有党和国家政策的支撑。其实，即使党和国家的政策不是正式的法律，也是国家正式立法的重要根源之一。"我国的国家政策是建设、管理国家和处理国内外事务的一切行为的行为准则"②。在我国，党和国家政策也对司法机关的具体司法行为具有重要的影响作用。在检察机关行政诉讼监督中的调查核实权方面就是如此。党的十八届四中全会通过的《中共中央关于全面推进依法治国若干重大问题的决定》提出，"完善检察机关行使监督权的法律制度"，"检察机关在履行职责中发现行政机关违法行使职权或者不行使职权的行为，应该督促其纠正"。因而，人民检察院在监督范围上，

---

① 参见黄曙、胡涛：《检察调查核实权视角下行政执法信息获取机制探析》，载《人民检察》2020年第3期。

② 蔡守秋：《国家政策与国家法律、党的政策的关系》，载《武汉大学学报（社会科学版）》1986年第5期。

从单一的行政诉讼监督，拓展为行政诉讼监督、行政违法行为和不作为行为监督并举，既包括诉讼内的监督，又包括诉讼外的监督；在监督对象上，从监督人民法院的生效裁判，到增加监督人民法院行政调解书、审判人员违法行为和行政执法活动，乃至行政机关违法行使职权和不行使职权的行为。[①] 检察机关在对行政诉讼监督中，如无调查权，则对行政机关的实质性监督就无从入手，甚至是无法监督。此外，2021 年 6 月发布的《中共中央关于加强新时代检察机关法律监督工作的意见》第 13 条[②]明确要求“进一步提升法律监督效能，要求加强对监督事项的调查核实工作”。从中可以看出，该项党和国家政策明确地赋予了检察机关当然享有对行政诉讼监督的调查核实权。

（四）检察机关在行政诉讼中调查核实权的现实合理性

江必新教授在《行政诉讼法及司法解释关联理解与适用》中提出的 3 个理由完全排除了检察机关在行政诉讼监督中行使调查核实权。然而，其相关的论据却存在片面性。检察机关在行政诉讼中行使调查核实权有着深厚的现实基础。

其一，所谓的行政诉讼“案卷排他主义”“先取证后行为”原则，要求“检察机关作为法律监督机关更不能对案件事实进行调查核实，会违反行政诉讼证据规则的基本要求”。在行政诉讼检察监督中，检察机关进行调查核实并不违反行政诉讼证据规则，主要是因为申请检察机关对生效的法院裁判进行法律监督，无论行政诉讼的原告还

---

① 参见张洋、刘文波：《行政检察正在发生四大变化》，载《人民日报》2015 年 5 月 22 日，第 11 版。

② 《中共中央关于加强新时代检察机关法律监督工作的意见》第 13 条规定“进一步提升法律监督效能。检察机关要加强对监督事项的调查核实工作……对于无正当理由拒绝协助调查和接受监督的单位和个人，检察机关可以建议监察机关或者该单位的上级主管机关依法依规处理。检察机关在法律监督中发现党员涉嫌违犯党纪或者公职人员涉嫌职务违法、职务犯罪的线索，应当按照规定移送纪检监察机关或者有关党组织、任免机关和单位依规依纪依法处理”。

是被告抑或是第三人,其申诉理由不尽相同,《行政诉讼法》第 91 条规定:"当事人的申请符合下列情形之一的,人民法院应当再审:(一)不予立案或者驳回起诉确有错误的;(二)有新的证据,足以推翻原判决、裁定的;(三)原判决、裁定认定事实的主要证据不足、未经质证或者系伪造的;(四)原判决、裁定适用法律、法规确有错误的;(五)违反法律规定的诉讼程序,可能影响公正审判的;(六)原判决、裁定遗漏诉讼请求的;(七)据以作出原判决、裁定的法律文书被撤销或者变更的;(八)审判人员在审理该案件时有贪污受贿、徇私舞弊、枉法裁判行为的。"在上述法律规定的当事人可以申请再审的理由中,如申诉理由是其中的第 5 项和第 8 项,检察机关当然应当进行调查核实,否则无法查明行政诉讼中的事实,这与江必新教授文中所谓的"案卷排他主义"并不矛盾,这两项针对的也是行政诉讼中的事实,不过不是行政机关与行政相对人之间已经发生的事实而已。因此,一味地否认检察机关在行政诉讼检察监督中行使调查核实权,不是在维护法律法规的权威性,而是在维护审判机关违法行为不受监督的事实。

其二,"人民检察院作为法律监督机关,不宜重复调查案件的事实问题。"该种说法有一定的合理性。根据行政诉讼法的制度安排,检察监督权作为行政诉讼的外部监督力量,是一种事后监督,体现了检察权对审判权的尊重。一般而言,这种事后监督的特征往往具有一种滞后性,这种滞后性不仅存在审判机关对行政案件的事实调查取证不力的风险,还可能存在检察机关获得的行政诉讼案件信息的不对称风险,甚至因为在行政诉讼案件中,案件当事人之间也可能因为信息不对称、法院疏忽等,致使"认定事实的主要证据系伪造的"情形的出现,该种情形应当由检察机关进行调查核实,不应属于"不宜重复调查案件的事实问题"。

其三，审判机关除了审查行政行为的合法性之外，根据《行政诉讼法》第77条“行政处罚明显不当，或者其他行政行为涉及对款额的确定、认定确有错误的，人民法院可以判决变更”之规定，审判机关认为行政处罚明显不当的可以依法变更。该条文的规定实际上是审判权对“合法性”审查的扩权。根据权力制衡原则，检察机关当然有权对此进行监督制约，如当事人以此理由进行申诉，检察机关当然应当对法院查明的事实进行“重新”调查核实，以维护法治的统一实施。

三、检察机关行政诉讼监督中调查核实权行使的困境

（一）检察机关在行政诉讼监督中调查核实权的相关规定适用程序模糊且缺乏操作性

对于我国目前检察机关行政诉讼监督中的调查核实权而言，只是在《人民检察院组织法》第21条第1款第1句规定了“人民检察院行使本法第二十条规定的法律监督职权，可以进行调查核实，并依法提出抗诉、纠正意见、检察建议”。但是，检察机关如何启动调查核实权，如何调查核实，调查核实权的界限在哪里？具体的程序规定如何？等等。这都存在规定不清晰的问题。譬如，对于目前检察机关获得相关的行政诉讼监督的线索而言，可以依照申请、依照职权，以及在履行职责中发现线索。但是，这些规定分散在不同的法律或者政策文件中，缺乏统一性、高位阶法律的具体规定，适用时如何操作就比较困难。因此，在检察机关获得监督线索方面易于造成混乱局面。即使可以依靠政法委等机构协调，但是，难以形成规范性的操作程序，个案化特征较强，普遍适用性较差。可以说，目前在立法中缺少具体的程序规范指引，以及缺少具体的操作标准，相关法律、政策性文件都是一些原则性的规定，可能会导致检察机关行政诉讼监督中的调查核实权行使的操作性不强、随意性过大的弊端。

（二）在法律层面缺失检察机关行政诉讼监督中行使调查核实权的配套措施及法律后果

即使在现行《人民检察院组织法》中有关于检察机关在行政诉讼监督中调查核实权的规定，但是，并没有具体规定相关机关或者个人如何进行配合。这本身就可能会使检察机关的这项权力效率低下。检察机关的现有调查方式都是要在他方愿意、主动配合的情况下才能达到办案效果，这无异于"与虎谋皮"，即使他方予以配合，往往也只是表面配合，[①]检察机关调查核实权缺乏强制性制裁措施。其后果是，对被调查机关或者个人没有威慑力，从而会导致推诿或者抵制的现象发生。因此，在现实司法实践中，被调查的部门或者个人在检察机关调查权力不清晰且缺乏威慑力的情况下，可能会采取各种方式予以规避。由于检察机关的这项调查核实权并没有规定相关的法律后果，因此，即使相关机关或者个人不予配合，也没有法律惩戒后果。这可能会使检察机关的这项权力丧失威慑力，从而难以达到实施调查核实权应产生的效果。

（三）目前检察机关行政诉讼监督中调查核实权的规定容易引发其监督权力过大的诟病

对于我国检察机关而言，目前其监督不是苏联当时推行的大监督，不能事无巨细地进行监督。一方面，这缺少强有力的法律支撑，同时，检察机关也并没有精力完成如此监督。另一方面也是更为重要的，这可能会产生检察机关监督权力过大的嫌疑，由此带来一定的负面效果。比如，有的检察机关追求将所有行政处罚、行政许可文书都移送检察机关备案。这有违有限监督原则。检察机关不是审批机关，凭何审查？因移送材料的深度不够，检察官不明前因后果，又如

---

① 参见樊华中：《检察公益诉讼的调查核实权研究——基于目的主义视角》，载《中国政法大学学报》2019 年第 3 期。

何审查?[①] 也容易引起"一般监督"的诟病。[②] 因此,如果没有明确地界定监督者与被监督者的权力边界,就会产生不利的法律影响甚至是社会影响。

四、检察机关行政诉讼监督中调查核实权行使的路径完善

可以说,无论是检察机关行政诉讼监督中调查核实权的理论基础方面,还是法律基础方面,抑或现实合理性方面,都应赋予其充分的调查核实权。在法理上、法律制度以及司法实践中检察机关在行政监督中具有调查核实权有着坚实的基础。可以说,行政诉讼监督作为检察工作重要组成部分,监督效果在实践中也依赖调查核实权的高效、规范行使,因此,应从明确权力行使的原则,完善相关立法,以及加强制约监督等诸多方面实现对其规范及完善。

(一)检察机关行政诉讼监督中行使调查核实权遵守的原则

其一,遵循权力制衡原则。权力制衡是现代国家与人民双赢的结果,也是基于权力运行规律而反复实践的智者之举。权力制衡是民主社会的基础性制度构件,其核心在于确立了权力行使的正当性根基。具体到法律监督中,虽然检察官具有法律守护者的地位和角色,但是,检察官权力仍然具有权力的秉性,也有恣意滥行的风险。因此,基于检察权力治理的需要,应当在各个环节都精巧设置,实现对检察官权力的制衡,从而保证检察官在法律原则下的行为成为可能。可以说,任何国家权力的行使都必须受到限制,检察机关行使调查核实权时也必须遵守公权力行使的基本原则,以此原则作为检察

---

① 参见胡玉鸿:《"权力制约"概念辨析》,载张庆福主编:《宪政论丛》第 3 卷,法律出版社 2003 年版,第 88 页。

② 参见黄曙、胡涛:《检察调查核实权视角下行政执法信息获取机制探析》,载《人民检察》2020 年第 3 期。

监督的指引路标。

其二,遵循权益保障原则。检察机关在行政诉讼监督中行使调查核实权的目的是保障诉讼程序和诉讼结果的正义,以及使行政机关和行政相对人的合法权益得到保护。因此,在权力行使中应以保障各方权益实现为内在价值追求,尤其对可能作为弱势方的行政相对人更是如此。这是一种直接的保障。其实,监督也隐含着间接的保障。监督对被监督者而言也是一种"治病救人"的措施,这可以有效地防止其酿成错案或者错误办案,对于消除错案的隐患及化解风险而言,是一种双赢的结果。

其三,遵循检察机关独立行使权力原则。这是检察官职业主义的要求。法律职业本身就包含着独立的意蕴。职业的作用是产生了一套系统和一般化的知识,从而为法律职业创造了一套系统和一般化的法律知识,从而为法律职业共同体创造了一套公认的"意义"体系,把这个群体建构为一个享有"同一套语言"的解释共同体,从而促进该职业的自治和独立。① 因此,从法律职业主义内含的独立而言,检察官会被职业共同体本身的独立意识或者自主精神所驱动。毋庸置疑,这种自主或者独立是宪法或者法律框架下的独立。当然,检察官这种职业自主在比较法角度上也可以找到参考依据。在大陆法系国家中,检察官在执行职务时负有法定性义务和客观性义务。其职责不单单在于刑事被告人之追诉,还在于"国家权力之双重控制":作为法律之守护人,检察官既要保护被告人免于法官之擅断,亦要保护其免于警察之恣意。检察官既不可能被定位于"一般的行政官",也不可能被解释为"独立的法官",而自成一格,是居于两者之间的"司

① 参见李学尧:《法律职业主义》,中国政法大学出版社2007年版,第101页。

法官署”或称“自主之司法机关”。[①] 可以说,检察机关的独立性保证其能承担监督诉讼的职责,也是促进国家监督体系有效运转的关键要素之一。

其四,遵循全面调查原则。这是因为,监督者至少应当对被监督的事实进行详尽的了解,否则,如果检察机关对事实只是部分了解或者不了解,谈何监督可言。即使进行了监督,也只是表面上的监督,并不能把监督权真正落到实处。因此,应当对被监督案件的证据事实、法院认定的事实等进行全面调查。

(二)检察机关行政诉讼监督中行使调查核实权的法律规范的完善

虽然现在我国将检察机关在行政诉讼监督中行使调查核实权明确规定在《人民检察院行政诉讼监督规则》中[②],在行政诉讼监督中,检察机关有向有关机关或者个人询问的权力、查阅摘抄相关案卷的权力、扣押冻结查封等必要的权力,但是,对于拒绝配合调查的单位或者个人应承担的法律后果并没有规定,这只在将来立法中需要重点关注之处。否则,没法制裁性法律后果,就无法保证检察官调查核实权的效力或者威慑力。

(三)明确检察机关在行政诉讼监督中行使调查核实权的被制约机制

检察机关调查核实权的行使必须受到监督制约,这是基于权力

① 参见林钰雄:《刑事诉讼法》,中国人民大学出版社 2005 年版,第 102 - 114 页。

② 《人民检察院行政诉讼监督规则》第 58 条第 1 款规定:“人民检察院因履行法律监督职责的需要,有下列情形之一的,可以向当事人或者案外人调查核实有关情况:(一)行政判决、裁定、调解书可能存在法律规定需要监督的情形,仅通过阅卷及审查现有材料难以认定的;(二)行政审判程序中审判人员可能存在违法行为的;(三)人民法院行政案件执行活动可能存在违法情形的;(四)被诉行政行为及相关行政行为可能违法的;(五)行政相对人、权利人合法权益未得到依法实现的;(六)其他需要调查核实的情形。”

本身易于放纵属性的考虑。因此，检察机关的调查过程应当公开透明，自觉接受社会监督。对于检察机关调查核实过程中存在损害被调查者的权益、违法行权等行为，相关单位和个人可以通过控告、申诉等方式予以监督，同时检察机关可根据案件情况邀请人大代表、政协委员、人民监督员等进行监督。①

此外，一方面，检察机关应以科学管理方式贯彻落实行政诉讼监督职责，完善科学合理的业绩考评、“案件比”评价标准，结合大数据分析研判案件调查核实情况，促进检察官在行政诉讼监督中恪尽职守，提高法律监督质效，这是从检察官的管理技术方面进行监督。另一方面，检察官也应提高自己的职业伦理素养，从而实现有效的自我监督。这是因为，通过管理技术实现自我监督并不能涵盖检察机关自我监督的全部，最高的监督是自我监督。因此，应当提升检察官职业伦理的使命感等来平衡检察官与法官之间的关系。在检察官与法官的程序交往或互动中，检察官一方面要尊重法官的庭审指挥权、案件最终评判权。另一方面，检察官绝对不是诉讼程序最终结局的无为者。虽然法官能观察案件之细微、掌握案件之全局，然而，还是存在失误的可能。如果在法官存在法律及事实不当，或者其他有损害司法公正的情形，检察官不仅需要基于法律予以程序处置，而且在职业伦理意义方面，也应当基于职业责任感而采取程序行动。②

---

① 参见沈亚楠：《行政诉讼监督中调查核实权的行使及完善》，载中华人民共和国最高人民检察院官网，https://www.spp.gov.cn/spp/llyj/202103/t20210317_512940.shtml。

② 参见宋远升：《检察官论》，法律出版社2014年版，第50页。

第四编

检察官与企业合规

第十章

刑事合规的冲突与衡平

对于企业合规制度而言,其是国家管理者宏观思考及规划的结果。确立企业合规制度,这其中有国外或者国际等外来因素促动的结果。该项制度发轫于美国的金融领域和反垄断领域。这是一项通过对企业内部法律风险的管理,从而防止其因违背法律而陷入刑事或者行政制裁困境之中的制度。随着全球贸易往来密切及经济全球化的趋势,特别在《联合国反腐败公约》《OECD 关于腐败的刑法公约》等国际公约的推动下,刑事风险不仅局限于一国之内,而且可能涉及跨国性的刑事追责,因此,企业刑事合规具有法律制裁防洪坝的作用,完善的刑事合规制度可以防止国外的刑事长臂延伸到国内实施刑事追责。因此,为了防范这些刑事风险,现代诸多国家也纷纷引进刑事合规制度并进行针对化的改造,从而使合规治理具有了全球性企业治理方式的趋势。企业刑事合规制度具有通过预防性措施保证企业健康运行以及节省司法成本等国家整体经济利益维护之优势。当然,这也并不是说其是完美无缺的。在基础性原理方面,刑事合规与传统刑法教义可能存在的抵牾,是其难以被学术界普遍认同的重要原因。① 在司法实践中,企业刑事合规制度在我国也出现了实

---

① 参见孙国祥:《刑事合规的刑法教义学思考》,载《东方法学》2020 年第 5 期。

际运行效果不彰的现象。可以说,并没有绝对完美的司法制度,只是根据利弊大小进行权衡而已。如果弊大于利,就应当放弃。如果利大于弊,那么就可以考量适用。一般而言,在目前,企业刑事合规制度在原理方面的障碍主要是与一些基础性原理包括罪刑法定原则、法律平等原则,以及司法最终裁判原则等的冲突,这是传统的刑事法主义者难以接受之事。但是,企业刑事合规制度却符合协商性司法制度、社会整体利益优先等原理。在利益衡量之天平上,如果强调法律形式主义正义,那么,企业刑事合规制度确实存在一些矛盾之处。但是,如果强调实质正义,强调情势变更下的公共利益以及整个社会的真正需要,那么,企业刑事合规制度确实有其实用价值。

一、合规制度在我国的初步发展

企业合规是基于防范企业风险而确立的通过企业合规计划的履行来实现企业合规目的的制度。虽然说企业合规最近成为相关法律理论界及实务界的热点,但是,实际上我国在 2006 年就开始了企业合规制度的尝试,不过,涉及的领域主要是金融、证券、期货等,可以说,这是基于增强上述相关领域海外经营竞争而确立的法律性企业管理控制制度。我国最早的企业合规并无国家层面强制企业予以实施。但是,自 2018 年以来,特别是 2018 年中兴通讯公司受到美国制裁后,我国行政部门在对企业监管过程中全面引入了合规的理念,通过发布合规管理指引、施行行政指导制度、推行强制合规制度、试行行政和解制度,引导企业建立合规管理体系。[①] 当然,并不是所有的企业都引入了企业合规制度建设,强制性企业合规制度适用的主体主要是中央国有企业和从事海外经营业务的中国企业。到了 2020

① 参见陈瑞华:《论企业合规的基本价值》,载《法学论坛》2021 年第 6 期。

年，推动企业合规建设的主体由行政部门转为司法部门，也即转为最高人民检察院负责企业合规在国家层面上的推动建设，其推行了一系列的企业合规相对不起诉试点工作。最高人民检察院推动在6家基层检察院开启“企业合规不起诉”改革试点工作，并于2021年4月发布《关于开展企业合规改革试点工作方案》，将试点检察院数量增加至192家。[①] 2021年6月3日，最高人民检察院又联合司法部等8家单位发布《关于建立涉案企业合规第三方监督评估机制的指导意见（试行）》。2022年1月17日，最高人民检察院检察长张军在全国检察长（扩大）会议上强调，深入推进涉案企业合规改革要落实第三方监督评估机制，确保企业“真整改”“真合规”。[②] 可以说，从企业合规制度在我国的发展来看，其正向着规范化、长期化、稳定化的趋势演进。一方面，我国对企业合规制度如此重视，本身有外在压力的促进作用，我国走出国门的企业被迫接受合规计划，比如众所周知的中兴事件。另如，2019年6月12日，世界银行宣布对中国某公司的“欺诈行为”进行制裁。上述企业合规都暗含一条规律：合规计划失败都将面临刑事指控的风险。[③] 另一方面，我国建立企业合规制度也是其本身的价值使然。但是，不可否认的是，企业合规制度在我国无论是在司法实践中还是基础原理中都存在一定的问题。因此，不仅要解决企业合规实践中出现的问题，而且也要解决企业合规在基础原理上的冲突和疑问，否则，作为根基的基础原理不稳，也会造成企业合规在具体适用中的思想混乱，从而影响企业合规制度效果的发挥。

---

① 参见徐日丹：《医治成长“病症”，引导企业扣好“第一粒扣子”——检察机关涉案企业合规改革试点综述》，载《检察日报》2021年9月1日，第7版。

② 参见徐日丹：《坚持能动履职全面提升法律监督质效》，载《检察日报》2022年1月18日，第2版。

③ 参见马明亮：《作为犯罪治理方式的企业合规》，载《政法论坛》2020年第3期。

二、合规制度的类型和特征

（一）企业合规的类型

1. 按照企业合规具体操作方式不同，企业合规可以划分为检察建议类型和合规不起诉考察（附条件不起诉）类型。检察建议类型合规是指对于涉案企业，犯罪情节轻微，符合相对不起诉条件的，由检察机关作出不起诉决定并对企业提出合规整改的检察建议，督促企业积极完成合规管理。合规不起诉考察类型（或被很多学者称为“附条件不起诉”）是指对于涉案企业，如果企业自愿进行合规整改，经过一定的合规考验期，由第三方组织负责监督与评估企业的合规整改情况，若企业有效的合规管理符合验收标准的，检察机关针对该企业作出不起诉的决定。[①] 目前合规不起诉考察类型在实践中已逐步形成了以检察院督导为核心的检察建议和以检察院为总考察、第三方专家介入企业整改的第三人监管两种模式，前者以山东青岛，江苏无锡、苏州、盐城等地为代表，以检察院为单一核心，贯穿企业合规计划建立、合规计划履行、合规计划验收的全过程之中；后者则类似破产清算中的破产管理人制度，以检察院为主导，设立独立的第三人监管，准备监管人专家库，检察院作为负责人，专业合规监管人（一般是具有专业知识的律师、会计师与税务师）以第三方专家的身份介入企业整改。采取这种模式的有广东省深圳市南山区检察院、宝安区检察院，江苏省张家港市检察院，山东省临沂市郯城县检察院等。[②] 可以说，检察建议类型企业合规属于检察机关控权型的合规模式，其他

---

① 参见陈瑞华：《有效合规管理的两种模式》，载《法制与社会发展》2022 年第 1 期。

② 参见王英豪：《国家视角下的刑事合规制度类型化研究》，载《洛阳理工学院学报（社会科学版）》2021 年第 3 期。

权力几乎没法介入，由检察院独自控制企业刑事合规的运转；合规不起诉考察类型属于检察机关分权型合规类型，这意味着检察官虽然也在企业合规运行中具有一定的权力，但是，还是分出一部分权力给第三方监管机构的专家。

2. 按照企业合规适用的法律以及采取的法律措施性质不同，可以分为刑事合规和行政合规。刑事合规，是指国家相关机关要求企业按照刑法的要求来履行合规计划以换取宽缓刑事法对待的制度。行政合规是指行政机关要求相关企业履行企业合规义务的制度，其是允许企业通过建立合规机制的形式获得行政机关减免行政责任的一种法律制度。①

3. 按照企业刑事合规适用的阶段不同，可以分为事前的企业刑事合规和事后的企业刑事合规。事前的企业刑事合规，是指在没有发生刑事犯罪以前，针对企业可能触犯的刑法罪名，要求其按照刑法的标准予以整改，以避免其承担刑事责任的合规类型。事后的刑事合规，是指在相关企业触犯刑法后，检察机关等要求其根据企业合规计划进行整改，并且整改需要达到验收的标准。在企业履行合规计划义务达到要求时，可以给予刑事实体法的量刑上的减轻对待或者暂缓起诉的程序法上的出罪对待。“事后合规通常是在刑事诉讼过程中、在检察机关或者合规监管人的监督下进行的合规整改活动，司法机关基于处刑必要性、一般预防效果、社会公共利益等综合考量给予涉案企业宽缓处理”②。

4. 按照企业合规是否属于常态化设置，分为日常性合规管理类型和合规整改类型。所谓“日常性合规管理模式”，又被称为“面向

---

① 参见熊樟林：《企业行政合规论纲》，载《法制与社会发展》2023 年第 1 期。

② 刘艳红：《涉案企业合规建设的有效性标准研究——以刑事涉案企业合规的犯罪预防为视角》，载《东方法学》2022 年第 4 期。

市场的合规计划”，是指企业在没有违法、违规或者犯罪的情况下，根据常态化的合规风险评估结果，为防范企业潜在的合规风险，开展合规管理体系建设。所谓“合规整改模式”，又被称为“应对危机的合规计划”，是指这样一种治理方式，即企业在面临行政执法调查、刑事追诉或者国际组织制裁的情况下，针对自身在经营模式、管理方式、决策机制等方面存在的漏洞和隐患，进行有针对性的制度修复和错误纠正。[①]

（二）企业刑事合规的特征

1. 预防性。刑事合规是赋予企业及其从业人员以防控刑事风险的义务，从此点言之，合规计划实际上是一种广泛的犯罪预防措施，可以预测、检查和遏制那些在企业运行过程中潜在的犯罪活动。[②] 有效预防企业犯罪是各国进入 21 世纪后所共同面临的难题之一。相较于单个自然人犯罪，企业犯罪所造成的侵害往往具有灾难性和毁灭性。为了防患于未然，美国、英国、法国等国对企业犯罪所采取的规制方法已从单一的事后法律制裁更多地向事前的违法及犯罪预防倾斜。[③] 可以说，在企业合规制度中，通过制定合规计划，以企业可能触犯的刑事犯罪为标准，在企业的生产经营中，自我检查、控制、警戒，防止企业触犯刑法所能涵盖的领域，以避免企业越过刑法界限而被刑事制裁。这体现了企业刑事合规的预防性特征。

2. 宽缓性。在涉罪企业中，如果该企业根据检察机关的要求制定企业合规计划，履行企业计划规定的义务，并达到相应验收标准，

---

① 参见陈瑞华：《有效合规管理的两种模式》，载《法制与社会发展》2022 年第 1 期。

② 参见崔永东：《合规治理的法律意义与道德意义》，载《中国社会科学报》2022 年 5 月 18 日，第 4 版。

③ 参见蔡仙：《论企业合规的刑法激励制度》，载《法律科学（西北政法大学学报）》2021 年第 5 期。

那么,该企业这种履行企业合规计划的行为就成了其被宽容的条件,企业的相关直接责任人就可以获得减免刑罚或者获得不起诉之法律待遇,企业也同样可以获得不起诉之对待。

3. 激励性。之所以企业合规能够获得企业的配合,本质上是因为其具有激励性。这种激励性是现实的激励性,是企业在完成合规计划任务时在实体量刑方面的宽缓以及程序方面的不起诉或者暂缓起诉的法律待遇。企业合规是企业与检察官协商处理相关案件的制度。从实质上看,任何一种协商性司法程序,都包含着一定的激励机制,也就是被追诉人通过放弃诉讼对抗,做出诉讼上的妥协,来换取司法机关较为宽大的刑事处理。我国现行的认罪认罚从宽制度作为一种公力合作模式,其实属于一种“认罪激励模式”;现行的刑事和解制度作为一种私力合作模式,主要是一种“赔偿激励模式”。相比之下,检察机关正在探索试行的合规不起诉制度,则属于一种“合规激励模式”。[①] 激励性是建立企业合规制度的国家都具有的特征。譬如,在美国,自 20 世纪 90 年代美国率先引入企业合规机制以来,合规计划就不单纯属于公司治理的一种方式,而更属于一种刑法激励机制。美国检察机关会根据涉嫌犯罪的企业建立合规计划的情况,来决定是否对其提起公诉;在法庭审理中,法院会根据被起诉的企业是否建立合规计划的情况,来决定是否对企业加以定罪,或者在完成定罪程序之后,来进一步决定是否对其减轻刑事处罚。[②]

三、我国刑事合规制度现实的冲突

1. 企业自治和国家治理之间的矛盾。企业自治主要是指企业作

---

① 参见陈瑞华:《刑事诉讼的合规激励模式》,载《中国法学》2020 年第 6 期。

② 参见陈瑞华:《企业合规制度的三个维度——比较法视野下的分析》,载《比较法研究》2019 年第 3 期。

为独立的经营主体，自主经营自负盈亏，对自己的所作所为承担相应的责任。现代企业是独立的法人，这一命题本身就包含企业自治的含义。企业不能自治，怎么能称独立的法人。[①] 本来企业自治是天经地义之事，特别对于私营企业而言，一般只要不违反法律即可，国家没有必要对其给予其他额外的刑事法义务。可以说，让企业承担常规性的合规义务是一项负担。在美国，即使是对大企业而言，企业常规合规计划的实施都是一项昂贵的奢侈品，这会在一定程度上影响企业的经营业绩及经营秩序。此外，在组织管理形式上，企业合规也为企业规划造成了负担。因为政府的介入在一定程度上会让企业的经营管理权力失衡，本身是个人私有的企业，却因为企业合规计划让国家权力介入。可以说，企业合规制度颠覆了传统的公司治理结构，传统的公司管理主要是经营管理和财务管理，现在增加了一个首席合规官，公司治理结构从"两驾马车"变为"三驾马车"。传统的公司治理结构是以股东为中心的，将所有权与经营权分离，公司管理人员、经理和董事长是股东的代理人，但是合规的权力并非来自股东，而是来自政府。[②]

2. 企业合规制度"外热内冷"的矛盾。对于企业合规的建构而言，其包括国家介入企业治理的视角，以及企业内部管理员工行为的组织协调的视角。在我国，为了保障我国企业长久的经营安全，在国家层面开展了企业合规制度的建设，但是，相比较而言，除了一些有急切需要或者因为企业合规而受到很大影响的大企业譬如中兴通讯公司外，其他一些中小微企业似乎对此波澜不惊，并没有多大的动力在企业内部开展合规行动。"从当前我国的企业合规制度建设来看，

---

① 参见张宽政：《自治是企业的基本特征》，载《学习论坛》2000 年第 5 期。

② 参见崔永东：《合规治理的法律意义与道德意义》，载《中国社会科学报》2022 年 5 月 18 日，第 4 版。

刑事合规既是重要的突破口亦是最大的难点和短板。当前我国仅对特定领域企业确立了极为有限的行政合规制度，而域外通行的作为企业合规制度核心的刑事合规在我国尚属一片空白"①。

企业之所以对合规制度并不热心，是因为有经济因素的影响。企业合规是一项耗费一定经济资源的行为，特别在目前很多企业对聘请法律顾问都不特别关心的情况下，企业合规对这些企业而言，属于更加"遥远"的事情。因为企业合规实施牵扯到不小的经济耗费。即便在美国，任命外部合规监督官也是一种昂贵的、侵入性的治理措施。但是实践中会造成一种实质上的不公平，即有人力物力财力的大公司在设置合规计划的情况下，可以获得从宽或者免于处罚，而中小企业因无力承担则无法获得从宽处罚的机会。② 当然，一般而言，我国企业都是在涉及刑事犯罪时才被动启动企业合规建设，因为这是检察机关的要求。可以说，主动在企业内部建立企业合规制度的企业少之又少。这也和国家有关部门对企业合规宣传不到位有关，很多企业的负责人甚至根本不知道企业合规为何物。当然，如果在企业内部建立合规制度，那么，可能代表国家的检察机关就会介入企业内部经营管理中，这让企业的负责人认为会干扰企业的正常经营活动，因而让其实施企业合规制度心存忌惮。

3. 企业合规理论研究高涨和司法实践反响不大的冲突。可以说，企业合规制度是外来性压力推动的产物。虽然我国以前有学者介绍或者论述过企业合规制度，并没有引起广泛的关注。但是，自从中兴事件、华为事件等发生后，这导致我国企业合规制度的研究及讨论达到了一定的高潮。然而，如此热烈的理论研讨并未在司法实践领域获得相应的回应。实际上，在司法实践中，适用刑事合规处理的

---

① 熊亚文：《理性建构刑事合规的中国路径》，载《比较法研究》2022 年第 3 期。

② 参见刘伟：《刑事合规的溯源、反思与构建》，载《江海学刊》2021 年第 4 期。

案件可谓寥寥无几。从2020年3月至2021年8月底,全国虽然有190多家检察院参加试点工作,但只办理了206件企业合规案件,这其中还包括不少企业合规从宽量刑的案件,平均下来每家检察院办理的企业合规不起诉案件还不到一件。①

四、企业刑事合规与基本原理的冲突

在我国,在尚未完成刑事法严密证成的背景下即踏出了刑事合规司法改革的步伐,实务部门多跳过对企业刑事合规的深入理论探索,直接进入对合规不起诉制度构建的探讨;理论界亦缺乏对企业刑事合规制度正当性的一体化系统性论证。② 因此,这造成了企业刑事合规与罪刑法定原则、司法最终裁决原则、法律平等原则等传统的基础性原理相冲突。其实,企业刑事合规与这些基本原理的冲突,也反映了刑法教义学和刑法原理的冲突。这是因为,在传统的刑法教义学角度,企业刑事合规这种司法创新行为实际上是对刑法的一种严重挑战,这会动摇刑法的安定性及确定性的基础,使得企业合规的正当性值得怀疑。为何一项制度创新能够动摇刑法中的基本原则?制定及实施刑事合规的价值是否能够超过动摇刑法根基的价值?如果不解决这些问题的话,“刑事合规”就可能是一个无法被刑事制定法所接纳的概念。③ 具体而言,刑事合规与相关刑事法基础原理的冲突表现在以下几个方面。

1. 刑事合规制度和罪刑法定原则的冲突。罪刑法定原则在刑法

---

① 参见熊亚文:《理性建构刑事合规的中国路径》,载《比较法研究》2022年第3期。

② 参见王颖:《刑事一体化视野下企业合规的制度逻辑与实现路径》,载《比较法研究》2022年第3期。

③ 参见时延安:《合规计划实施与单位的刑事归责》,载《法学杂志》2019年第9期。

中的地位举足轻重，其享有“犯罪人之大宪章”之称谓。[①] 之所以如此，这是与该原则在限制刑罚权与保障公民权益方面的功能直接勾连的。当然，现代政治经济制度的变革以及功能主义思潮等的影响，使得罪刑法定原则的内容、功能及价值取向发生演变。罪刑法定原则也经历了形式到实质的变革。然而，无论如何，罪刑法定原则属于以依法治国理念为基础，以保障公民基本权利为目的的基本刑法哲学，这种核心理念并没有发生改变。这也是现代刑法建构或者发展该原则的精义所在。

对于罪刑法定原则而言，一般认为，其主要包含的内容有：(1)禁止类推解释。在刑法意义上，禁止类推属于法治进步国家的普适性司法原则。其主要是指在刑法法条没有明确规定的情况下，禁止将与它具有类似性质的法条来作为替代性适法条款。(2)禁止不定期刑。不定期刑并没有明确的刑期，只是具有相应的罪名。对于是否释放或者采取其他措施，完全取决于罪犯的表现及其相关官方人士对其的评价。可以说，这实质上是一种将被监禁人的自由完全受控于国家权力的方式。受刑人无法确切知道自己的最终命运，其自由也处于无限期的不安定状态之中。(3)禁止溯及既往。禁止刑法溯及既往本质是出于对人民权利保障的考虑，禁止司法者将法律适用于未颁布该法律以前的行为。之所以如此，是因为公民只能根据现行的法律行动。只有这样，公民才能够预见到自己行为的后果，以及采取与法律相一致的行动。反之，如果采取刑法溯及既往的方式，这等于要求公民遵守不能够预见并尚未制定的法律。(4)排除习惯法。这主要是指司法者在刑事审判时，其不能适用习惯法来给被告人进行定罪或者判处刑罚，而应当适用正式的成文法来解决被告人的犯

---

① 参见宋远升：《司法论》，法律出版社2016年版，第30－45页。

罪与刑罚问题。

一般而言，罪刑法定原则属于现代刑事法的“帝王法则”，这不独在成文法的欧陆法系国家如此，即使在普通法系国家，该原则也具有强大的生命力，因此，其属于具有普适性的控制司法者裁判机制的重要法则。但是，在企业刑事合规制度中，罪刑法定原则却遇到了似乎难以克服的问题。这就是，既然罪刑法定，那么，对于企业及其主要责任人涉及犯罪后，应当根据刑法的明确规定予以定罪量刑。但是，在企业涉及刑事合规制度的案件中，只要企业及其主要责任人愿意接受检察机关的要求，进行积极整改，恢复被破坏的法益，只要达到合规计划的要求，就会跳出刑法中罪刑法定的窠臼，在定罪量刑上获得法律福利，受到法律优待。在一定程度上可以说，刑事合规制度是罪刑法定原则的一大破坏者。这是传统刑法主义者对企业合规制度不能忍受之处。

2. 企业刑事合规制度违背了司法最终裁判原则。司法最终裁决原则是指所有涉及个人自由、财产、隐私甚至生命的事项，不论是属于程序性的还是实体性的，都必须由司法机构通过亲自“听审”或者“聆讯”作出裁判，而且这种程序裁判和实体性裁判具有最终的权威性。[①] 这说明，司法最终裁判原则具有广泛的适用性、排他性，以及终局性。一般而言，在应然意义上，这项原则在企业刑事合规制度中也不应例外。但是，在世界范围的诸多国家中，企业刑事合规制度都会呈现出与司法最终裁判原则的紧张对立的状态。“虽然司法机关在行使权力过程中注入裁量元素容易产生司法判断主观、权力边界扩张、司法人员权力寻租等问题，但司法裁量权也是实现通向实质正义、缓解人案矛盾、规避机械司法等目标时不可缺少的一种‘工具’。

---

① 参见陈瑞华：《刑事诉讼的前沿问题》，中国人民大学出版社2000年版，第225页。

基于此,仅就检察机关而言,势必会在其标志性权力——公诉权之中引入裁量元素,呈现出裁量权逐渐渗透至公诉权、公诉裁量权不断扩容的局面,这符合公诉权流变的一般趋势"①。实际上,在企业刑事合规中,这种检察官的裁量权扩张不仅在公诉权方面,更是扩张到了法官司法裁判权的领域。检察官经常做出以往法官负责的关键决定,有时甚至是结案决定,企业合规刑事诉讼权力逐渐从法官决定向检方决定转变。② 可以说,在程序方面,检察官获得了对满足合规计划条件的涉案企业的暂缓起诉的权力,这已经等于是截留了法官的司法终局裁判的权力。更有甚者,在企业刑事合规适用中,在现代世界的一些国家中,检察官还获得了对涉案企业及其主要负责人在实体方面的降低量刑上的权力。其实,在我国,也存在这种现象,不过这是通过检察官的量刑建议来完成的。一般而言,只要没有出现特别例外的情况,在涉案企业履行刑事合规后,法官一般都会同意检察官的量刑建议。这不仅是对司法最终裁判原则的挑战,也是对审判中心主义的挑战。检察官由此就可能成为企业合规中的实际的法官。

3. 刑事合规制度违背了法律平等原则。我国宪法规定,中华人民共和国公民在法律面前一律平等。平等权是宪法和法律规定的实体性权利,包括法律面前一律平等和禁止差别对待。③ 在检察权运行领域,适用法律平等原则主要体现在 2018 年修订后的《人民检察院组织法》第 5 条,它与依法独立行使检察权原则一样,都与我国宪法和刑事诉讼法的基本原则相契合,2018 年修订结合形势发展增加了

---

① 龙宗智:《论检察》,中国检察出版社 2013 年版,第 350 - 351 页。

② 参见[瑞士]古尔蒂斯·里恩:《美国和欧洲的检察官——瑞士、法国和德国的比较分析》,王新玥、陈涛等译,法律出版社 2019 年版,第 1 页。

③ 参见韩大元主编:《宪法学》,法律出版社 2000 年版,第 71 - 72 页。

"禁止任何形式的歧视"内容,从便于语义理解的角度进行了修改完善。平等适用法律是现代法治国家的基本要求,任何组织和个人都不得有超越法律的特权,而在法律面前,一切公民,无论民族、种族、职业、出身、性别、宗教信仰、教育程度、职位高低和功劳大小,都应当得到平等的尊重和保护。[①] 可以说,法律面前人人平等这句社会公众基本都耳熟能详的话是现代法律制度的基石之一,也是对旧制度下特权阶层获得特殊法律待遇的纠正。如果说法律平等原则是现代法律或者现代社会的一大成就毫不为过。但是,在企业刑事合规制度中,涉案的企业主要负责人只是由于掌控了企业的所有权或者经营权,就可以在满足合规计划义务的前提下获得宽缓对待。至少在表面上,这会挑战社会公众的最基本的法律认知,不仅会伤害社会公众已经形成很长时间的法律平等的理念,而且会影响法律之权威。

五、刑事企业合规制度的衡平

虽然企业合规制度与传统的刑事法基础原理存在种种冲突或者矛盾,但是,从更实质意义或者宏观意义上进行考量,其也可以获得解释路径。一般而言,上述冲突可以在利益衡量原理、协商性司法原则、社会整体利益优先原理以及实质正义原理之中获得协调。

(一)利益衡量原理

刑事合规制度是利益衡量原理的体现,是基于社会治理、诉讼经济等总体社会价值需求对罪刑法定原则进行的调整。一般而言,利益衡量具有如下特征:其一,利益衡量具有主观性。在利益衡量启动的理由上,因为司法者对涉及案件的法的解释或者法的判定不具有选择的唯一性,这本身就为司法者的司法裁判留下了自由裁量的余

---

① 参见刘军:《检察机关依法独立行使职权与适用法律平等原则的内涵》,载《人民检察》2019 年第 9 期。

地，而这属于司法者主观性发挥作用的界域。同时，在进行利益衡量时，其实这本身就意味着司法者的一种对相关争议的事实判断，这就不可避免地会留下司法者主观性的印迹。诚如斯言，“裁判官也是人，或者说，法学乃是以控制人的行为、预先规范人的生活的法为根据的，裁判中加入实质的判断，是无论如何也难以避免的自然之理”①。其二，利益衡量具有具体性或者针对性。法律本身并不是变居不易、适宜于一切案件的，司法者必须针对具体的案件作出相应的衡量。这是因为，司法者面对的案件并不是千篇一律的，案件可能有不同案情及其相关的特殊问题，这就导致司法者不能把法律作为不变应万变的武器，而是需要根据利益衡量的要求对衡量的标准进行具体化及准确化。当然，并不是任何案件的裁判都需要进行利益衡量，只有存在复数争议，且在争议中存在不同位阶，利益需求难以取舍时，才是利益衡量启动的真正原因，而这恰恰说明了利益衡量的具体性或者针对性。

本来企业自治是自由经济模式中不可挑战的原则，但是，仅靠自治难以应付现代社会企业面对的复杂问题，这就需要国家作为总的管理者根据利益衡量原理来进行宏观调控，以达到整个社会利益最佳状态。“回到政府规制”的主张是对企业自我管理的否定。然而，自我管理理念的倡导恰是因为单一国家规制在企业犯罪治理上的低效能。因此，不能因为自我管理可能面临的问题就简单复归单一国家规制，而应当在自我管理理念的基础上，通过法律加以引导。刑事合规就是这样的一种制度，即融合企业自我管理与国家规制，构建“国家—企业”的合作治理模式。也就是说，国家层面意义上的刑事合规是这样一种制度，即将企业合规管理与刑事责任建立关系，通过

① ［日］加藤一郎：《民法的解释与利益衡量》，梁慧星译，载梁慧星主编：《民商法论丛》第2卷，法律出版社1994年版，第77页。

量刑激励或起诉激励等方式(以平衡企业的合规投入),推动企业自我管理,达到企业(风险的降低,刑事责任的减轻或避免)与国家(司法效率提升,公司犯罪治理效果提升,避免因企业受到刑事追诉产生的负外部效应等)共赢的目标。①

对于企业合规而言,这是国家层面上面对困境基于情势变更的应急反应,也是增强企业国际竞争力的具体措施。否则,如果只是单纯依靠企业自治,由于企业合规可能会耗费一定的企业经营成本,那么,企业就可能不会在没有外界强制压力的情况下启动合规建设。而国家基于利益衡量原理在外部强制性推行合规制度,在短时期内可能对企业经营造成一定经济影响,但是,在长远的增强企业竞争力、发展企业伦理文化等方面,这还是最终对企业有利的行为。

其实,对于一些企业而言,对其实行国家治理也是现实的需要,也是其身份及角色扮演变化的结果。譬如,对于我国的平台企业就是如此。这也是需要根据利益衡量原理对其进行调控或者国家治理的原因。平台企业已经超越了古典主义经济学所定义的企业边界,承担了部分市场规则的制定权力,甚至在某种意义上'取代了市场'。这也使得平台企业具有了双重身份:一重是作为市场中的商事主体,这是一种"私主体"的身份;另一重则是作为"市场"的建构者与运营者,具有了"准公主体"的身份。平台企业一方面是作为政府管理的对象,另一方面又承担着平台用户的管理责任,尤其是阿里巴巴、腾讯等大平台企业提供的诸如在线支付、社交网络等服务已经是网络时代基础性的公共产品,也在某种程度上充当着政府特定公共政策的实施工具。② 这决定了这些平台应具有自我引入合规制度进行调

① 参见李本灿:《刑事合规制度的法理根基》,载《东方法学》2020 年第 5 期。

② 参见王坤、周鲁耀:《平台企业的自治与共治》,载《浙江学刊》2021 年第 1 期。

控的动力。

（二）协商性司法原则

协商性原则主要是指通过双方或者多方参与，通过对话、交涉消除分歧达到协调一致的规则。在现代刑事诉讼中，协商性司法原则被更为广泛地在诸多国家运用。这也是其的价值体现。自协商引入刑事诉讼后，各国开始允许司法机关与被追诉人在刑事诉讼进程中就定罪或处罚等与案件处理有关的事项进行交涉与磋商，双方之合意在取得司法认可之后，便成为最终判决与科刑的基础。这种以国家司法机关与被追诉人的合意为基础而构建起来的诉讼制度，已经逐渐发展成了协商性司法这一新型的司法范式。① 企业合规制度就是协商性司法的一个重要体现。在企业合规中，相关涉案企业不再是检察官的对手，而是成了合作对象。企业会配合检察官来执行合规计划，以此换得代表国家的检察官的宽缓对待。因此，企业合规中体现的协商性司法是一种双方妥协而达到利益最大化的体现。当然，同样以协商性司法原则作为理论基础的认罪认罚也可以与企业合规对接，因为其和企业合规在理念上相通，几乎不存在任何障碍，二者的理论根基具有一致性。合规计划为什么能够成为企业犯罪减轻刑罚甚至不起诉的依据？这与认罪认罚可以从宽的正当根据高度契合。因为建立并有效实施了“合规计划”的企业，其预防的必要性降低，从而影响预防刑，进而减轻甚至免除刑罚处罚；同时，通过刑事责任的减轻、免除，给予企业合规以压力和动力，从制度合规逐步形成合规文化，进一步实现积极的一般预防。②

---

① 参见吴思远：《从单向赋权到二元交互：再论刑事协商的内涵》，载《青少年犯罪问题》2021 年第 1 期。

② 参见李勇：《检察视角下中国刑事合规之构建》，载《国家检察官学院学报》2020 年第 4 期。

在协商性司法原则的根基之上,检察官介入企业合规之中,其不再是强硬的国家机关的代表,而是带有一定中立性质的监督者,其目的只是保证企业能够在履行企业计划后顺利运营,而不是想把企业置于死地。这样,涉案企业和检察官二者的关系就更加协调,从而体现了协商性司法原则的价值。可以说,企业刑事合规制度和现代国家普遍适用的协商性司法原则相一致,这让其在价值层面上获得了一定的正当性。即使企业刑事合规存在一定的对刑法传统理论的挑战,也被传统刑法理论所抵触,但是,协商性司法原则可以在一定程度上缓解这种对立或者抵触。

(三)社会整体利益优先原理

其实,对于企业合规的争议一直存在,特别是事后型企业合规模式,也就是企业已经涉嫌犯罪,为何企业在承诺并履行合规计划后,整改验收合格就可以在实体定罪上给予其降低或者减轻刑罚,在程序上可以通过暂缓起诉或者不起诉的方式给予其出罪处理。既然法律面前人人平等,那么,企业又是基于什么获得了上述看似不平等对待的法律优惠。其实,现代社会是一个复杂的系统,即使在刑法或者宪法中法律面前平等是一项普适性的原则,但是,并不是绝对不可以动摇的。因为法律平等是为了整个社会利益考量的,而企业合规也会为整个社会带来效益,二者是殊途同归的关系,只不过是从不同的角度出发而已。其实,在涉案企业不采取适用企业合规的情况下,按照法律平等原则处罚,这对整个社会的综合效益考量而言,可能效果并不一定理想。反之,却可能会恶化社会治理的效果。这也就是企业合规存在并且被现代国家逐渐普遍适用的重要原因之一。"从政府监管的角度来看,企业合规可以克服行政监管中外部监管的局限性,通过引入协商、对话、妥协和契约的理念,激活企业自我监管的能力,提高外部监管的有效性,为大型企业防范违法犯罪活动开辟一条新的监管方式。而从社会公共利益衡量的角度来看,企业合规机制的推行,表面上使企业付出了高额管理成本,却有利于维护众多关联人员的利益,有利于维护社会公共利益"①。社会整体利益是要通过更加微观的具体的利益分支来体现的。实际上,通过企业合规制度的实施,不仅可以减少行政部门的相关执法成本,也可以使司法部门的诉讼成本降低,从而使整个社会经济利益不会不必要地被耗费。

(四)实质正义原理

虽然表面上企业合规违反法律平等对待的原则,但是,法律平等对待只是形式上的正义,而不是实质上的正义。实质正义是一种根据现实情况进行整体利益衡量的正义形式,其不拘泥于某个具体的法律原则,而是以最大限度地实现整体社会利益为目的。可以说,企业适用刑事合规制度是一种司法能动主义的做法。司法能动主义重视案件的实质正义,而忽略形式或者法条的限制。对于司法能动主义者而言,其哲学基础是现实主义或者实用主义。其强调以公共政策、实质正义等为根据,目的是使法律或者司法适应不断变化的社会需求。其实,追求法律平等对待的做法是可以理解的,但是,平等应当是在类似或者同等情况下的平等。对于企业合规制度而言,那些适用企业合规制度,制定合规计划,按照检察机关或者监管机关的要求,最大限度地消除或者减少其涉嫌犯罪带来的危害,从而获得宽缓处理的做法,本身就比拒绝适用企业合规的企业具有实质正义的合理性。可以说,对于不同情况的被告人不适用法律平等原则也是有法律依据的。譬如,对未成年人和成年人就不能用平等刑罚之对待,即使是触犯了同样的犯罪罪名及同样的犯罪事实。这里面参酌了未

① 陈瑞华:《论企业合规的基本价值》,载《法学论坛》2021年第6期。

成年人具有的特定情势,有国家政策的特殊保护因素在里面。即使是成年人做了本质上相同的事情,其刑事判罚相差也很大。再如,对于盗窃罪、侵占罪和贪污罪,本质上都是侵财,只不过盗窃罪主要是侵犯个人财产,侵占罪侵犯的是单位财产,贪污罪侵犯的是国家财产,但是,即使是同样数额的侵财,量刑却从前向后三种犯罪逐渐降低,同样数额的盗窃罪比贪污罪量刑重了很多。这就是国家政策调整立法的结果。因此,即使法律平等对待也不是绝对的,国家还有基于实质正义来控制或者打击特定犯罪的刑罚考量。同样,国家为了保护特定群体刑事立法也会降低对其量刑。其实,即使是同样的犯罪,在不同时期量刑幅度差别也很大,例如在我国,贪污罪在《刑法修正案(九)》实施以前,量刑普遍偏重,但是,此后大大提高了入罪门槛。其实,并不是贪污罪的危害性降低了,而是有国家政策考量的因素蕴含于立法。有学者说,这其中的一个重要原因是人民币购买力下降,钱不值钱了,才调整了贪污受贿类职务犯罪的量刑幅度。赵秉志教授认为,我国对贪污、受贿起刑点的设置经历了从 2000 元到 5000 元再到《刑法修正案(九)》"数额较大"的概括规定。这期间经济社会发展变化巨大,人均 GDP 自 1997 年至 2014 年增长了约 6.25 倍,将 5000 元的起刑点进行适度的提升也是势在必行的。陈兴良教授表示,贪腐起刑点从 5000 元到 3 万元,似乎存在较大幅度提高,但从 1997 年到 2016 年近 20 年间,5000 元的定罪数额确已不适应社会发展。从司法实践看,这种定罪数额的调整对于贪污受贿罪的实际惩治其实不会发生太大的影响,也不会让贪污受贿罪的犯罪圈骤然缩小。① 但这显然是不能自圆其说的,因为在这期间,并没有提高对盗窃等侵财类犯罪的入罪门槛。在此,应当用实质正义原理进行解

① 参见《贪贿罪门槛由 5000 元升至 3 万元》,载《京华时报》2016 年 4 月 19 日。

读。在实质正义角度上,法律平等对待不是绝对的,讲究实质正义从而进行国家政策方面的调整,这对奠定企业合规制度的原理基础及其正当性证成具有重要作用。

第十一章

检察官主导企业刑事合规的逻辑根据及本土化建构①

在制度渊源上，企业刑事合规制度与协商性司法一脉相承。国家司法机关与涉案企业及其主要责任人在互相商谈的基础上，就企业涉及的犯罪行为承担相应的法律后果，这主要体现为通过企业合规计划的方式，让涉案企业及其主要责任人承担相关的法律义务，并接受检察官或者独立第三方的监管，在满足考察条件后，就可以把其应当承担的刑罚责任降格处理。这是对涉案企业及其主要责任人给予的法律鼓励。实际上，首先，这反映了国家试图用一种更加人性化的方式，采取非刚性的方法，通过和涉案企业及其主要责任人协商，从而完成对企业进行改造的任务，而不是试图让企业生存状态更加恶化。其次，这反映了国家一种宏观的思考——包括诉讼成本或者司法效率的考量，在我国，也有"宽严相济"刑事政策的因素渗透于其中——这是我国企业刑事合规的政策背景之一，因为我国"宽严相济"的刑事政策和企业刑事合规制度中的预防性功能直接相通。企业刑事合规制度也体现了国家的一种善意。对于涉案企业而言，通

---

① 本文由宋远升和姚晓东合作而成。

过企业刑事合规,不仅可以让其通过预防性措施使之走向正规化——在考察期结束后更加规范地经营,同时,企业刑事合规还有道德教化的功能,其暗含着对商业伦理或商业道德的弘扬,这可以通过促使涉案企业对合规计划的履行,让其形成完善的商业伦理文化。这对企业将来的发展无疑是有百利而无一害。或者说,企业刑事合规不仅可以教企业如何经营,而且教企业以一种高尚的方式经营。诚然,目前确实存在企业刑事合规运行不尽理想的情状,当然,这其中有企业合规制度自身设计缺失的原因,也有相关理念原理支撑或者制度配套存在的问题,这些都是阻滞企业合规制度在我国发展的因素。应当看到企业刑事合规制度本身具有的价值和前景,其节省司法成本、与我国已有的宽严相济的刑事政策以及认罪认罚制度等相契合,这都是在企业刑事合规制度适用权衡中加分的因素。因此,应当有针对性地对该项制度进行调适,构建以检察官为核心并适当对其进行扩权,应当是一条可行的路径。

一、问题的提出

刑事合规是基于企业负责人及其员工可能造成企业的刑事法律风险,国家相关机关要求其制定并履行合规计划,通过激励或者制裁的方式,以防范或者减轻企业刑事责任的公司治理制度。刑事合规制度属于近几年我国刑事法领域的新生事物。在理念上,建立检察官为主导的刑事合规制度符合检察能动的理念。在制度衔接上,其与我国检察机关原来推行的一些制度能够配套。在司法效果上,这是一项能够节省诉讼成本的制度建构。当然,在"美国商务部制裁中兴通讯事件"后,我国中兴通讯公司等大企业已经进行了合规制度建设。在 2017 年我国"合规刑事抗辩第一案"后,检察机关也在全国进行了深入的试点。但是,在法律层面上我国尚未规定合规制度。在我国现行法律层面上，企业合规建立与否只是企业的内部行为，检察机关不能通过刑事手段介入。在宏观层面上，我国企业也没有建立起普遍的刑事合规风险控制制度。从 2020 年 3 月检察机关开始启动企业合规不起诉制度改革试点，到 2021 年 3 月和 2022 年 4 月的企业合规改革的第二轮试点和全面试点，在缺少法律依据的情况下，虽然企业合规试点工作取得了一定的成效，但是，也是处于“摸着石头过河”、无法可依的状态。基于将来立法之未雨绸缪，如何构建我国刑事合规制度是应当深思之事。对于如何构建企业合规制度，一种观点认为，我国应制定业务监督过失罪来解决企业合规问题，即我国刑事合规制度之构建需要增设“业务监督过失罪”，以此推动业务领域内管理机制的建立和执行，意在通过刑事责任，倒逼企业自觉进行内部控制。[①] 这也意味着业务监督过失罪成为一种兜底条款。另外一种观点认为，制定业务监督过失罪无疑是刑法万能主义和重刑主义的体现，其实际上是想通过简单而严厉的刑罚威慑达到强制企业合规的治理效果。由于业务监督过失犯罪的设立意味着对所有企业及相关责任人员科以了普遍性的合规管理的刑事义务，其涉及面之广、影响力之大将会完全超过所有企业经营业务相关犯罪，成为企业犯罪领域新的“个罪之王”。若果真如此，那么不知道这究竟是我国刑事合规制度的胜利，还是民营企业（家）的不幸。尽管从域外有关刑事合规的立法来看，的确存在激励（刑罚减免、暂缓起诉等）与惩罚（企业监管过失入罪）并行的做法，但若细加考察便能发现，域外有关企业监管过失的犯罪化立法均属于针对特定企业或者特定犯罪类型的特别立法（特殊的法定合规义务），而并不存在针对所有企业的犯

---

① 参见李本灿：《刑事合规理念的国内法表达——以“中兴通讯事件”为切入点（西北政法大学学报）》，载《法律科学》2018 年第 6 期；冯殿美、曹廷生：《论监督过失罪在我国的设立》，载《山东大学学报（哲学社会科学版）》2009 年第 6 期。

罪行为的一般性业务监管过失犯罪。[①] 由此可见,赋予所有企业一般性的刑事合规义务,并增设业务监督过失犯罪来促使企业实施合规计划,并不符合刑事合规的国际惯例和功能定位。实际上,如果一味地通过刑事制裁来执行公司的合规管理义务,也有违刑法的最后手段性功能。[②]

一般而言,激励型刑事合规制度具有出罪或者保护性价值倾向,而在企业合规制度中设立业务监督过失罪则有入罪性价值趋向。在我国企业本来就存在一定的刑事风险的情况下,设立该罪名不符合我国目前保护企业的总体价值追求。或者说,设立业务监督过失罪是与我国现行政策导向背道而驰的行为。

实际上,我国并不缺少针对企业经营业务相关犯罪的刑法条文,但是,这种单纯地依靠刑事制裁来试图解决问题的做法,并不能达到重刑主义者的立法初衷,反而会适得其反。同时,这也会污名化相关企业,从而造成其在市场竞争上更加处于劣势,特别在国际市场上的影响更加严重。

针对涉及企业的经济类犯罪采取轻缓化的处理方式是一种国际趋势。在调整市场经济关系的机制中,现代西方国家的趋势是逐渐采取非犯罪化形式,也即主要不是通过刑法或者刑罚来调整经济关系,最先考虑的应当是民商事法律,刑法属于最后的调控手段。即使是采取刑法调整,也在定罪量刑上强调轻缓化。这体现了经济社会民法本位的思想。[③] 这种理念在我国的企业合规制度立法中也具有

① 参见熊亚文:《理性建构刑事合规的中国路径》,载《比较法研究》2022 年第 3 期。

② 参见姜涛:《刑法立法阻却事由的理论界定与制度前景》,载《中国法学》2015 年第 2 期。

③ 参见宋远升、谢杰:《经济犯罪对策论》(第 2 版),法律出版社 2020 年版,第 14 页。

一定的现实意义。实际上,在目前我国企业合规试点司法实践中,已经形成了以检察机关为主导、以涉案企业附条件不起诉为主要司法推动工具的企业刑事合规发展趋势,这也是符合我国政策及现实需要的制度建构。

当然,在检察机关主导的企业刑事合规制度建构中,还存在具体建构方式上的分歧。这种分歧主要体现为检察官在刑事合规制度运行中主导权大小的分歧。一种观点认为检察机关不仅在程序中可以通过不起诉制度予以程序终局控制,而且在实体中也应赋予检察官具体的实体权利。这包括检察官应具有对涉案企业的刑事罚款、赔偿、强制合规等权力。该观点认为,目前在我国的刑事合规试点实践中,检察机关既没有行政处罚权,亦没有刑事制裁权,建议以检察机关为主导,通过刑事合规协议将主体、程序、法律责任相对集中,合并检察程序、行政处罚、民事损害赔偿程序,将不同国家机关之间的串联程序改为并联程序,将公法中的制裁与私法中的损害赔偿救济合并起来,统一由检察机关对外实施。[①] 另一种观点则不然,其认为检察机关如果具有对涉案企业的刑事罚款、赔偿、强制合规等实体裁决权力,那么,这不仅会破坏司法最终裁决原则,而且使检察机关权力过大,从而有导致权力滥用之风险。

对于如何处理上述观点的争议,一方面这涉及如何看待企业合规制度在我国的立法及现实的目的,也即到底把刑事合规看作是激励性的还是制裁性的,这需要结合我国的经济政策目的、企业总体运行现状等方面来进行考量。另一方面,这还涉及我国检察官在企业合规运行中的权力大小问题。这要结合我国检察官作为国家监督者的地位,以及我国刑事合规面对的具体问题等因素来综合考虑。

---

① 参见戎静:《法国刑事合规暂缓起诉制度之缘起、效果及借鉴》,载《比较法研究》2022 年第 3 期。

二、我国检察官主导刑事合规制度的逻辑根据

（一）检察官主导刑事合规制度与我国已有的相关政策或者制度相契合

对于企业刑事合规制度而言，其具有宽容性的一面，本身就与我国一些原有的政策或者制度具有契合之处。这包括检察机关提倡的少捕慎诉慎押刑事司法政策以及羁押必要性审查、认罪认罚制度等。近年来最高人民检察院大力倡导对涉嫌犯罪（包括重罪）的科研人员、企业经营者等尽量不采取逮捕羁押措施，以服务于经济社会发展的大局。有些案件由于涉及复杂的经济纠纷和行政法律关系，罪与非罪本身就存在一定的争议，因此有的犯罪嫌疑人、被告人虽然承认涉嫌的"犯罪事实"，并且愿意配合公安司法机关调查事实真相，但拒绝承认自己的行为构成犯罪。[①] 因此，不可以盲目进行逮捕或者羁押，而是可以与企业合规制度相结合，从宏观理念上把握以往政策、制度与企业刑事合规制度的相通之处，从而贯通现在的企业合规制度与以往政策、制度的通道。以往的相关政策和制度可以在理念上为企业合规制度起到先导的作用，在司法实践上也可以为企业合规制度提供技术上的支持。

当然，认罪认罚制度也能够直接与企业合规制度衔接，并且在此方面有相关的有益经验可以借鉴。从认罪认罚的价值指向来看，其可以完美地与企业合规制度形成互补关系。在我国，检察机关有权决定涉罪企业强制性措施的采用，如果涉罪企业认罪认罚并作出合规承诺，积极履行合规计划，企业的直接责任人员可不被逮捕羁押，相关的涉案财产可免遭查封、扣押、冻结，这就为企业的正常生产经

---

① 参见孙长永：《少捕慎诉慎押刑事司法政策与人身强制措施制度的完善》，载《中国刑事法杂志》2022 年第 2 期。

营提供了人力和物力支持。再如,检察机关还可主导决定企业合规案件的诉讼走向和处理方式。如果企业在合规考察期满,圆满完成合规计划,经综合评估达到合规标准,犯罪情节轻微的,检察机关可作出不起诉的决定;即使企业所犯罪行较重,如果认罪认罚,积极履行合规计划,检察机关可以提出从宽量刑建议,这对于企业以及直接责任人员也是"利好"结果;反之,如果企业不认罪认罚,不主动合规,检察机关可向法院提起公诉,并提出从重处罚的建议。① 可以说,基于我国检察官在决定刑事合规中的处罚方式、处罚内容等具有的广泛的裁量权,其从企业合规辅助者角色转变为主导者角色,这让以往的制度和刑事企业合规制度衔接更为方便。

总之,在我国现行刑事诉讼制度中,存在大量的与企业刑事合规具有内在相通性的制度。其中,不仅包括认罪认罚从宽、附条件不起诉与酌定不起诉制度,而且包括逮捕必要性审查、逮捕后羁押必要性审查等强制性措施的轻缓化机制。这些刑事诉讼制度所具有的或者潜含的审前程序分流、程序轻缓化、去刑化、非犯罪化等功能,天然适用于企业犯罪,是构建我国刑事合规制度不可或缺的程序基础和资源,理应共同成为我国刑事合规制度的重要组成部分,而绝不能被忽视或者遗忘。②

(二)检察官主导刑事合规制度可以节省诉讼资源

基于司法管理及司法成本控制的需要,如何在司法资源不变或者变化不大的情况下应对不断增长的诉讼浪潮,这也是现代国家政治、司法精英需要考虑的难题。当然,对于国家司法运作成本或者司

① 参见董坤:《论企业合规检察主导的中国路径》,载《政法论坛》2022 年第 1 期。

② 参见熊亚文:《理性建构刑事合规的中国路径》,载《比较法研究》2022 年第 3 期。

法效率问题，不仅是司法管理者所考虑的对象，[①]一些学者也纷纷表示了对司法成本攀升的忧虑以及对刑事诉讼效率的关注。我国台湾地区学者陈朴生曾指出："刑事诉讼法之机能，在维持公共福祉，保障基本人权……唯为寻求事实真相，维持公共福祉，或为保全程序的公正，保障人权不计程序之烦琐，进行之迟缓，亦属于个人无益，于国家社会有损。故诉讼经济于诉讼制度之建立实不可忽视。"[②]基于我国刑事司法成本高的现状，对整体司法运作提出了节省司法资源的要求。而检察官主导企业合规制度就是节省司法成本的体现。现实中企业和执法机构都面临着平衡成本与社会收益的问题。企业与执法机构之间的联合博弈使得企业合规制度的建立成为必要。毕竟从国家角度讲，企业合规制度的构建不仅有利于实现企业内部犯罪的有效预防，而且也是提高司法效率、节约司法资源的有效举措。[③] 特别对于涉案的大企业而言，检察官主导制定企业合规计划在节省司法成本的价值方面更是明显。这是因为，大企业不仅人数众多，组织严密，而且可能具有很高的技术性及专业性，这些都在组织层面形成了对司法介入调查的屏障。面对着规模越来越大、治理结构越来越复杂的大型企业，面对企业内部越来越隐蔽、专业以及发生频率越来越高的违法犯罪现象，行政机关正面临着"外部监管失灵"的严峻挑战，司法机关也面临着"惩罚有余，预防不足"的难题。[④] 当然，如果检察官甘愿投入大量的司法资源穿透这些壁垒进行司法调查，也可能最终会查明案件真相，但是，这里却有不小的司法沉没成本的可能。同

① 参见宋远升：《技术主义司法改革与法治现代化》，上海人民出版社 2017 年版，第 139 页。

② 陈朴生：《刑事经济学》，台北，正中书局 1975 年版，第 327 页。

③ 参见蔡仙：《论企业合规的刑法激励制度》，载《法律科学（西北政法大学学报）》2021 年第 5 期。

④ 参见陈瑞华：《论企业合规的基本价值》，载《法学论坛》2021 年第 6 期。

时，如果不采取企业合规治理的方式，那么，旷日长久的检察官的追诉行为也会影响企业的正常经营活动，这会让外界怀疑涉案企业的经营秩序及能力，从而可能导致企业不是死于市场竞争，而是死于司法追诉。这里应明确的是，对于企业而言，检察官并不是企业的敌人，其最终目的还是想让企业回归到正常的经营轨道上，因此，如果企业根据检察官主导的企业合规计划，积极配合，提供相关的证据，愿意整改，这本身和检察官之间也是一种双赢的行为。因此，越来越多的国家对企业的治理开始从纯粹的国家规制路径向国家与企业共治这种新的调控形式转型。① 这样就能变外部行为为内部行为，降低程序成本，解决行刑衔接案件程序烦琐、周期漫长、治理效果低的问题，减轻有关机关的证据保存负担，为民事、行政、刑事交叉案件难解决问题找到一个程序路径，充分体现效率原则，提高整体治理深度。②

通过企业刑事合规制度，在执法（司法）机关承诺作出宽大处理的情况下，涉案企业放弃了对抗立场，采取了全方位的合作和妥协的措施，使得协商性执法（司法）的理念被引入执法（司法）过程之中。③ 这其实是以一种低成本的方式实现高收益结果的做法。通过刑事合规计划的履行可以使企业从被动治理向主动治理方式的转变，这也可以形成涉案企业、相关检察机关及行政机关的多赢局面。

（三）检察官主导刑事合规制度契合能动检察理念

能动检察是指基于适应社会整体利益的需要，检察官在坚持法

---

① 参见[德]乌尔里希·齐白：《全球风险社会与信息社会中的刑法：二十一世纪刑法模式的转换》，周遵友、江溯等译，中国法制出版社 2012 年版，第 247 页；李本灿：《企业犯罪预防中国家规制向国家与企业共治转型之提倡》，载《政治与法律》2016 年第 2 期。

② 参见袁雪石：《整体主义、放管结合、高效便民：〈行政处罚法〉修改的“新原则”》，载《华东政法大学学报》2020 年第 4 期。

③ 参见陈瑞华：《论企业合规的基本价值》，载《法学论坛》2021 年第 6 期。

律底线的基础上，主观能动履行检察职能的行为。检察机关不单纯是国家追诉机关，检察官也不仅是追诉的公诉人，其也是具有专门法律监督职权的法律专家。这内含了检察官积极能动地参与社会治理的含义。有司法权性质的检察权，在行使的过程中发挥主观能动性，不仅是检察权本身的性质使然，也是顺应时事变化，填补法律漏洞的需要。能动检察可以使检察人员在行使检察权的过程中，根据现实情况实施法律，缩短成文法与现实之间的差距。同时，要把已经发生的案件事实和成文法连接起来，也离不开检察人员能动地行使检察权。①

在具体的案件处理过程中符合并贯彻能动检察理念，这也是检察官参与社会治理的一种新的形式。能动检察的要义是立足本职，心怀"国之大者"，积极主动地为大局服务，为人民司法。② 基于能动检察的理念，检察官不是机械司法的机器，其应当是能够把握大局、适应整个社会现实需要的法律专家。对于能动检察理念下的检察官而言，其应推动并坚持社会主流价值理念，维护并回应社会的整体利益要求。能动检察理念为我国检察官主导刑事合规制度提供了动力。这主要表现在：第一，在我国刑事合规制度设计中，要求检察官通过试点不断推动附条件不起诉制度的发展，扩大立法中附条件不起诉的适用主体范围，由未成年人扩展到企业合规涉及的主体。第二，在涉案企业履行合规计划任务时，检察官应监督并协调公安机关等行政执法机关的关系，从而防止相关行政机关工作不力而导致企业合规效果不彰的现象。第三，在涉案企业履行企业合规计划任务时，检察官还可以推动相关企业配合调查、缴纳罚款和税款、赔偿受

① 参见彭俊：《暂缓起诉制度在中国的展开——以能动检察为背景的分析》，载《河北法学》2012 年第 8 期。

② 参见朱孝清：《论能动检察》，载《人民检察》2022 年第 13 期。

害人损失等,这也是能动检察的具体体现形式。第四,在企业合规第三方监管机构的协调以及单位刑事责任确立等方面,能动检察可以为之提供较为宽泛的运行空间。第五,检察机关在探索合规不起诉过程中,创造出了两种制度模式:一是"检察建议模式",二是"附条件不起诉模式"。检察机关推行"检察建议模式"的,可以通过举行不起诉公开听证会等方式,督促企业提交合规承诺书,促使其推行合规管理机制。采纳"附条件不起诉模式"的检察机关,也在能动性参与社会治理方面作出更为深远的制度探索。[①] 这都是能动检察理念在企业合规中的体现。同时,这也说明能动检察理念与企业合规制度内在契合。可以说,涉案企业合规改革是检察机关依法能动履职,积极推动事后犯罪惩治向事前犯罪预防转变、集末端处理与前端治理于一体的改革。我国涉案企业合规改革正是能动司法的佳例、能动司法检察理念的具体体现与落实。[②]

三、刑事合规的模式

刑事合规制度是现代国家为实现预防及控制企业犯罪的目的而制定的。基于历史司法传统、现有的法律体系容纳程度、企业治理的价值理念等方面因素的考虑,不少现代国家确立了适合本国国情的刑事合规制度。当然,这些制定刑事合规制度的国家都在一定程度上借鉴了美国的制度。然而,这种借鉴并不只是照搬,而是在结合本国实际情况的基础上确立了具有本国特色的刑事合规制度,从而形成了不同的刑事合规模式。这其中主要包括以美国为代表的激励型刑事合规模式、以法国为代表的强制合规模式,以及以英国为代表的

---

① 参见陈瑞华:《刑事诉讼的合规激励模式》,载《中国法学》2020 年第 6 期。

② 参见彭玉:《涉案企业合规改革检察理念及其立法实现路径》,载《法治现代化研究》2022 年第 5 期。

单独定罪合规模式。

(一)美国的激励型刑事合规模式

激励型刑事合规模式就是指如果涉案企业能够履行合规计划的要求,就会在实体上或者程序上获得一定法律优惠的合规制度。这种激励型刑事合规模式以美国最为典型。美国企业合规制度最初是调控企业竞争失灵的产物。美国企业合规制度的刑事激励模式起源于20世纪60年代之后的系列反垄断典型案件。20世纪80年代的国防工业舞弊案促进了“企业自我揭弊计划”的实施。为了激励企业自我揭弊,在国防部的斡旋之下,美国司法部也开始考虑将合规计划作为定罪量刑时的考量因素。也就是说,企业合规逐步具有了刑事法意义,呈现出刑事化的趋势。[①] 在这一时期,美国改变了以往对企业仅依靠国家监管的方式予以控制的做法,而是加入了通过制定企业合规计划采取刑事激励手段进行企业合规监管的成分。这也是美国《联邦量刑指南》制定的重要立法背景之一。

美国制度化的刑事合规制度产生于1991年制定的《联邦量刑指南》中,这是其法律渊源,也是在法律层面上为美国企业合规制度提供了法律正当根据。在美国《联邦量刑指南》中,合规计划完成程度成为能否对涉案企业宽缓化处理的重要依据。美国《联邦量刑指南》规定,只要涉案企业卓有成效地履行了企业合规方案中的义务内容,并且符合企业道德的程序,那么,就属于从轻量刑的情节。[②] 在美国《联邦量刑指南》中,美国确立了量刑激励模式的刑事合规制度。

美国《联邦量刑指南》规定组织只能通过其代理人实施行为并对其代理人实施的犯罪承担责任。此种归责理论由个体推导企业责

---

① 参见李本灿:《刑事合规的制度史考察:以美国法为切入点》,载《上海政法学院学报(法治论丛)》2021年第6期。

② U. S. Sentencing Guideline Manual 8C2. 5(f)(2018).

任,雇佣人实际上系负无过失责任,因此,企业合规管理并不能影响企业(员工)犯罪的定罪,涉罪企业实体出罪空间极其微小。因此,美国合规制度主要起到激励作用的是程序方面的出罪。这主要是通过不起诉或者暂缓起诉制度来实现的。易言之,在量刑方面,美国只要是企业负责人或者直接责任人涉及犯罪,企业就应承担责任。因此,就算是涉案企业完成了企业合规计划规定的任务,其责任承担也是不可避免的。这也就可以解释,为什么暂缓起诉/不起诉制度可以替代量刑激励机制,成为美国公司犯罪司法实践中激励企业合规最受青睐的方式。①

在美国刑事合规的具体操作中,特别是在程序方面,基于美国有认罪协商的刑事司法传统,同时有辩诉交易作为技术支撑,通过企业不起诉或者暂缓起诉制度,这种激励型的企业合规模式获得了较为良好的发展。不起诉或者暂缓起诉也是涉案企业在满足合规计划要求的前提下美国检察官最终终结案件的最常见的方法。此外,特别是近些年来,美国也更为广泛地运用刑事合规制度对企业进行刑事法律调控,在企业有效地履行了企业合规计划时,也会在量刑上给予法律激励。

(二)法国的强制合规模式

强制合规模式是指为了使企业制定刑事合规计划,通过法律强制规定企业应当履行合规义务,否则就会承担不利的刑事责任。强制合规模式以法国为代表。这是在借鉴吸收美国刑事合规制度的基础上确立的。

法国的强制合规制度首次制定于《萨宾第二法案》中。在法国的强制合规制度中,其强制性主要包括如下内容:第一,法国的强制合

---

① 参见李本灿:《企业合规程序激励的中国模式》,载《法律科学(西北政法大学学报)》2022 年第 4 期。

规制度适用的主体不具有普遍性,而是达到一定标准的大企业。具体而言,这种大企业需要两项标准:一是用工人数达到500人以上,或者隶属于总部设在法国且用工人数达到500人的公司集团;二是有关营业收入超过1亿欧元。[①] 第二,法国的强制合规制度是一种法定的义务,并不以企业或者其高管涉嫌违法犯罪为前提。根据法国《萨宾第二法案》第17条规定,建立合规制度,是上述公司及其高级管理人员的法定义务。假如不建立合规制度,那么即便没有发生贿赂行为,公司及其高级管理人员也可能受到行政处罚。[②] 第三,在法国《萨宾第二法案》中强制性地规定了企业制定合规计划的期限。这要求企业应当根据法国《萨宾第二法案》第17条第2款规定的期限制定合规计划,否则,就可能会被行政或者刑事制裁。第四,对于没有建立企业合规计划需要承担相应的责任问题,这包括高级管理人员承担的行政罚款责任,以及公司不履行强制合规计划义务,或者阻碍该义务承担的刑事责任。

作为企业合规制度的配套制度,法国确立了企业缓起诉程序。根据这一程序,基于公共利益考虑,经企业同意,检察官可以决定采取缓起诉措施,同时与企业达成"公共利益司法协议"。协议的重要内容就是,要求企业建立或完善合规计划,预防类似行为再次发生。[③]

(三)英国的独立成罪企业合规模式

独立成罪企业合规模式是指对于涉案的企业而言,其应当履行合规计划规定的义务,否则就构成了犯罪行为。在英国《2010年贿

---

① 参见李振宇:《刑事合规模式与民营企业刑事合规的本土化建构》,载《昆明理工大学学报(社会科学版)》2022年第2期。

② 参见陈瑞华:《法国〈萨宾第二法案〉与刑事合规问题》,载《中国律师》2019年第5期。

③ 参见李本灿:《刑事合规的制度史考察:以美国法为切入点》,载《上海政法学院学报(法治论丛)》2021年第6期。

赂罪法》第7条中规定了“商业组织预防贿赂失职罪”，这是英国独立成罪刑事合规模式的直接法律基础。根据该法，只要一个商业组织的关联人员，为了获取或保留该组织的业务，或者为了获取或保留该组织的商业优势，而向他人行贿的，该商业组织即构成该罪。据此，英国反贿赂法为商业组织确立了严格责任，也设定了一种无罪抗辩事由。[①] 可以说，如果该企业能够证明其在程序上采取了充分的手段阻止相关的企业人员进行商业贿赂活动，那么，这种抗辩将能够阻却企业刑事责任的承担。易言之，企业不仅可以通过履行企业合规计划来获得量刑上的宽缓，也可以借助合规计划来进行抗辩，从而获得出罪的结果。但是，如果企业不制定有效的企业合规计划，从而导致商业贿赂的发生，那么，就算是其声称不知情，也不是合法且有力的抗辩理由。

四、我国检察官主导刑事合规制度的本土化建构

在我国，对于涉案企业的刑事合规的立法，可以借鉴美国的相关立法，设定为激励型的合规模式。只有如此，才能不会变相地通过刑事合规制度加重企业的责任或者风险，达到真正对企业保护的目的。基于此，在我国立法的具体设计中，不仅在刑事实体法中应采取量刑激励制度，而且在程序法中也应对酌定不起诉进行修正，扩大刑事合规制度的适用范围。这主要是通过检察官的扩权来实现的。当然，检察官也没有不被监督的豁免权，应设立第三人监管等制度，从而保证检察权在刑事合规制度中健康运行。

（一）修正附条件不起诉制度

对于企业合规的立法价值取向，可以参考“水波效应理论”，这是

---

① 参见陈瑞华：《英国刑事合规的有效性标准》，载《人民检察》2022年第9期。

指惩罚罪犯对其他人(与犯罪行为无涉但与罪犯存在某种社会关系的第三人)所可能产生的不利影响。美国司法部意见认为,起诉和惩罚法人会严重损害公司的投资者、雇员、养老金领取者、客户等无辜的第三人的利益。① 根据该理论,特别是主要负责人和企业关系密切的中小企业,甚至是企业对个人依附性很强的家族大企业,如果起诉并对企业主要负责人判实刑特别是判重刑,那么,这真的就会导致上述这些企业的倒闭,因此而产生的链条反应就是企业的投资者、雇员、养老金领取者、客户等无辜的第三人被惩罚。可以说,这表面上惩罚的是企业主要负责人,实际上惩罚的也包括企业的投资者、雇员、养老金领取者、客户等无辜的第三人。因此,即使仅基于保护无辜第三人的考量,我国刑事合规制度的不起诉的宽缓措施也要不仅应适用于企业,而且应适用于主要负责人。不同于国外的一些做法,在我国,从检察机关目前所展开的企业合规不起诉改革的试点工作来看,其最终目的似乎是,"放过企业家,顺带放过企业",即涉罪企业在犯罪之后,具有特定的从宽情节,并承诺之后建立妥当的合规计划时,检察机关便以某种方式对企业和企业家均不起诉。②

目前在我国企业刑事合规制度运行中,对于企业及其负责人的责任阻却采取的是相对不起诉和附条件不起诉的方式。对于前者,至少没有在法律上的明显障碍。但是,对于附条件不起诉,则在法律意义上属于牵强之行为。因为附条件不起诉只是适用于未成年人,法律上的缺陷让这项不起诉制度在企业合规的适用中丧失了法律根基。因此,应当以检察机关适用刑事合规制度的试点实践为基础,对

---

① 参见叶良芳:《美国法人审前转处协议制度的发展》,载《中国刑事法杂志》2014 年第 3 期。

② 参见黎宏:《企业合规不起诉:误解及纠正》,载《中国法律评论》2021 年第 3 期。

附条件不起诉的适用范围进行扩展,从而不让刑事合规制度在法律上师出无名。其实,各地检察机关在试点中多有突破相对不起诉的边界,实行附条件不起诉;理论界亦呼吁参照我国《刑事诉讼法》第282条未成年人附条件不起诉制度,设立企业合规附条件不起诉制度,将企业刑事合规纳入我国程序出罪的立法框架之中。而相比于酌定不起诉及与之配套的检察建议合规,附条件不起诉制度可使众多逾越"情节显著轻微、危害不大"范畴的企业犯罪有出罪的可能,更广维度地实现拯救企业、拯救经济之社会目的。[①] 因此,应当在将来的刑事诉讼法中规定,附条件不起诉除了适用于未成年人外,还适用于涉及刑事合规的企业及其责任人。

在企业合规不起诉方面,我国目前刑事合规适用于情节较轻的犯罪。具体而言,我国检察机关把合规不起诉的适用范围限定为中小微企业涉嫌实施的轻微犯罪案件,尤其是直接责任人可能被判处三年有期徒刑以下刑罚的轻微案件;而对于直接责任人可能被判处三年有期徒刑以上刑罚的单位犯罪案件,大部分检察机关都不愿意将其纳入合规考察试点的对象。法学界普遍认为,如果继续将企业责任与自然人责任捆绑在一起,将合规考察的案件局限在自然人可能被判处三年有期徒刑以下刑罚的单位犯罪案件,那么,企业合规不起诉改革的空间将会小之又小,甚至与我国固有的"相对不起诉"没有本质区别。[②] 这就导致即使我国目前轰轰烈烈地推动企业合规不起诉制度,由于适用范围逼仄,真正能够适用的案件也不多。在一定程度上,这造成了刑事合规制度的浪费及驻足不前。因此,应当在企

---

① 参见王颖:《刑事一体化视野下企业合规的制度逻辑与实现路径》,载《比较法研究》2022年第3期。

② 参见陈瑞华:《企业合规不起诉改革的八大争议问题》,载《中国法律评论》2021年第4期。

业责任人涉及重罪的情形下,也即企业责任人可能判处三年以上有期徒刑的单位犯罪案件中,也对企业适用合规相对不起诉制度,在符合合规计划要求的情况下,对涉案企业采取出罪处理,以此激励企业对企业合规计划的履行。

(二)扩大企业合规制度适用主体的范围

在何种企业适用企业合规制度方面,在美国特别是法国,基本上都是大企业或者跨国公司适用。那么,我国是不是也采取这种做法呢?考察我国企业合规不起诉的适用条件,其中重要的一条就是目前企业合规主要适用于中小微企业的轻微犯罪案件。因此,适用刑事合规制度的企业范围不够大。其实,这种过于谨慎的做法会很大程度上限制刑事合规制度的效应。因此,只有在立法中把企业合规制度适用主体扩展到所有企业,才能真正发挥出全部效果。

(三)在企业合规制度中赋予检察官更多的主导权力

在美国等国家的企业合规运行中,"检察官常作出以往法官负责的关键决定,有时甚至是结案决定,行使诉讼权力逐渐从法官决定向检方决定转变"①。在美国,检察官是整个企业合规程序的控制者,其有决定罚款及其金额,赔偿及其数额等广泛的权力。易言之,检察官成为刑事合规中的法官。在这种特殊的制度中,其在很大程度上替代了法官的角色。对此,我国可以借鉴美国刑事合规制度中对检察官的定位,让检察官在企业合规中具有更大的主导权。在我国企业合规制度的试点中,已经通过相对不起诉制度实现了其适用范围的突破。基于协调企业合规中相关参与主体之间的关系,以及企业合规制度效应发挥等方面的考量,应赋予检察官在实体方面更大的权力,这包括检察官对涉案企业的刑事罚款、赔偿、强制合规等权力。

---

① 参见[瑞]古尔蒂斯·里恩:《美国和欧洲的检察官——瑞士、法国和德国的比较分析》,王新玥、陈涛等译,法律出版社2019年版,第1页。

否则,如果将检察官决定采取企业合规不起诉的案件,再送到法官那里决定具体的对企业的刑事罚款、赔偿、强制合规等事项,这会带来诉讼效率的迟滞,在一定程度上也是对司法资源的浪费。

在企业合规制度中赋予检察官更多的主导权力,这可能会带来检察官权力过大而滥用的忧虑。当然,这种担心有一定道理,但是,在刑事合规中,检察官具有对涉案企业刑事罚款、赔偿、强制合规等权力相当的合理性及正当性。这是因为,我国检察官具有客观义务,并不是单纯的追诉人,其是国家专门的法律监督者,这决定了其会以一种客观、独立、中立的立场来处理企业合规事务。

(四)确立独立第三方监管制度

即使在我国企业合规中赋予检察官更大的权力,这包括程序方面的不起诉权力以及实体方面的刑事罚款、赔偿、强制合规等权力,也并不意味着这种权力不会受到监督。即使在国外,有关专家学者也认为,为了保证企业合规的合法性及效果,适当的监管主体通过合适的监督方式参与到企业合规的运行中也是大有裨益之事。[①] 可以肯定的是,检察官不是公司治理专家,大多数检察官是没有公司内部治理能力的,而采取第三人监管模式则有较大优势。对此,可以借鉴英国的暂缓起诉协议听证制度,从专家库中随机抽出相关专家听证,以决定该项不起诉制度是否合法、合理。[②] 首先,第三方监管成员应当是专业人士,这包括会计师、税务师、专业律师等专门与企业管理经营有关的精英人士,使这些专家能够“刺破企业的面纱”,更容易发现企业在刑事合规计划履行中存在的问题。其次,专家库的组建及

---

① See Barr Benyamin, *Get Your Hands off My DPA: The Proper Scope of the Judicial Supervisory Power in Deferred Prosecution Agreements*, 54 American Criminal Law Review 571, 583 – 592(2017).

② 参见马明亮:《作为犯罪治理方式的企业合规》,载《政法论坛》2020 年第 3 期。

经费的划拨应当由其他机关负责,这就在很大程度上防止这些专家受制于检察机关而不敢明确表明自己态度的弊端。同时,专家在表决时实行匿名的方式,这也会减少检察官对专家投票倾向的影响。在检察官不起诉不符合企业合规的标准或者合规计划不能实现企业合规的目的时,这些专业人士应当以合议制的方式集体予以制约。此外,对于检察官在企业合规处理中的相关实体性决定,应当报上级检察机关批准,防止承办检察官擅权而导致企业合规制度有失灵之虞。

第五编

未成年人检察

第十二章
侵害未成年人强制报告制度的多维视角

强制报告制度是指有关主体在未成年人受到或者疑似受到不法侵害时，向专门的机构或者个人报告，从而使侵害未成年人的行为得以规范化、及时性处理的制度。该项制度主要涉及报告主体、报告内容、受理机构或者个人，以及受理后的处理程序等事项。可以说，未成年人强制报告制度在法理方面具有深厚的基础，是保护未成年人最大利益原则的具化。在实践中，更符合保护未成年人利益的切实需要。

一、一起案例中的侵害未成年人强制报告制度

2019 年下半年，秦某某在网络上搜索有当演员想法的未成年女性，冒充知名导演添加对方 QQ、微信等联系方式。随后，以检查身体是否有疤痕等名义要求未成年女性拍摄、发送裸照、裸体视频。待时机成熟后，再以送工作证、签订演员合同名义要求见面，见面后奸淫未成年女性。2020 年 7 月，秦某某添加山东省兰陵县 12 周岁未成年女性毛某某联系方式。后来约定见面。在毛某某乘坐出租车见秦某某途中，出租车司机了解到这一情况。由于山东省兰陵县检察院在前期曾经在相关从业人员中广泛宣传过未成年人案件强制报告制度，于是出租车司机向公安机关报警。兰陵县公安局民警及时赶至，

将在宾馆内欲行强奸的秦某某当场抓获。

本案和最高人民检察院牵头制定的《关于建立侵害未成年人案件强制报告制度的意见(试行)》(以下简称《强制报告意见》)以及《未成年人保护法》规定的强制报告制度有着密切的关系,同时也是检察机关对强制报告制度的实践结果。在本案中,正是强制报告制度为及时侦控及审判创造了前提条件。在强制报告主体方面,如果从广义上进行解释,本案的报告主体出租车司机属于《强制报告意见》规定的"密切接触未成年人行业的各类组织及其从业人员"。在报告内容方面,本案属于《强制报告意见》规定的强制报告内容中的"未成年人遭受或者疑似遭受强奸、猥亵的性虐待"。在报告时限方面,本案属于《强制报告意见》规定的"报告主体在发现规定的九种侵害情形后应当'立即'报案或者举报"。在本案的受理主体方面,属于《强制报告意见》规定的"公安机关"。在监督主体方面,本案符合《强制报告意见》规定,即"人民检察院依法对本意见的执行情况进行法律监督。对于工作中发现相关单位对本意见执行、监管不力的,可以通过发出检察建议书等方式进行监督纠正"。具体体现为:在本案的后期纠正阶段,兰陵县检察院向公安机关制发行政公益检察建议,要求公安机关对辖区内的旅馆业的实名登记入住进行监管,并不定期抽查。同时,加大对违规经营行为的处罚力度。这体现了检察机关保护未成年人方面的主体责任意识。同时,在本案案发后,兰陵县检察院及时介入,提出取证意见,将扣押的犯罪嫌疑人手机内的照片、视频、聊天记录等予以固定。针对犯罪嫌疑人供述其在云南等地骗奸多名被害人的情况,检察机关建议侦查机关及时赴云南等地调查取证,为后续顺利提起公诉奠定基础。上述方面都体现了强制报告制度中检察机关的监督主体职责,这不仅是检察机关法律监督角色的体现,也是其社会公益维护者角色的彰显。

二、强制报告制度的域外比较考察

（一）英美法系国家的强制报告制度

强制报告制度发端于美国。基于及时有效保护未成年人利益的需要，1962 年美国儿童局制定了《示范报告法》，这是当时美国各州建立强制报告制度的基本法律依据。在 1974 年，美国《儿童虐待预防和处遇法》中规定了强制报告制度，这在世界上属于首部与强制报告制度有关的法律文件。在美国《儿童虐待预防和处遇法》中，报告主体的范围包括医务人员以及与儿童密切相关的其他专业人员，如社会工作者、教师、心理咨询师、执法人员等，有些州实际上要求所有公民报告。1974 年《儿童虐待预防和处遇法》仅规定“各州应该报告已知或疑似的儿童虐待和忽视案件”，没有“强制”字样，1992 年修订版关于州的项目计划中规定“谁有义务报告和谁可以选择报告”，2010 年修订版中有明确的强制报告规定。① 在美国，大多数州通过专门的立法规定了强制报告义务的处理程序，相关责任主体只要有理由相信或者有理由怀疑发生了侵害未成年人的事件，如果不报告或者疏于报告，根据未成年人被侵害的内容或者程度，就会承担相关刑事责任、民事责任等制裁。美国的儿童保护制度以儿童的最大利益为导向，强调政府和社会的责任，已经形成较为完善的体系，这包括联邦和州立法、儿童保护机构的设置、具体保护制度的实施程序以及配套的社会保障机制等。其中，儿童保护强制报告制度能够有效预防和发现儿童虐待现象，它以明确儿童虐待定义和范畴为前提，在规定强制报告责任主体、报告的方式和内容、未能报告或虚假报告责任、保护报告主体条款等的基础上，通过启动调查、评估分析、公布结

---

① 参见冷园园、乔东平：《困境儿童强制报告制度的认识和实践——基于社工视角》，载《山东青年政治学院学报》2021 年第 2 期。

论、服务安置等具体措施为防治儿童虐待问题提供有效的解决方法。[①] 在澳大利亚,2008 年通过了《儿童和青少年法案》,其第 356 条规定,医护人员、教务人员、公职人员、警务工作者等在其工作过程中得知儿童曾遭受或者正在遭受虐待时,应当履行强制报告义务。[②] 在加拿大等国家,在强制报告制度的内容方面,对被性侵未成年人保护非常严密,报告主体范围非常广。在特定情形下,其规定所有人都有报告的义务,而不只是限于特定的机构或者个人。加拿大将强制报告制度收录于其《儿童与家庭服务法》之中,强制报告的责任主体被分为两种情况:一类是针对儿童受虐待的情况,责任主体为密切接触未成年人相关职业的主体人员,包括医疗人士、教育人员等。另一类是涉及儿童色情的情形,强制报告的主体范围延伸至所有人,即"任何合理认为陈述或材料属于儿童色情活动或可能属于儿童色情活动的人"均应履行报告义务。要求强制报告的内容由最初的身体虐待、精神虐待、性虐待和疏忽虐待四种虐待行为,延伸至儿童色情,甚至特别出台了针对网络儿童色情问题的规制法案。[③]

(二)大陆法系国家的强制报告制度

大陆法系强制报告制度比较具有代表性的国家是德国。德国未成年人强制报告制度包含于儿童保护法和民法之中,二者互相结合,共同组成保护未成年人的强制报告制度体系。在德国《儿童和青年服务法》中,强制报告的义务主体主要是从事公共事务的专门人员,报告的内容或者事项主要是未成年人利益被威胁或者侵害。但是,

① 参见杨志超:《美国儿童保护强制报告制度及其对我国的启示》,载《重庆社会科学》2014 年第 7 期。

② 参见包志会:《反家暴法中强制报告制度之反思与重构——基于儿童最大利益原则》,载《山西青年职业学院学报》2020 年第 1 期。

③ 参见程慧、潘奕辰:《侵害未成年人案件强制报告制度的本土化构建——以上海市 M 区为例》,载《上海法学研究》集刊 2020 年第 16 卷。

德国强制报告制度并未规定报告义务主体不报告或者疏于报告的法律责任，因此，也就没有了制裁性的法律后果。在欧洲大陆的西班牙等国，也建立起相对完善的强制报告制度，其中，西班牙家庭暴力分级处理措施比较有特色，即未成年人被家庭暴力侵害之时，在受理案件后，未成年人保护专员会对未成年人的被害进行评级，高风险的原则上将其从家庭中带走，送交专门机构安排，低风险的则有针对性地采取心理辅导、家庭教育等支持措施。日本的强制报告制度主要规定在日本《儿童福祉法》和日本《儿童虐待防止法》中。日本《儿童福祉法》是保护未成年人的基本法，该法以“保护未成年人福利”为宗旨，明确了政府、监护人、普通公民对于保障和爱护未成年人身心健康的义务。日本《儿童虐待防止法》则通过明确国家和地方政府在防止未成年人遭受虐待方面的责任及保护遭受虐待的未成年人的措施等内容来防止侵害事件的发生。①

至今，越来越多的国家和地区加入制定强制报告制度的行列。相关研究显示，美洲国家强制报告制度的覆盖率已达90%，欧洲国家也达到86%。另外，在非洲和亚洲地区，强制报告制度的覆盖率也已达到77%和72%。② 强制报告制度不仅为诸多现代国家所重视，也是国际未成年人保护领域关注的一个议题。强制报告制度规定在联合国《儿童权利公约》第19条中。因此，对于我国而言，确立强制报告制度也是与国际社会接轨，以及彰显司法文明的一项重要举措。

对于强制报告制度而言，虽然由于历史传统、文化习俗及社会心理等因素的影响，两大法系国家和地区存在一定的差异之处。但是，

---

① 参见自正法：《侵害未成年人案件强制报告制度的法理基础与规范逻辑》，载《内蒙古社会科学》2021年第2期。

② 参见杨雯清、李泳霖：《中国未成年人强制报告制度的检视与完善》，载《汕头大学学报(人文社会科学版)》2021年第3期。

也存在一定的共通之处,这说明了强制报告制度具有普适性的特点。首先,强制报告制度具有强制性。考察现代国家的强制报告制度,都会较为鲜明地突出了强制性的特点。这说明强制报告制度是一种法定的责任或者义务,是不容选择或者回避的。当然,毕竟不同国家国情不一定相同,强制报告的程度和范围也存在一定的差异。中国、美国、加拿大等多数国家要求报告正在受到侵害、疑似受到侵害或者面临其他危险的情形,与此不同,部分欧洲国家规定只对已经发生或正在发生的虐待行为进行报告,而对于潜在的虐待行为没有做出规定。[①] 其次,强制报告制度具有综合性。对于强制报告制度而言,可以说是一项比较系统的工程。其既牵涉到国家机关,又可能牵涉到社会中的每个人。这不仅是一项预防性制度,而且是一项干预制裁性制度。因此,就需要这个综合性系统内的各个因素共同发挥作用。其中包括强制报告主体的信息收集、信息提供,相关机构或者个人的受理或者采取应对措施等,这都不是某个人或者某一机构所能完成之事。可以说,唯有如此,才能及时、有效地对侵害未成年人的事件进行干预及救助。再次,强制报告制度在现代法治国家越来越受到重视,并呈现深化发展的趋势。强制报告制度的立法产生于美国,但并未就此止步,许多国家和地区不断扩大该项制度的覆盖范围。以目睹家庭暴力为例,美国多数州未将目睹家庭暴力列为虐待的形式,因而在美国这些州,目睹家庭暴力也不作为强制报告的内容。但根据加拿大纽芬兰和拉布拉多省的立法,只要儿童所在家庭发生家庭暴力事件,即使没有对儿童造成风险或伤害,责任主体也必须向主管

---

① 参见徐富海:《中国儿童保护强制报告制度:政策实践与未来选择》,载《社会保障评论》2021 年第 3 期。

机关进行报告。[①] 最后，已设立强制报告制度的国家或地区也在不断扩大其适用的范围。例如，澳大利亚昆士兰州 2004 年立法增加教师的强制报告责任，并在 2005 年规定护士对所有可能虐待或忽视的情况有强制报告的责任。整体而言，强制报告制度具有良好的成长性，表现出极强的扩张性。[②]

三、我国制定强制报告制度的价值

在我国古代传统社会中，曾经专门制定过未成年人强制报告制度，或者称为古代版的强制报告制度。这项制度最早规定于南宋时期。当时法令明确禁止百姓溺婴或者弃婴。如果邻里了解相关情况不向官府举报，也会受到处罚。明朝也沿袭这种做法，如果父母溺婴或者弃婴，就会被官府处以充军刑罚，并要求乡邻对这种溺婴或者弃婴行为监督举报。在目前，我国在借鉴国际公约及其他现代国家强制报告制度的基础上，在 2020 年，由最高人民检察院牵头和其他部委一起制定颁布了规定强制报告制度的《强制报告意见》。这说明强制报告制度已经成为我国检察机关及其他相关国家机构关注的重点。2020 年《未成年人保护法》第 11 条也规定了强制报告制度，以法律的形式确立了未成年人强制报告制度。具体而言，我国强制报告制度具有如下价值：

（一）强制报告制度基本满足了未成年人利益最大保护的原则

根据《强制报告意见》规定，对于涉及性侵、虐待、欺凌、拐卖未成

---

① Rankin & Joan M. et al. , *A Commentary on Mandatory Reporting Legislation in the United States, Canada, and Australia a Cross – Jurisdictional Review of Key Features, Differences, and Issues*, Child maltreatment, Vol. 14(1): 122(2009).

② 参见杨志超：《比较法视角下儿童保护强制报告制度特征探析》，载《法律科学（西北政法大学学报）》2017 年第 1 期。

年人等9类应当报告的事项,国家机关、法律法规授权行使公权力的各类组织及法律规定的公职人员、密切接触未成年人行业的各类组织及其从业人员有报告的义务,如果发现符合报告的情形,相关责任主体应当报告。可以说,在强制报告的主体范围方面,在强制报告情形的广泛性方面,以及在报告主体未履行报告职责应承担的法律责任方面,都体现了未成年人利益最大保护原则。实际上,从比较法的角度考察,我国现行的强制报告制度的完善性已经超越了很多国家,更为接近强制报告制度发展水平高的国家。

(二)通过强制报告制度,实现了对未成年人的倾斜性保护

以国家亲权监督乃至取代自然亲权监护并非强制报告制度的最终目的,而仅是保护未成年人的一种手段,其基本功能在于实现对未成年人权利的倾斜性配置。[①] 原则上,现代国家实行法律平等保护原则,但是,未成年人本身属于弱势群体,更易受到伤害。即使从未成年人父母的角度,未成年人及其父母权利或者意志也可能产生冲突,从而让未成年人的利益成为牺牲品。这就要求现实地承认未成年人的天生差异,从而通过相关法律制度或者措施区别配置资源,确立未成年人的特殊法律地位。如此,通过弥补未成年人天生的弱势之处,以法律倾斜性保护来实现未成年人的最大利益,从形式公正转化到实质公正。

这是一种通过法律强制的方式来保护未成年人最大利益的方式。通过强制报告制度,将法律资源、社会资源更多地向未成年人倾斜,实现未成年人保护的资源最优化配置,从而能够强制使相关机构或者人员对未成年人承担起更多的法律及社会责任,提高未成年人被侵害的发现概率,提升未成年人被侵害的救助及时有效性。

---

① 参见孙其华:《侵害未成年人案件强制报告制度的理论检视与规则形塑》,载《少年儿童研究》2022年第1期。

（三）制定并实施强制报告制度是我国履行国际公约规定义务的需要

联合国《儿童权利公约》第19条规定：成员方应采取保护性措施避免儿童遭受虐待，这类保护性措施应酌情采取有效程序以建立社会方案，向儿童和负责照管儿童的人提供必要的支助，采取其他预防形式以查明、报告、查询、调查、处理和追究前述的虐待儿童事件，以及在适当时进行司法干预。我国属于该公约的签字国之一，根据条约必须践守的原则，应当制定强制报告制度并实行。在现代国家中，保护未成年人生存权本身就是社会文明的组成部分。这不仅是一项国内法的基本法律义务，也是应当履行的国际法义务。从与国际接轨以及提高我国保护妇女儿童的国际声誉的视角，制定并实施强制报告制度也是我国履行国际义务以及体现大国担当的一种重要法律作为。

四、我国强制报告制度的本土化建构

应当说，我国基于未成年人最大利益原则、国家亲权原则以及参加的未成年人保护国际条约的要求，已经在强制报告制度方面进行了逐步完善。但是，对于未成年人保护这项牵扯到社会各层面、国家多部门的系统性工程，并不是一蹴而就的。对于我国的强制报告制度，在借鉴域外之进步经验的基础上，也应关注我国传统观念的影响，譬如，对于虐待未成年人的定义及观感，我国与欧美国家就存在社会心理方面的不同。针对美洲华人移民的研究证实，华人社会对虐待儿童的理解与西方存在差异，他们对体罚儿童有较高的包容性，这种差异主要是受到文化的强烈影响。[①] 基于此，应当在综合考量各

---

① 参见杨志超：《美国儿童保护强制报告制度及其对我国的启示》，载《重庆社会科学》2014年第7期。

种因素的基础上，权衡各方面的利弊，从而在强制报告主体、强制报告的时间、强制报告受理的专业机构、强制报告制度中检察机关的角色定位等方面进行立法调整，从而建构中国本土化的强制报告制度。

（一）调整强制报告的主体

《反家庭暴力法》第14条规定，学校、幼儿园、医疗机构、居民委员会、村民委员会、社会工作服务机构、救助管理机构、福利机构及其工作人员在工作中发现无民事行为能力人、限制民事行为能力人遭受或者疑似遭受家庭暴力的，应当及时向公安机关报案。这意味着我国强制报告的主体是与未成年人密切接触的机构及其工作人员。同时，该法第35条中规定，学校、幼儿园、医疗机构、居民委员会、村民委员会、社会工作服务机构、救助管理机构、福利机构及其工作人员未依照该法第14条规定向公安机关报案，造成严重后果的，由上级主管部门或者本单位对直接负责的主管人员和其他直接责任人员依法给予处分。这也是重申了作为强制报告主体的机构和个人的责任问题。《强制报告意见》第2条中规定，强制报告的主体是国家机关、法律法规授权行使公权力的各类组织及法律规定的公职人员，密切接触未成年人行业的各类组织及其从业人员。但是，如果把机构或者国家机关、组织作为强制报告的主体，则存在一些问题。到底机构的具体强制报告责任主体是谁？这就容易造成推诿或者推卸责任。在发生强制报告相关问题时，也会有难以追责之情状。考察国外相关立法，可以看出强制报告的主体分为两种类型，一类是因职业和未成年人接触密切的人，这包括美国、德国、澳大利亚等国的做法。另一类是将所有的人都作为强制报告的主体，譬如加拿大就采取了这种做法。但是，很少有把机构或者组织作为强制报告主体的国家。因此，参考域外相关的有益经验，可以只将个人作为强制报告主体。这是因为，只有强制报告主体明确才能责任明确，才能够有效地促动强制报告责任主体的能动性。综观域外的强制报告立法,强制报告的责任主体通常是职业群体中的个人而非组织,因而可以将我国的强制报告主体界定为“工作人员”而非“机构和工作人员”,这样才能有利于更好地落实义务和追究责任。①

那么,是否需要将强制报告的主体扩展到如同加拿大那样,即所有人都有责任在未成年人受到侵害时要强制报告。其实,这也没有必要。这是因为,基于我国传统的“不愿多管其他人闲事”的心理习惯,即使规定其他公民个体是强制报告责任主体,这也不能实现。因为在职业上或者身份上与受害未成年人没有法律关系的人一般也不会报告,也不好追责,反而会造成责任不明以及淡化的现象。

(二)确立强制报告的专职负责部门

在《反家庭暴力法》和《强制报告意见》中,都规定把公安机关作为报案或举报的对口机关,这有其合理性。因为公安机关有更强的侦查资源配置及力量。然而,公安机关一般都是专门负责刑事案件的侦查及治安案件的处理。在目前侦查资源相对紧缺的情况下,将不同程度的未成年人受害问题都报告到公安机关那里,显然也勉为其难、让其力不从心。实际上,应当成立专门的第一受理强制报告的机构,对其人员进行专业培训,以职业化的态度来对待未成年人受害的强制报告问题。然后,由其决定是否应当向公安机关报告。政府应对现有部门进行整合,明确儿童保护的主责部门。政府可考虑设置类似儿童保护局这样的部门专职儿童保护工作。② 在未成年人受害后责任主体报告时间方面,我国《反家庭暴力法》第 14 条规定,应

---

① 参见杨志超:《比较法视角下儿童保护强制报告制度特征探析》,载《法律科学(西北政法大学学报)》2017 年第 1 期。

② 参见林典:《儿童虐待强制责任报告制度之研究——基于台湾地区的政策文本分析》,载《当代青年研究》2018 年第 4 期。

当及时向公安机关报案。第15条规定,公安机关接到家庭暴力报案后应当及时出警。到底“及时”是多长时间,并没有明确规定,这就会造成现实操作中的难题。因此,应当规定强制报告主体在知悉未成年人受侵害后24小时内向有关机关报告。专职负责儿童受害的“儿童保护局”在接到举报或者报案后,应根据受害情况进行分析、研判、筛选,在24小时内自己处理或者通报有关机关处理。这对收集、固定、保全证据具有时效性价值。如果未成年人受害情况严重,可以直接将案件转给公安机关。当然,根据我国刑事诉讼法的规定,受害儿童及其监护人等人也可以直接向公检法机关报案。

(三)扩大知情不报的责任范围

对有报告责任而知情不报者,应当承担责任,这属于强制报告制度的应然组成部分。因为对一项法条而言,没有制裁效果就没有震慑性威力。对于一个责任主体而言,没有制裁,就可能没有责任心。对于强制报告制度,仅依靠道德支持,而没有制裁性法律后果规定,注定其难以规范、稳定性运作。可以说,规定知情不报的责任有助于强制报告制度的实施,追究违反报告义务者的法律责任也是“强制报告”的应有之义。为此,美国大多数州规定,未能报告和故意虚假报告为一种轻罪,一些州甚至把未能报告导致严重后果的、多次违反报告义务或故意虚假报告的行为规定为重罪。此外,在部分州未能报告的责任人还应承担民事赔偿责任。[①] 对于我国而言,应当专门立法规定,扩充责任范围,将未能报告的责任人的行政责任扩展到刑事责任。当然,这需要达到法律规定的严重程度。同时,如果未能报告的责任人能够证明在处理强制报告事项时没有过错,则减免其责任。

---

① 参见刘向宁:《当务之急和制度构建:从南京虐童案看儿童虐待强制报告》,载《中国青年研究》2015年第9期。

（四）发挥检察机关的法律监督的优势

在未成年人保护中，检察官的介入并发挥作用是现代国家司法的一种趋势。譬如在美国，在“国家亲权”理念和“儿童最佳利益”原则的影响下，美国未成年人检察制度在未成年人权益保障及未成年人犯罪与偏差预防、呈请与起诉方面作用日渐明显。[①] 在我国的强制报告制度中，在《强制报告意见》中检察官的作用就比较凸显。但是，基于法律规定的缺失，在实效性发挥上，这种作用却还有待验证。根据《强制报告意见》第18条规定，人民检察院依法对本意见的执行情况进行法律监督。对于工作中发现相关单位对本意见执行、监管不力的，可以通过发出检察建议书等方式进行监督纠正。但是，如果相关单位不配合予以纠正，则检察机关无计可施。这也是检察官检察建议法律威慑效力不足的通病。因此，应当赋予检察官检察建议一定的制裁性效果，可以在立法中规定，如果检察官发出检察建议书等方式对相关主体进行监督纠正后，相关主体仍不整改或者有效处理，检察官可以向其上级机关提出弹劾或者建议行政处分。

① 参见张鸿巍：《美国未成年人检察制度》，载《国家检察官学院学报》2011年第3期。

第十三章
涉罪未成年人前科封存制度的效应与建构

涉罪未成年人前科封存制度为不少现代法治国家所制定,这项制度不仅是保护未成年人的需要,也是保卫社会公众的需要,其是对社会防卫目的与保护涉罪未成年人利益进行权衡的结果。这项制度可以在一定条件下,将未成年人的犯罪记录遮蔽于社会公众的视线之外,这可以有效地驱除社会对其前罪烙印的歧视心理,也可以消除或减少涉罪未成年人内心因涉罪产生的自卑心理,防止标签效应对涉罪未成年人心理造成影响,从而为涉罪未成年人顺利社会化扫除社会心理及涉罪未成年人自身心理的双重障碍。

一、前科制度的双重效应

(一)前科封存制度的渊源

前科封存制度是指基于对涉罪者社会化的需要,在满足一定条件下禁止将其犯罪前科记录展示于社会的规范性规定。在 2012 年之前,我国并未规定前科封存制度,而是规定了一个价值取向与之完全相反的制度,也就是实行前科报告制度,即那些"依法受过刑事处罚的人,在入伍、就业的时候,应当如实向有关单位报告自己曾受过刑罚处罚，不得隐瞒”。我国在2012年《刑事诉讼法》修法中，正式确立了未成年人犯罪前科封存制度。基于对该制度的具体标准及操作程序细化之目的，最高人民法院、最高人民检察院、公安部、司法部在2022年5月联合发布了《关于未成年人犯罪记录封存的实施办法》。

前科制度是与前科封存制度相对的一种制度。前科制度是为了防止涉罪者再次犯罪而确立的一种对前罪刑罚效果的评价模式。这可以通过剥夺涉罪者的一些从业资格或者权利等特定利益来完成。

前科制度历史悠久，在古印度、古希腊时就可以见到相关的记载。前科制度的目的在于特殊预防，通过对社会的积极防卫，从而在一定程度上实现社会公共利益的保障。当然，基于保卫社会的需要，特别在一些种类的犯罪人中设立前科制度也是有必要的。一方面，对于一些惯犯或者累犯而言，特别是对于一些难以用刑罚彻底解决的犯罪者而言，普通公众的知情权也是有必要的。因为在得知这些人的危险性后，社会公众就会产生警惕之心，避免在危险的情况下与之接触，从而在一定程度上避免了犯罪侵害后果的发生。另一方面，这对于预防一些人将来可能的犯罪也有一定的价值。出于功利主义或者威慑理论的考量，这些人在将要犯罪时，可能会想到这种负面评价效果的威力而产生警醒，从而在犯意启动之时悬崖勒马，这对于防止犯罪不无裨益。因此，有研究者认为，过于关注未成年犯罪人的个人利益而忽视了对社会公共利益的保护，是未成年人前科消灭制度的最大缺陷。此制度确实有利于保障未成年犯罪人的权利，但这是以牺牲社会公众的知情权以及出于自身安全而进行社会防卫的需要为代价的，其合理性存疑。个人利益与社会利益虽有一致的一面，但更多表现出冲突的一面，而未成年人前科消灭制度在个人利益与社会利益的平衡上明显地偏向了个人利益,忽视了社会公共利益的维护,这在我国国家和社会利益至上的法律传统中,很难有其生存的土壤。[①] 对于现代刑事程序法而言,其总体上就是从惩治法向保障法发展的趋势。这也意味着刑事诉讼法不再是“敌人法”,而是一种为犯罪人提供的程序恢复法,特别在未成年人刑事诉讼程序中更是如此。易言之,未成年人刑事诉讼程序法不仅有惩治的部分,更大部分则是改造。因此,基于未成年人最大利益保护之价值目标,修改前科制度并使其变成前科封存制度成为一种价值及司法操作中的必然选择。“前科制度的惩罚性是前科制度存在的基础,但是当我们从前科者的角度去反思这一问题时,就会发现我国的前科制度突出了对有前科者在法律上报应和道义上谴责的功能,忽视了对犯罪人的改造功能,特别是当前科携带者是未成年人这样一个特殊的群体的时候,这种惩罚的严酷性与长期性就越发显得不合理了。”[②]

(二)前科封存制度的价值所在

1. 消除标签效应及烙印效应,使涉罪未成年人更加顺利回归社会。犯罪标签理论认为,个人再次犯罪的主要原因在于社会给他们公开贴上了犯罪人或“少年犯罪人”的标签,他们将贴标签看作再次犯罪的原因之一。当一个人被贴上标签,被当作犯罪人去对待时,他就会真正以犯罪人的身份去行动。[③] 前科封存制度可以防止标签效应,实现涉罪未成年人“除魔化”。标签效应是指对被贴上“标签”的人产生的负面评价后果或者耻辱性印记。在刑事司法中,标签效应

---

① 参见亢晶晶:《理性对待未成年人前科消灭制度——兼评新〈刑事诉讼法〉第275条》,载《北京青年政治学院学报》2012年第3期。

② 沈兵、刘宇:《构建我国未成年人前科消灭制度》,载《法治论丛(上海政法学院学报)》2007年第5期。

③ 参见吴贵森:《前科封存制度在刑事和非刑事领域的适用》,载《江西社会科学》2014年第10期。

可以让涉罪未成年人形成难以祛除的烙印,烙印会逐渐促使他人以此改变对涉罪未成年人形象的认识。人们通过对涉罪未成年人过去行为的重新评估,以符合标签评定者心中涉罪未成年人"犯罪人"身份。当这种外部的力量加强到一定程度时,就会反馈到涉罪未成年人处,使其重新审视、评估和衡量外界加给他的"犯罪人"身份,导致其对这种身份的接受,以至于可能成为潜在的再犯罪者。可以说,对于涉罪未成年人而言,前科就是一个不断提醒其犯罪人身份的过程,从而为其贴上反社会的"犯罪标签",导致未成年人无法积极定位而产生消极认同。而采取未成年人保护为宗旨的相关司法程序,本身就是"去标签化"的过程。反之,如果不考虑少年刑事司法的宏观目标,将其强制于罪犯的角色上,无论是在心理还是在生活中都会对其以后的改造带来重要负面影响。①

根据法国先贤卢梭的说法:"人生而自由,却无处不在枷锁之中。"这些枷锁就包括法律之枷锁。而刑罚则是法律枷锁中最为沉重者。刑罚不仅在涉罪人刑罚法律效力期限范围内产生影响,而且也会对涉罪人刑罚结束后产生衍生的影响。这是因为,犯罪标签使得社会公众在得知相关犯过罪的人的事情后,可能会对其产生厌恶的心理,这种"一日为贼,终生为贼"的社会心理将会产生相当大的社会烙印效应,在心理上也会自觉或者不自觉地与之分割开来。犯过罪的人也会自己产生羞耻心理。即使他们在法律上的惩罚或者评价获得了解决,但是,却难以获得社会的正常评价。对于涉罪未成年人而言更是如此,前科将在很大程度上使其隔绝于正常社会之外的孤岛之上,难以获得社会的正常认可,更何谈有鼓励关心可言。背负犯罪记录的未成年人,本身就可能成为社会中一个特殊的群体,这是一种

---

① 参见宋远升:《立法将要发生——对刑事诉讼修法增设未成年人特殊程序的考察》,载《青少年犯罪问题》2012 年第 1 期。

容易招致歧视的群体,由于其犯罪的前科让他们与众不同。如果被犯罪标签所标定,就可能会形成一种犯罪心理,从而成为他们将来再犯罪的一个心理诱因。

赫希认为人生来就是自私自利的,之所以不犯罪,是因为有外在的控制力量,即人与社会之间建立的社会联结。这种社会联结强度越大,人犯罪的可能性就越低;相反,社会联结越弱的人就越容易犯罪。根据社会控制理论,青少年犯罪原因是个人与传统社会之间的联系即社会链薄弱或破裂,即“依恋”(attachment)、“奉献”(commitment)、“参与”(involvement)和“信念”(belief)四个社会联结核心因素存在部分或者整体的不足。[①] 基于该理论,前科制度可能会将有罪错的未成年人在很大程度上隔绝于正常的社会规则和社会运作以外,限制个人与传统社会之间的联系,这会给其再社会化带来很大困难,而为其再次犯罪提供了技术和心理支持。

社会对涉罪未成年人的世俗评价导致其难以穿过标签效应造成的鸿沟,难以融入社会。可以说,前科不仅是一种法律规范评价,而且是对涉罪未成年人的内心提醒,让他们感觉自己已经不是正常社会的一部分。这在本质上其实是惩罚的一种,这是一种社会视角的惩罚。虽然不是法律的惩罚,却是法律惩罚的延续。这种隐形的惩罚不在法律之内,却可能会产生比法律惩罚更大的负面效果。

犯罪记录是涉罪未成年人的暗伤,即使看不见,但可能终生在社会生活中对其予以影响。对于涉罪未成年人而言,犯罪记录如同一面负面的旗帜,在远处就可以看见,这让其在普通人中获得了差别对待。这种羞耻氛围可能会将其重新推向正常社会的敌对一方,极大地阻碍其社会化的过程,使其可能重新陷入再次犯罪的泥淖。

---

① 参见陶亮:《青少年犯罪预防的互联网途径——以赫希的社会控制理论为视角》,载《青少年学刊》2020 年第 1 期。

而欲抑制或者避免标签效应的发生,真正实现对涉罪未成年人教育、矫正以及重新社会化的刑事政策目的,通过前科封存制度建构屏障,这对防止涉罪未成年人犯罪前科信息不被非法泄露具有关键作用。这样,即使未成年人犯罪,在刑罚结束后,由于其在他人眼中还是“清白之身”,容易被社会融合及接纳,更易于重新回归社会。因此,封存涉罪未成年人前科记录,防止标签效应的发生,其实既是一个社会公众心理的“除魔”过程,也是涉罪未成年人自身心理的“除魔”过程,从而帮助涉罪未成年人重新实现社会化,在社会上确立一个正常的角色及适当的位置。

2. 明确规定前科封存制度符合未成年人生理和心理发展现实状况。未成年人犯罪与成年人犯罪之间存在质的区别,很大程度上表现为主体和主观恶性的不同。① 与未成年人的身心特点相适应,模仿性、易受暗示性、情景性、戏谑性和冲动性,就成为未成年人犯罪的显著行为特征。② 而行为人的辨认与控制能力本身能说明行为的社会危害性。③ 此外,未成年人即使在某个时期曾有过犯罪,但持续犯罪的事例极为少见。对于较经常犯罪的少年而言,是漂流过程中偶然的事情。④ 实际上未成年犯罪人一般主观恶性不深,可塑性强、可改造性大,人生的道路和时间还极为漫长,国家更有义务去避免他们因犯过罪而产生的心理或者生活上的负担。相对于成年犯罪人而言,更有必要对未成年犯罪人优先设置前科封存制度,以促进“失足未成

---

① 参见罗大华、刘帮惠:《犯罪心理学新编》,群众出版社 2002 年版,第 171 - 172 页。

② 参见张远煌:《从未成年人犯罪的特点看现行刑罚制度的缺陷 》,载《法学论坛》2008 年第 1 期。

③ 参见[意]恩里科·菲利:《犯罪社会学》,郭建安译,中国人民公安大学出版社 1990 年版,第 14 页。

④ 参见张明楷:《刑法格言的展开》,法律出版社 2003 年版,第 171 页。

年人”尽早尽快地顺利回归社会。从个体角度而言，未成年人一般具有特定时期的特定生理和心理反应，这种由特定心理和生理反应激发的犯罪，具有随年龄成熟自动愈合的可能，也就是犯罪学中的自动愈合理论。从社会责任的实现来看，未成年人犯罪作为一种病态现象，更多的是学校、家庭、社会等各个方面的责任，从某种意义上说，未成年人都是受害者，社会应以矜恕之心对之，而非一味强调惩罚。[①] 正是基于未成年人犯罪时的特定生理及心理特点，决定了其主观恶行一般不强，并且容易改造，这使得对其采取前科封存制度具有特殊意义。否则，对于涉罪未成年人而言，如果采取前科报告制度，则在一定程度上切断了改造的可能性。

3. 封存涉罪未成年人的犯罪前科信息，这是保障其隐私权，维护其人格尊严的需要。即使未成年人的行为构成犯罪，但是，在其经历了刑事程序的过滤，得到刑法的评判以及刑罚的惩罚，在法律意义上，这已经是罚当其罪，完成了一个涉罪之身到正常人的蜕变过程，和普通大众毫无二致。既然如此，让未成年人来继续承担刑罚结束后的隐性责任，让他们过去涉罪的经历暴露于社会及周围人的眼中，接受其指指点点，本身就是对未成年人隐私权的一种严峻的挑战。在洛克最初提出人具有“生存权、自由权和财产权”三大类自然权利时，生存权是不包括心理意义上的权利或者隐私权的。但是，在现代意义上，隐私权本身就是广义上生存权的一种。如果任意暴露未成年人的犯罪前科记录，这在侵犯其隐私权的同时，也会对其生存权造成严重威胁。前科记录封存则是在一定程度上解决了未成年人隐私权于法律外受损的问题。同时，这表明公民个人从基本生存要求过渡到精神层面诉求，也表明国家对“人”的初级关照发展到高级关照。

① 参见樊崇义主编：《刑事诉讼法实施问题与对策研究》，中国人民公安大学出版社2002年版，第626－628页。

4. 我国现行的未成年人前科封存制度贯彻了双重保护原则。我国现在相关规范性法律对未成年人犯罪记录采取了区分轻罪、重罪分别对待的立法体例，也就是对判处5年以下有期徒刑的未成年人，给予前科记录封存的处遇。这其实也体现了一种审慎的立法态度，是平衡涉罪未成年人利益及国家安全的一种理性选择。即使有学者对此进行了批评，但是，社会公共利益并不是单纯的善良心理可以完全解决的。如果不加区别地对涉罪未成年人进行前科记录封存，这不仅涉及侵犯其他公民的知情权问题，其他公民也会由于不知情而降低警惕受到伤害。

5. 未成年人前科记录封存是国际社会中一种通行的法治进步趋势。《联合国少年司法最低限度标准规则》第8条及第21条明确规定了前科封存制度。我国作为该国际条约的签约国，根据条约必须践受原则，确立未成年人前科记录封存制度是我国的一项基本国际义务。这是现代文明国家应当遵循的基本国际法的原则。基于对未成年人最大利益保护原则的遵循，以及前科记录的暴露可能会阻碍涉罪未成年人成功社会化等方面的考量，联合国公约、条约以及其他有关国际法律文件对涉罪未成年人前科封存制度做出了相应的规定，这是对涉罪未成年人保护的底线准则，是现代国际社会人文关怀的一个缩影，也是现代国家法治现代化乃至刑事司法现代化的重要标志。

可以说，确立未成年人犯罪前科封存制度是一种制度优势选择的结果。前科封存制度实质上是对未成年人利益及社会公共利益权衡后得出的一种制度选择。在这两种利益中，一方是涉罪未成年人再社会化的利益，另一方是社会公共利益或者社会大众利益，到底如何选择，既关系到对未成年人最大利益的考量，也关系到对其他无辜大众的保护。当然，这二者也并不是完全孤立的。如果涉罪未成年人可以得到有效社会化的机会而不给予其这种机会,他们可能还会以重新犯罪者的身份危害社会,最终也会损害社会公共利益。保障涉罪未成年人成功社会化就是保卫社会,这是一个毋庸置疑的基本准则。作为利益权衡的结果,以及对未成年人双重保护原则的考量,就是涉罪未成年人前科封存制度得以确立的原因。

二、未成年人犯罪前科封存或者消除立法模式的比较考察

基于未成年人保护的现代进步之趋势,以帮助涉罪未成年人顺利社会化为直接目的,在20世纪中期,当代主要法治国家大多制定了涉罪未成年人前科封存或者消除制度。当然,即使这些国家在具体立法模式上存在一定的差异,但是,无论是前科记录封存还是彻底消除,只是在保卫社会公共利益及保障涉罪未成年人利益之间有所偏重而已,其本质上都是建立在未成年人利益和社会公共利益权衡的基础之上的,同时,也兼顾了涉罪未成年人社会化改造的特殊规律。

美国在其《青少年犯教养法》第5021节中规定了未成年犯罪人前科消除制度。但是,基于其特定的联邦与州分离的立法模式,各州立法对待涉罪未成年人的犯罪前科也有不同的处分模式。大多数州的前科消除制度是相对消除模式。即使是将保护未成年人利益作为重要价值取向的代表国家的美国,其也并不是一味地对未成年人犯罪记录采取消除的做法,相反,美国的大多数州的立法采取了平衡原则或者兼顾原则,采取了对未成年人犯罪前科记录封存的立法模式,包括伊利诺伊州、夏威夷州、马里兰州、新罕布什尔州、西弗吉尼亚州、阿拉斯加州等。此外,在宾夕法尼亚州,则是采取的前科绝对消除制度。

英国采取的是附条件的未成年人犯罪前科消除制度。在英国

《前科消除法》中,其采取了原则加例外的立法模式,即原则上对未成年人前罪记录予以消除。当然,如果存在未成年涉罪者对前罪需要交代的必要,在接受法官的要求后,其也应如实交代。此外,英国采取的是特定种类刑罚的前科消除制度,即并不是所有的犯罪刑罚都可以适用该制度,其前科消除不包括涉罪者曾经被判终身监禁及超过 30 个月刑期的情况。

法国作为前科消除制度的发源国,其前科消除制度历史相对更为悠久。对于前科消除制度,法国是自 17 世纪后半叶在君主赦免权基础上发展起来的。通过国王的赦免行为,被处罚者在刑罚执行完毕和赔偿被害人经济损失之后,可以从有损声誉的污点中解脱出来。在取消国王的赦免权之后,1791 年的法国《刑法典》把该权力赋予了法院,并在该国以后历次修订刑法和刑事诉讼法的过程中逐步完善了该制度。[①] 法国《刑事诉讼法典》第 770 条专门对未成年人前科消除制度做出了规定。在适用对象上,法国未成年人前科消除制度针对的是未满 18 周岁的未成年人。在前科消除时间期限上,指的是在少年法庭做出相关判决的 3 年期限届满。在考察条件上,涉罪未成年人需要满足矫正成功的要求。在撤销申请主体方面,未成年人及其监护人都可以申请,也可以由检察院提出消除犯罪记录要求。当然,法官也可以依职权行使。在前科消除的决定主体方面,由少年法庭决定。

可以看出,在消除方式上,法国前科消除制度包括自动消除和申请消除。关于自动消除,法国《刑事诉讼法典》第 769 条第 7 项规定,根据 1945 年法令相关规定对未成年人宣布的措施,在宣告之日起 3 年期限届满后,如果当事人没有在此期间受到任何重罪、轻罪判决,

---

① 参见刘凌梅:《关于建立未成年人刑事污点消灭制度的思考》,载《青少年犯罪问题》2003 年第 1 期。

也没有执行刑事和解，则其原先的犯罪记录自动消除。关于申请消除，法国《刑事诉讼法典》第770条规定，对未满18周岁的未成年人做出的裁判决定，在做出之日起3年期限届满后，如未成年人已得到再教育，即使其已达到成年年龄，少年法庭应其本人申请、检察机关申请或依职权，决定从犯罪记录中撤销与前项裁判相关的登记卡。少年法庭对此做出的裁定是终审裁定。[①]

在德国，作为20世纪后未成年人权利保障运动的结果之一，在其《少年法院法》等相关法律中对涉罪未成年人前科封存或者消除制度进行了规定。在适用范围上，对于杀人、强奸等性质恶劣的犯罪，不在未成年人犯罪记录消除之列。除此之外，都可以适用前科消除制度。在适用主体方面，已满14岁不满18岁的未成年人都可以适用。在申请消除主体方面，未成年人、监护人、代理人、检察官都可以提出申请。在消除方式方面，可以分为法官依职权消除前科记录以及自动消除前科记录。

三、前科封存制度在我国的建构

（一）启动方式的调适

根据现行《刑事诉讼法》的规定，我国前科封存制度采取司法机关职权主义启动的方式。这也就意味着，在前科封存程序中，启动该程序的主体只能是代表国家的司法机关，而没有法国式的依当事人一方申请启动的方式。其实，这也体现了我国职权主义刑事诉讼模式价值理念上的一致性。但是，如果将前科封存制度的启动权仅赋予司法机关，那么，就会存在一定的缺失。这包括：首先，对作为保护未成年人权益的前科封存制度而言，限制了其效果的发挥。在积极

---

① 参见汪娜：《法国青少年犯罪预防措施及其借鉴》，载《青少年犯罪问题》2012年第5期。

主动性方面,司法机关远不如当事人一方申请启动。因为只有直接利害关系人才真正关心是否启动前科封存制度。其次,如果采取职权主义前科封存制度的启动方式,可能会把未成年人的隐私曝光于大众视野之内。即使是最终对涉罪未成年人采取了前科记录封存,由于启动时其相关犯罪资料已经暴露,那么,也将使这项制度的效果大打折扣。因此,可以借鉴法国相关的立法方式,不仅是司法机关有权决定启动前科记录封存程序,而且当事人一方也可以申请启动。当然,当事人一方的申请由相关司法机关决定是否批准。如果当事人一方不服司法机关的决定,可以向上级司法机关申诉。

(二)扩大前科封存制度适用主体的范围

根据我国《刑事诉讼法》第286条规定,犯罪记录前科封存必须符合两个条件:(1)犯罪的时候不满18周岁;(2)未成年人所判处刑罚仅限于5年有期徒刑以下刑罚。但司法机关为办案需要或者有关单位根据国家规定进行查询的除外。依法进行查询的单位,应当对被封存的犯罪记录的情况予以保密。其实,未成年人犯罪记录前科封存制度应当至少符合未成年人之间法律平等保护的价值,没有理由把判处超过5年以上刑罚的未成年人排除在外。这其实在一定程度上是一种歧视性条款,放弃了对判处5年以上刑罚的未成年人在犯罪前科封存方面的保护,其也是和未成年人最大利益等原则背道而驰的。因为即使是判处5年以上刑罚的未成年人,也应基于未成年人最大利益原则进行保护,这里的前提是未成年人,而不是其可能判处5年以上刑罚。而采取未成年人前科封存制度的现代国家多数采取了不分年龄的普遍性保护原则,澳大利亚就是如此。澳大利亚《青少年犯罪起诉法》中规定,警方对未成年人的犯罪记录不能保留到其成年之后,18岁后必须销毁,以便使其以无罪记录的身份进入社会,过正常人生活。被法院宣告无罪释放的,该青少年犯罪的一切案件档案资料，也必须销毁。[①]

（三）在立法中明确未成年人犯罪前科记录封存的法律效果

对于被封存的涉罪未成年人的前科记录，应采取“封等同于无”的做法，即在法律上视其为不存在。除非司法机关为办案需要或者有关单位根据国家规定进行查询外，任何人都无权查询或者散布涉罪未成年人的前科记录。通过对犯罪记录的隐私权保护，可以使得前科消灭之后的“犯罪记录”不再被社会公众任意披露和传播，从而切断非规范性评价的消息源，杜绝非规范性评价的继续传播、扩散，杜绝新的非规范性评价的产生。对于非法泄露涉罪未成年人的前科记录者，可以通过民事、行政甚至刑事手段予以规制，从而最大限度地保护涉罪未成年人的利益，以实现前科记录封存的效果。

① 参见刘凌梅：《关于建立未成年人刑事污点消灭制度的思考》，载《青少年犯罪问题》2003 年第 1 期。

第六编

检察公益

第十四章
检察公益诉讼对"公地悲剧"的防控价值

公益诉讼是指针对侵犯公共利益的行为，由相关的组织或者个人向法院提起的客观诉讼。基于其在保护公益方面的特定价值，现代意义上的公益诉讼被世界诸多国家所引进。在我国，检察机关具有国家法律监督者的地位，有提起公益诉讼的能力和动力，这可以弥补个人提起公益诉讼的缺陷。同时，检察公益诉讼可以实现对违规行政权力的制约，保障国家法治及法律秩序的统一，这不仅可以打击、制裁侵犯公益的行为或者违法行政行为，而且可以对可能发生的相关行为予以震慑，从而在一定程度上实现对"公地悲剧"或者"公共资源悲剧"的防控。

一、一起案例中的检察公益诉讼

2018 年 3 月以来，山东省临沭县郑山街道办侯官庄村村民侯某，未经依法批准，在其承包本街道村民的 901 平方米的基本农田上建设建筑物和其他设施，未经审批用来加工废铁。2020 年 5 月，山东省临沭县检察院发现该案后，向郑山街道办提起检察建议，在收到整改的回复后，承办人员多次到现场查看，发现郑山街道宅子村的涉案农用地依然被占用，没有恢复原状，一直到 2021 年 1 月侵害状态仍然存在。因此，临沭县检察院对此提起行政公益诉讼，在临沭县法院第一次开庭后,郑山街道办开展被非法占用的土地的修复整改工作。2022 年 1 月 4 日,承办检察官到现场勘察,发现受损公益得到修复,涉案土地已恢复原状。因此在第二次庭审中,承办检察官撤回第二项“被告依法继续履行职责,限期拆除侯某非法占用郑山街道宅子村土地上新建的建筑物和其他设施,恢复土地原状,退还非法占用的土地”的诉讼请求,历时两年多的公益受侵害状态停止,被占用的农用地恢复原状。

根据 2021 年的《人民检察院公益诉讼办案规则》(以下简称《公益诉讼办案规则》),这是一起典型的检察公益诉讼案件。本案的公益诉讼主体是检察机关,公益诉讼案件的范围属于生态环境和资源保护范畴,所要维护的对象是《土地管理法》等行政法律规范,该行政公益诉讼以行政机关为被告,检察机关履行公益诉讼的方式包括提出检察建议、提起诉讼和支持起诉。在本案中,通过检察公益诉讼,提升了相关行政机关的履职效率,促进了受损公益这一“公地悲剧”的迅速解决,从而体现了检察机关公共利益看守人的角色。

二、检察公益诉讼的历史溯源

公益诉讼发端于古罗马时期,其是为了保护公共利益而确立的。根据古罗马的法律,不仅国家官吏可以在公共利益受损时提起诉讼,在国家官吏力有不逮或者没有关注到之处,普通市民也可以提起公益诉讼。公益诉讼又被称为罚金诉讼、民众诉讼。意大利法学家彼德罗·彭梵得指出:“人们称那些为维护公共利益而设置的罚金诉讼为民众诉讼,任何市民均有权提起它,受到非法损害(即使只是私人利益受损)的人或被公认较为适宜起诉的人具有优先权。”①可以说,

---

① [意]彼德罗·彭梵得:《罗马法教科书》,黄风译,中国政法大学出版社 1992 年版,第 92 页。

公益诉讼从确立之初,就是一种借助大众来实现公共利益保障的制度。从某种意义上而言,这不是一种纯粹的“利己”的诉讼制度,而是一种“为公”的诉讼制度。在古罗马早期,违背法律的行为可以被分为私犯(delicta pravata)和公犯(delicta publica)。这其实也和当时的法学家乌尔比安关于“公法”与“私法”的划分是一致的。私犯性质上类似于现在的侵权行为,只是范围有所不同。公犯类似于现在的刑事犯罪。在古罗马的《大法官》中规定的“堆置、悬挂物的责任”,则属于准私犯,相当于现在的侵权责任法的范畴。之所以出现了上述法律规定,是因为当时商品经济的发展,民众居住的房子高度大大超过以前,特别是意大利半岛经常有大风天气,会把房屋高处悬挂的物品吹落,从而可能会导致伤害。基于此,即使堆置、悬挂物掉落没有造成伤害,任何市民都有权利提前向法官提起诉讼,而法官也可以据此追究相关居住者的责任,无论这些居住者是房屋所有者、租住者还是管理者,都可能被判处其向起诉者赔偿相应数量的罚金。这实际上体现了当时的社会发展促进了罗马法的完善,直接表征了法律从保护个人私益向社会公益的发展。

虽然公益诉讼制度早在古罗马时期就已经创立,但这项制度没有延续下来,直到近代法国学者狄骥创立了客观诉讼和主观诉讼的概念,后经德国、日本学者借鉴,在大陆法系国家诉讼法学研究中被广泛使用,为大陆法系国家的公益诉讼制度奠定了理论基础。① 进入近现代社会以来,公益诉讼最初是针对“公地悲剧”而产生的,这些所谓的“公地”也就是公共利益或者公共资源。“公地悲剧”和 15、16 世纪的英国“圈地运动”有着密切的关系。由于当时草地等都属于政府之公地,也就是说,任何养羊人都有权利用这些公地。基于人的利

① 参见张雪樵:《检察公益诉讼比较研究》,载《国家检察官学院学报》2019 年第 1 期。

益最大化的本性,养羊人都会尽量多养,从而可以获得更多的利益。但是,如果大家都多养,就意味着草地的利用会达到最大化,最终导致草地不能长出充分的草养羊,土地也会因此退化以及造成资源枯竭,公地会由于过度放养成为不毛之地,从而导致公地悲剧的发生。后来英国贵族就将这些草地圈起来成为个人私产。这也是英国"圈地运动"发生的重要原因之一。

根据"公地悲剧"可以引申出来公共利益如何保护的问题。特别是在公共利益处于无人保护状态之时,就会成为"公地",人的本性就会在"公地"上泛滥,从而使公共利益受到严重损害。如果私人利益受损,权利主体可以通过诉讼请求赔偿,而公共利益面临的困境没有主体提出诉讼赔偿,特别随着现代社会的发展以及公共利益范围逐渐扩大更成为难题,这也是公益诉讼应运而生的内在根据之一。

现代公益诉讼源自美国,1890 年《谢尔曼反托拉斯法案》的出台标志着民事公益诉讼在美国的诞生。20 世纪 60 年代美国社会大变革催生了公益诉讼大发展,有色人种、女性、消费者、未成年人、环境污染等是公益诉讼的主题。自 20 世纪 70 年代开始,公益诉讼向欧洲发展,八九十年代在全世界范围内获得进一步发展。[①] 不管是英国、美国等海洋法系国家,还是法国、德国、日本等大陆法系国家,立法者都是在充分考虑本国法律传统和司法环境的前提下,设计出符合本国实际的公益诉讼制度和诉讼程序。但是纵观各国公益诉讼制度设计,都充分体现了现代法治国家对社会公共利益的确认和保护,

① 参见高杰:《检察公益诉讼制度若干问题思考》,载《法治研究》2021 年第 1 期。

对公民基本权利的关注与重视。[①] 由此观之，在维护公民自身权益的主观诉讼基础上，建立维护公益的客观诉讼制度，对维护客观法律秩序，保护国家和社会公共利益具有重要作用，这也是域外诸多国家的做法。[②]

检察机关作为公益诉讼的主体，有一个演变过程。从历史上看，最初建立检察机关的目的是加强统治者的司法集权，维护其统治利益。资产阶级革命取得胜利之后，检察机关的职能发生了相应转变，具有维护社会和公共利益的作用。当下，世界各国检察机关都具有国家性或公益性，也都有提起公益诉讼的权利，比如法国《民事诉讼法》早在 1806 年就规定了检察机关代表公共利益参与民事诉讼的做法，德国《民事诉讼法》也规定了检察官可以提起公益民事诉讼。[③]我国检察公益诉讼直接目的也是基于对“公地悲剧”的保护，而由于我国公益诉讼运行的现实困境，这更决定了我国检察公益诉讼的价值。在检察公益诉讼尚未确立之前，我国的公益诉讼主要以民事诉讼推动的环境保护和消费者权益保护为主导。随着 2015 年检察公益诉讼试点的正式启动，公益诉讼的重点逐渐由民事领域转向行政领域，检察机关正式介入。当前，我国的公益诉讼制度形成了“一体两翼”的格局，作为“一体”的检察机关承担着公益诉讼的起诉职能，作为“两翼”的民事公益诉讼和行政公益诉讼则分别划定了两大公益诉讼类型。[④]

---

① 参见吴家文：《检察行政公益诉讼：理论基础、实践考察和制度完善——基于比较法视野下的思考》，载《南海法学》2018 年第 2 期。

② 参见马怀德：《新时代行政公益诉讼制度的发展与实践》，载《人民论坛·学术前沿》2019 年第 5 期。

③ 参见王炜：《检察机关提起公益诉讼的理论与实践》，载《中国青年社会科学》2018 年第 1 期。

④ 参见吴尚聪：《检察公益诉讼的定位与展望》，载《行政与法》2021 年第 12 期。

三、公益诉讼的法理

(一)当事人适格扩张理论

当事人适格扩张理论直接来自当事人适格理论。"公益诉讼当事人的适格问题,强调的是对特定的公共利益的保护,谁可以以原告的诉讼地位起诉、应诉以及请求法院作出判决,或者依据什么标准将不适格的当事人排除在公益诉讼之外,防止滥用公益诉讼"①。当事人适格一般是指法律上的利害关系主体针对相关权利或法律关系受损提起诉讼的资格。这意味着根据传统诉讼理论,诉讼原告欲要发动诉讼或者提出自己的诉求,其应当与案件有法律上的利害关系,或者说与案件有诉的利益,这是启动传统诉讼的最基本的要求之一,否则就无法立案或者即使立案也会在法庭审判时被驳回。但是,在环境污染、国家资产流失、破坏资源等案件中,缺少直接的有法律利害关系的主体。易言之,就是难以确立此类公益诉讼的适格原告,这就对传统诉讼理论形成了挑战。这也是检察机关作为适格原告介入公益诉讼的现实要求。如此,通过扩张公益诉讼中适格当事人的范畴,不仅在诉讼主体上形成了扩张,也适应了现代社会公益案件范围或者内容不断扩大的需要。"随着社会的发展,在环境污染、自然资源破坏、侵害国有资产、行政不作为等侵害社会公共利益的案件中找不到适格的原告,针对此类侵害公共利益的案件,应当对当事人适格进行扩张,有关组织或者有关机关提起公益诉讼,有利于维护国家、社会公共利益。而作为法律监督机关,检察院就天然具有此类案件原告的资格"②。同时,检察机关作为法律监督者介入,无论在法律地

① 王福华:《公益诉讼的法理基础》,载《法制与社会发展》2022 年第 2 期。

② 吴家文:《检察行政公益诉讼:理论基础、实践考察和制度完善——基于比较法视野下的思考》,载《南海法学》2018 年第 2 期。

位还是能力上，更容易实现对受到侵害的社会公益的保护。这也是公益诉讼中当事人适格扩张的根本动力所在。

（二）权力制衡理论

我国《宪法》赋予了检察机关专门法律监督机关的角色定位，这意味着检察机关除了接受国家权力机关的监督外，具有了一体通用的监督其他国家机关的权力。这是公益诉讼的宪法或者法律根基。在法理上，检察机关通过公益诉讼对行政权力进行制衡也是由权力的本性决定的。应当说，行政权力是必要的，它能够压制人性中恶的成分，提高政府运行的效率，能更有效地维护公民的利益。但是，权力的不羁本性以及利益对权力的诱导可能会阻碍其运行。权力具有双刃性质，行政权力亦是如此道理。在现代社会中，由于行政管理牵涉范围愈加广泛，加上行政权力本身具有扩张的本性，从而容易导致权力运行泛滥。通过公益诉讼对违法行政权力进行监督，属于现代国家对权力深刻认识的结果。确立检察公益诉讼的监督制衡机制，对于国家而言，则属于权力自我抑制的明智行为。

权力应当受到监督，行政权力更不例外。为有效防止和遏制权力的滥用和异化，不仅需要以公民权利来监督制约政府权力，更需要在权力之间“以权制权”。“从分权制衡原理的角度审视检察行政公益诉讼制度的宪法功能属性，可以发现检察行政公益诉讼制度的根本立足点是在人民主权原则的前提下，通过行政诉讼的途径与方式，与审判权、行政权展开分工、制约与平衡的宪法法律关系，从而防止暴政和腐败对公民自由的侵害”①。通过检察权制衡行政权力，属于国家管理成本的正常支出部分。同时，权力之间的监督比较系统化、制度化、规范化，属于常设性机制，在同等条件下能够起到更好的效

---

① 高家伟：《检察行政公益诉讼的理论基础》，载《国家检察官学院学报》2017年第2期。

果。通过公益诉讼,可以实现检察权对行政权力的监督,纠正其在行政方面的违法行为,以实现行政权力的优化运作。

(三)实质正义理论

如果说程序正义是一种形式或者手段上的正义,那么,与之直接相对的实质正义就是一种目的或者内容上的正义。实质正义是法律的最终追求。其实,无论一项公共政策形式上多么完备,如果没有将实质正义落到实处,这也是一项不正当的政策。对于检察公益诉讼而言,就应当以实质正义为理论基础。这也就意味着,即使行政机关的有关公共政策是经过专门的程序制定的,如果这项政策不符合保护弱势群体的要求,那么,这些公共政策也是欠缺正当性的,需要检察机关以国家公权力机关的身份介入,通过扶弱抑强来关注弱势群体的利益,使个人权利在与违法行政权力之间实现实质的平等。“在公益诉讼中贯彻‘公民权利优先’、‘弱势群体优先’、‘多数人得利’原则,具体落实以人民为中心思想,推动公益诉讼向‘战略影响诉讼’(strategic impact litigations)方向发展”①。这也意味着检察机关要避免提起一些对民众并没有实际价值的公益诉讼,否则会造成司法资源的浪费,属于形式上“好看”而实质上不正义的行为。

四、检察公益诉讼的价值

(一)维护法治统一及法律秩序的完整

在行政机关执法过程中,会存在违法执法或者越权执法的现象。一方面,这和立法本身的空白或者漏洞有关;另一方面,这也和行政机关接受授权后立法权异化有关,这主要是指行政机关立法权超越了法定的界限,从而侵入了国家立法权的领域。这可以包括行政规

① 王福华:《公益诉讼的法理基础》,载《法制与社会发展》2022年第2期。

章不适当地扩展了自己的范围，自行添加了法律规定的制裁方法，以及滥设许可、批准制度等越权表现。因此，通过检察公益诉讼，可以对行政机关的违法或者越权行为进行查漏补缺，在将来的相关立法中为立法机关提供有益的建议。

越是行政执法混乱之地，越是检察公益能够发挥作用之处。在具体公益诉讼的运作中，特别对于涉及环境、食药品安全等“公地悲剧”现象，相关行政机关的违法行政行为，导致公共利益受损。检察机关则是这些公益的保护神。这不仅是因为其具有保护“武器”或者手段，宪法也赋予了其保护使命。“检察机关既是公益诉讼程序的主要控制者，也是负责输入和输出的官方法律专家，其对法制原则的坚守，意味着司法机关将致力于法律秩序的修复、整合。由此，公共利益的围护栏有望被修整加固，而国家政策实施的一致性亦得以恢复”①。通过公益诉讼，检察机关可以把行政机关违法行政造成的法律秩序断裂予以缝补，这无疑会促进公共决策和公共领域的制度化水平，从而达到法治统一及法律秩序完整的效果。

（二）可以使弱势民众的权利得到实质性保障

对于普通民众而言，相对于环境污染、食品、药品侵害等方面的公共利益的侵权者，其在社会、经济等各个方面可能都处于弱者地位，在和侵权者或者行政机关的违法行政对峙中明显处于弱势。即使被侵权的民众获得了法律意义上的救济权利，也可能由于缺乏相应的强有力的手段而流于形式。“公益诉讼制度通过公益代表和法定诉讼担当机制，为那些没有亲自参加诉讼的个人提供程序保障，使他们受益于公益诉讼的结果，以平衡程序参与和程序保障之间的关

① 梁鸿飞：《检察公益诉讼：法理检视与改革前瞻》，载《法制与社会发展》2019年第5期。

系”①。由于弱势民众在实现利益诉求以及行使权利方面都存在不足。因此，在我国确立检察公益诉讼制度，将有助于通过检察机关帮助民众获得有效的救济，提高弱势公民的素质和参与能力。这是因为，公共利益保护论认为法的基础是利益关系，公共利益维护是检察机关的职责。② 检察机关是国家的强力机关，检察官也一般是作为社会公益或者民权的保卫者而塑造的，在数次型变及将来的发展趋势中，检察官的社会公益或民权保卫者的价值有增无减。检察公益诉讼具有在维护公共利益的同时兼顾个人利益的秉性。在公益诉讼中，承受“公地悲剧”的民众可以借助检察机关的力量，提升自己的维权能力，从而在维权的过程中实现与侵权者或者违法行政机关之间的实质性的平衡。

（三）通过法律正当程序来提升检察机关的公信力

我国公益诉讼的内在机理是，公共利益与国家政策应于法律评价的限度内合二为一，前者之救济与后者之贯彻经由法律秩序的修复、整合共同发挥作用。从这层意义上讲，选择与审判机关有着“潜在默契”且同为司法主体的检察机关作为启动公益诉讼的主要负责者，是实现公益诉讼目标的保证。由此，以法律监督为核心的检察制度成了形塑我国公益诉讼模式的基本要素，这也成全了当代颇具创新意义的检察公益诉讼。③ 检察公益诉讼是一种利用检察权来监督违法行政行为以及保护公共利益或者公共秩序的行为。在公益诉讼中，法官居中，检察机关及相对立的组织或者个人位于两端，通过双方争辩及说理来说服法官听取自己的诉求。在平面结构上，基于权

---

① 王福华：《公益诉讼的法理基础》，载《法制与社会发展》2022 年第 2 期。

② 参见陈珲：《诉讼视域中的公共利益保护探析》，载《中国行政管理》2014 年第 11 期。

③ 参见梁鸿飞：《检察公益诉讼：法理检视与改革前瞻》，载《法制与社会发展》2019 年第 5 期。

力分立的基础架构,检察官以及相对立的组织或者个人成为交锋的双方,二者可以围绕是否存在公共利益侵权行为或者行政行为是否合法等在法官面前展开论证,旨在使法官相信自己的主张,并且极力反驳对方主张缺乏根据而不成立,而法官则处于中立角色,在聆听双方的理由和意见后自由裁量决定。这本身就是正当程序运作的过程。通过这种正当程序,使侵犯公共利益的行为或者违法行政行为得到制止,可以让检察机关的公信力在这一程序中得到提升。

第十五章
未成年人检察公益诉讼的保障功能

英国诗人约翰·多恩(John Donne)曾指出:"谁都不是一座孤岛,自成一体;每个人都是广壤大陆的一部分,都是无边大海的一部分,如果海浪冲刷掉一个土块,欧洲就少了一点;如果你朋友或你自己的庄园被冲掉,也是如此。任何人的死亡都使我受到损失,因为我包孕在人类之中。所以不要问丧钟为谁而鸣,它为你而敲响。"这说明,一国甚至人类社会的成员从宏观范围内利益可能是互相牵连的。当某种重大公益受损时,可能相当大范围内的社会成员都是受害者,这也是建立公益诉讼制度的价值所在。这不仅针对成年人,对于天然具有弱者身份的未成年人更是如此。从这个意义上而言,公益诉讼制度是一种针对众多社会成员的切身利益而确立的。公益诉讼是国家的义务,也是相对弱小者法定获得救济的权利,更是一项国家对弱势民众的福利,本身就具有救济弱者的品性。未成年人作为最需要救济的群体之一,这项国家性救济就不应忽视未成年人的存在,这也使公益诉讼制度横跨未成年人领域成为必然。实际上,建立公益诉讼制度,保护弱势群体合法权利,实现社会正义,已经成为一些发展中国家公益诉讼的首要任务。[①] 通过检察机关的公益诉讼，使弱势的未成年人借助检察机关而延展保护自己的能力，减少在“公地悲剧”中的受损程度或者状态。可以说，通过公益诉讼制度来保护弱势群体，从而平衡其社会利益，属于现代法治国家的应有之义。

一、从公益诉讼到未成年人检察公益诉讼

公共利益是在特定历史条件下社会成员需求的不特定多数人的利益。公益诉讼基于“公地诉讼”悲剧而发动，公共利益或者公共资源就是“公地”的具化形式。现代公益诉讼制度的发源地是美国，这主要是指在国家利益及社会不特定多数人的利益包括特殊人群的利益被侵犯时，诉讼代表人或适格主体基于维护这些公共利益而启动诉讼的制度。20 世纪下半叶，随着工业化和全球化进程，呈现出大量新型的、社会的、集体的、分散的权利和利益，实体法的保护对象则由个体权利转向集体权利。这同时要求司法救济在手段和形式上进行调适。正是在上述背景下，自由主义诉讼思潮不断从诉讼领域退却，甚至在诉讼制度中被视为有害的道德观念。与此同时，在共同体主义（社群主义）的推动下，集体主义诉讼观得以孕育形成，推动了诉讼制度“从个人到社会的正当程序”的转变，公益诉讼制度由此兴盛。[②] 在我国，一般而言，公益诉讼制度针对的是环境污染、食品药品安全等方面，这是为了弥补这些公共领域的被侵权者的弱势地位而采取的救济性法律行动，从而实现其与侵权者的相对平衡的地位。

公共利益与未成年人利益具有一致性。未成年人利益也是与社

---

① See Ferdous Rahman, *Public Interest Litigation in Legal World, An Analysis and Evaluation*, Lap Lambert Academic Publishing, 2012, p. 7.

② 参见王福华：《公益诉讼的法理基础》，载《法制与社会发展》2022 年第 2 期。

会整体利益并行不悖的。在现代社会中,未成年人利益是一个国家的基础利益之一。公共利益具有一个国家的社会整体利益公约数的性质,未成年人利益则是这个公约数的重要组成部分,也是大多数人的共同利益的不可或缺的内容。只有实现了对未成年人利益的保护,公共利益的实现才是完整的,才能成为巩固整个社会的纽带,这也是社会全体成员的基本价值追求。但是,传统公益认定中却没有延展到未成年人保护领域,保护涵盖范围相对狭窄,因此,对未成年人利益的维护付诸阙如。

我国通过 2017 年《民事诉讼法》和《行政诉讼法》的修改,将公益诉讼制度以立法的形式予以确认,但是,这些法律中的公益诉讼的范围却没有涵盖未成年人,即公益诉讼制度和未成年人诉讼只是在互相独立的轨道上运行。在司法实践中,公益诉讼制度也仅针对环境污染、食品药品安全等侵害消费者合法权益的民事领域,生态环境和资源保护、国有资产保护、国有土地使用权出让等行政领域,未成年人公益诉讼似乎成了被法律遗忘的角落。但是,无论是出于未成年人最大利益保护原则,还是国家亲权原则,抑或公益诉讼的本质意旨所在,都不应忽略未成年人公益诉讼。

针对上述问题,我国在 2020 年《未成年人保护法》第 106 条中确立了未成年人检察公益诉讼制度,从而在立法方面为这项特殊诉讼制度提供了正当性根据。同时,在 2020 年《未成年人保护法》的立法目的中,明确提出了“培养担当民族复兴大任的时代新人”要求,由此可以看出未成年人利益在国家利益实现中的重要性。毋庸置疑,未成年人检察公益诉讼是检察权参与国家治理并与国家治理同频共振的一种新的样态,彰显了其在国家治理中的重要意义。

二、未成年人检察公益诉讼的价值

（一）未成年人检察公益诉讼体现了国家亲权理念

国家亲权是指国家在特殊情况下，可以作为补充监护人帮助社会个体，其意旨是国家应确保其成员的安全生存权利。根据国家亲权理念，国家以“代理父母”的身份按“儿童最大利益”理念行事，其与父权的矛盾表现出父母权利与子女权利之间的博弈。[①] 从权威解释可见，国家亲权虽然是一种权力，但权力的拥有者是代表国家的君主，带有明显的“福利”色彩，其作用对象是社会中的弱势群体。国家亲权确立的初衷在于加强统治者对国家的统治。在古罗马时期人均寿命较低的背景下，统治者逐渐认识到父权对子女生命健康权的侵害在一定程度上削弱了“人民”的后备力量，因而，国家亲权逐步向包括未成年人在内的弱势群体倾斜，随后，针对未成年人保护的国家监护制度和国家扶养制度被逐步确立。[②]

国家亲权源于罗马法中的“父权”概念，现代意义上的国家亲权则主要关涉弱势群体保护。国家亲权主义理念以未成年人等弱势群体为适用对象，具有鲜明的监护权特征。[③] 基于未成年人天生的弱势，生理与心理发育皆非完全健全者，同时，未成年人被侵权还具有隐秘性强等特点，这导致其在成年人社会中属于易受侵害的群体。但是，生理、心理弱势并不是说未成年人的权利不受到重视，特别在现代法治国家中，未成年人属于重要的权利主体，对未成年人权利的

---

① 参见张鸿巍：《“国家亲权”法则的衍变及其发展》载《青少年犯罪问题》2013年第5期。

② 参见自正法：《侵害未成年人案件强制报告制度的法理基础与规范逻辑》，载《内蒙古社会科学》2021年第2期。

③ 参见孙其华：《侵害未成年人案件强制报告制度的理论检视与规则形塑》，载《少年儿童研究》2022年第1期。

保障一直是法治国家重要的追求之一。此外，特别是在现代西方国家，未成年权益保护并不完全是一种私人问题，而是和贫困、吸食贩卖毒品等危及社会秩序的重大问题并列，因此，这种重大问题也需要国家介入来解决。同时，国家作为主权者也有义务来保护未成年人的重要利益。

国家亲权体现了国家和未成年人之间的一种特殊关系，这种关系是父母关系的一种拟制形式，具体体现为国家作为拟制父母对未成年人的健康、安全及福利的保护职责。国家亲权的核心意旨来自未成年人最大利益原则，其是为了保障未成年人最大利益而确立的。国家亲权是国家的一种责任或者义务，具有一定的福利性质。这是在家长不能很好地履行其保护义务而国家给予未成年人的特殊关照。国家作为未成年人利益的最高监护人，作为“代理父母”而以“国家亲权”代替传统的“家长亲权”。可以说，在现代意义上，在未成年人保护方面，国家亲权是私法公法化的结果，也是国家介入私人权力的一项必然的选择。

国家亲权理念对弱者权利保护尤为重要，是国家作为家长来履行的保护弱者的职责。根据国家亲权理念，其具有三个方面的内涵：第一，国家是儿童的最终监护人，在自然亲权缺位时主动介入家庭领域，履行保护儿童的监护人职责。第二，在父母不适当履行其对子女的监护职责时，出于国家利益的维护，国家亲权阻却自然亲权。第三，国家在履行监护人职责时，应当将少年的利益放在首位。[①] 国家在儿童福利和保护中的角色在欧美经历了对家庭最小干预的“补充

---

① 参见赵卿、李庆：《未成年人检察公益诉讼制度构建研究——以全国首例民政部门申请撤销监护权案为例》，载《青少年犯罪问题》2015 年第 5 期。

者”、全面干预的“监督者”、有限干预的“支持者”三个阶段。[①] 在未成年人利益受损时，如果难以通过其他救济路径予以保护，国家应当成为其补充监护人，借助监护权予以干预和保护，从而帮助未成年人摆脱不利境地。对于国家而言，未成年人无疑是社会成员的不可或缺的部分，未成年人利益毫无疑问属于社会公共利益的组成部分。因此，国家亲权理念是公益诉讼贯穿未成年人保护领域的理论基础及桥梁，属于未成年人检察公益诉讼的基石性价值理念。

在美国，《全美检察准则》（第3版）在其“少年司法”专章明确未成年人检察准则，同时强调检察官应为社区及被害人提供安全保障及福利，在不与职责相冲突的前提下，督促检察官切实考虑未成年人之特殊利益及需求。[②] 这也是美国未成年人检察纳入公益诉讼的法律依据。同时，美国未成年人检察也以国家亲权理念为理论依托。在我国，由于传统思想的影响，未成年人隶属于家庭，其权利合并在家庭之中。“不管是作为个体的未成年人或者不特定多数的未成年人群体，他们的合法权益时常受到侵害，权利处于虚置的状态。而在我国传统的文化观念里，未成年人被统摄在了家庭这一社会最基本的单位里，没有独立的社会和法律地位”[③]。“儿童需要和父母权利可能产生冲突，父母履行保护权利时也未必从儿童最佳利益出发，因而可能出现损害儿童利益的行为，如果放任父母自由行使权利，未进行合理的权利配置，没有外力加以监督制衡，无疑会使儿童处于更加不利的困境，变相鼓励父母滥用权利，使家庭中原本弱势的儿童更加

---

① 参见乔东平、谢倩雯：《西方儿童福利理念和政策演变及对中国的启示》，载《东岳论丛》2014年第11期。

② 参见张瑞锋、邓洁：《美国强制报告制度对未成年人检察工作的启示》，载《中国检察官》2017年第16期。

③ 王韵洁、张薰尹：《未成年人公益诉讼检察的权力边界——兼论未检综合保护格局的建构》，载《预防青少年犯罪研究》2022年第2期。

弱势"[①]。可以说,由于未成年人天生弱势,缺乏表达自己权利受到损害的能力,虽然形式上各种机构对其都有保护职责,但是,实践中却可能因为职责不明而成为"公地悲剧"的典例。

根据国家亲权理论,未成年人监护具有公法化与社会化之特征,保护未成年人利益则是国家及社会的应然义务。在监护人未能履行监护义务之时,国家就可以直接将此义务予以接管。因此,在国家亲权及国家监护制度中,未成年人检察公益诉讼制度是直接内涵于其中的,这也是和未成年人保护的公益化秉性直接勾连的。同时,这也是2020年《未成年人保护法》中规定公益诉讼制度的深层原因,从而在立法方面确立国家承担的亲权责任。检察机关作为国家法律监督机关提起的侵害众多未成年人权益的公益诉讼,这一制度设计与国家作为未成年人最终监护人的国家亲权理念有着殊途同归的基本内涵。可以说,未成年人检察公益诉讼涵盖了国家亲权的内在逻辑。[②]

(二)未成年人检察公益诉讼体现了未成年人最大利益保护的理念

未成年人利益最大原则是指在法律、司法实践及社会公益活动中,一切都要以未成年人利益为基本出发点及最终追求,在其他利益与未成年人利益发生冲突之时,未成年人利益应当处于更为优先的位置。在法律渊源上,1804年法国《民法典》第302条最早规定了未成年人最大利益原则,即"子女托付离婚诉讼胜诉的夫妻一方监护。然而,如果基于家长或检察官的请求,为实现子女的最大利益,法院可将全部或部分子女委托另一方配偶或第三方照管"。在1989年第

① 杨志超:《比较法视角下儿童保护强制报告制度特征探析》,载《法律科学(西北政法大学学报)》2017年第1期。

② 参见梁曦、张洋:《未成年人检察公益诉讼的制度建构》,载《中国检察官》2022年第17期。

44届联合国大会第25号决议通过的《儿童权利公约》中，正式将儿童确立为权利主体，并在此国际公约中确立了未成年人最大利益原则。该原则是指国家在政策的制定与执行上，均将儿童最大利益作为考量因素，切实为儿童提供福利。联合国《儿童权利公约》第3条第1款将该原则确立为儿童权利保护的基本原则。该公约虽未明确处理儿童事务时将儿童最大利益作为首要考虑的内涵和外延，但基于儿童的弱势地位，国际儿童立法与处理儿童事务时均将儿童利益最大化原则作为原则性规定，各国也将其视为对儿童权利保护的基本理念。[①] 可以说，在所有的未成年人保护理念中，未成年人最大利益原则处于核心或者中枢的位置，其他未成年人保护理念都围绕该原则展开。现代国家的未成年人保护法律制度也都是该原则的法律具化。我国作为该条约的签约国，根据条约应当践行的要求，将未成年人最大利益保护理念贯彻于未成年人检察公益诉讼中毫不意外。

未成年人最大利益原则具有纲领性及概括性的特性，该原则可以最大限度地扩展未成年人生命、健康、发展等权利的范围。在该原则与其他价值理念冲突时，具有优先性，为未成年人提供最高的理论方面的支撑，这对防止未成年人受害或者二次伤害不无裨益。

随着时代的发展，公益诉讼中的“公益”含义越来越广，对于弱势群体的保护也属于“公益”的范畴。无论是基于“儿童利益最大化原则”还是“国家亲权理论”，对未成年人的保护应当说是一个“公益”问题。[②] 易言之，既然保护未成年人利益最大化是一种社会公益，那么，未成年人检察公益诉讼则与此高度契合。

---

① 参见兰跃军、李欣宇:《强制报告制度的实施困境及破解》，载《中国青年社会科学》2021年第6期。

② 参见吴春妹、金英梅、李建林:《未成年人检察视阈下公益诉讼诉前程序探究》，载《中国检察官》2016年第9期。

未成年人公益诉讼是一项维护未成年人利益最大化的专门制度设计,具有刚性特征,这可以最大限度地防止相关机关或者个人在保护未成年人利益方面的疏忽与懈怠。可以说,未成年人检察公益诉讼契合未成年人特殊的生长规律,其兼顾了检察监督与未成年人保护。这是因为,对于未成年人而言,其本身天生处于弱势态势,即使自己权益受到损害也可能并不知情。如果相关机关再不能及时和充分地保护,那么,这就为未成年人利益保护留下了漏洞。而未成年人检察公益诉讼属于司法参与社会治理的一种重要制度,通过这种制度,检察机关可以将自己的监督属性积极地延展到未成年人公益领域,从而更加有效地将未成年人"特殊、优先保护"理念落实,实现未成年人利益的综合及全面保护。

未成年人最大利益保护的理念作为一项总的原则性理念,以此为理论依据,可以正确确立"公共利益"的范围。具体而言,以下情况可以认为"涉及公共利益":一是关系到全体社会成员的共同利益;二是关系到不特定人的具体利益;三是关系到与基本法律价值相联系的有关个人的生命、健康和自由等方面的基本利益;四是关系到经济社会安定性、安全性的社会秩序。在未成年人检察公益诉讼具体工作中,应当从宽解释,而不宜严格解释、限定解释。①

未成年人最大利益保护的理念可以直接影响对未成年人公益诉讼中公共利益被侵害的判断标准。对于行政公益诉讼中公共利益受侵害的判断标准,主要存在两种认识:一是狭义侵害说,认为公共利益必须已经受到实际的侵害;二是广义侵害说,认为公共利益受到实

① 参见焦洪昌、赵德金:《未成年人检察公益诉讼制度的实践困境与优化路径》,载《浙江工商大学学报》2021 年第 2 期。

际侵害或有被侵害的危险均可。[①] 在未成年人公益诉讼中，如果真是出于未成年人最大利益保护的价值理念的考量，那么，就应该坚持广义侵害说，即公共利益达到“受到实际侵害或有被侵害的危险均可”。这是因为，即使有的未成年人利益被侵害尚未实际发生，但是，确实有现实存在且较为迫切的“侵害风险”，并且侵害一旦发生，就很难获得补救。对于此类有被侵害的风险，也应属于未成年人检察公益诉讼的对象。

（三）检察机关通过未成年人检察公益诉讼成为未成年人保护的最后屏障

未成年人保护具有特殊性，其往往涉及不同机构的保护范畴。这是因为，未成年人的利益并不是单方面的，而是横贯生存权、发展权、隐私权等多个领域，在对这些利益保护的过程中，各种相关保护机构可能会出现“多龙治水”的问题，从而使未成年人保护留下缺失之处。易言之，对于相关未成年人保护机构而言，其对未成年人保护具有共同的职责，但是，这种共同职责可能也会导致互相推诿现象，或者共同职责泛化。这意味着，尽管存在众多的职权交叉的未成年人保护机构，但是，职责界定不明确可能导致全部有责而全不负责。相比较而言，检察机关具有总括性、后置性及监督性，能够将各个未成年人保护机构的关系沟通起来，并且从总体上督促及贯彻未成年人利益的保护。

三、我国未成年人检察公益诉讼运行的原则

（一）受案范围适度原则

对于未成年人检察公益诉讼针对的对象，一般应限于普遍性的

---

① 参见卢金增、孙春德：《公共利益受到重大侵害危险　检察机关可提起公益诉讼》，载《检察日报》2018 年 10 月 31 日，第 3 版。

侵权行为,即受害群体具有公众性特点,这符合社会公益的本质含义。对于个别侵权行为,则不应列入受案范围。同时,对于当事人具有完全处分权的被侵权行为,也不应属于未成年人检察公益诉讼涵盖的范围。譬如,监护权就是如此。“从国家亲权角度来看,监护权突破了单纯的私法上的意义,意味着国家公权力的介入,但是检察机关的公权力有其行使的界度,不得逾越权利自治的界限。”①这都属于受案范围适度原则的应有之义。未成年人检察公益诉讼受案范围适度原则即公益有限原理,这是指任何合法正当的公共利益都是有限度的,客观上都存在归属主体、目的指向、内容范围、表现形式、效果功能等方面的重重界限,从而应当由在性质、职能、地位和资源上合适的国家机关分别负责采取相应的维护措施。对检察机关而言,通过公益诉讼的方式所应和所能维护的公共利益也是有限的。②

(二)辅助性救济原则

我国未成年人检察公益诉讼应当符合辅助性或者补充性原则的要求,或者说,一般这是在其他救济用尽的情况下才予以实施。易言之,如果有其他救济路径,并已经产生积极效果,检察机关就没有必要再通过公益诉讼加入。在目前的公益诉讼中,检察机关始终处于次要地位,附属于正常的原告,如在民事公益诉讼中处于“补位”或“代位”的地位,在行政公益诉讼中处于“代位”地位。从功能上看,相对于公益诉讼中的原告,检察机关实际上起着补充起诉的功能。③例如,我国的立法将行政公益诉讼作为督促行政机关正确履职的手段,具有辅助性、补充性特点。即便检察机关提起行政公益诉讼,也

---

① 李轲:《未成年人检察公益诉讼若干问题研究》,载《贵州警察学院学报》2019年第6期。

② 参见高家伟:《检察行政公益诉讼的理论基础》,载《国家检察官学院学报》2017年第2期。

③ 参见吴尚聪:《检察公益诉讼的定位与展望》,载《行政与法》2021年第12期。

要以行政机关履职行为不能有效维护公益为前提条件。而且在执法效能角度，检察机关提起公益诉讼肯定是最费时费力的一种，并不符合经济与效率原则。尤为重要的是，如果公益诉讼被过于频繁地使用，也会造成行政机关懒政和惰政的后果。因此，如果存在有效的替代救济措施，公益诉讼就不应轻易启动。如果行政部门已着手处理，司法机关就不应展开平行调查。[①] 公益诉讼体现的是国家公权力的介入干预，虽对公共利益的维护具有重大现实意义，但亦不能过度、强权干涉，在“积极”的态度下理应保持“稳妥”的精神，以免打破现有民事、行政权利救济的平衡。[②] 在监护权案件中，如果监护人涉及监护侵害行为的情形，在撤销监护人资格时，撤销权诉讼应当由未成年人及其临时照料人优先行使，而检察机关的检察权启动应当具有谦抑性，一般不能随意越线。只有相关主体不能及时履行职责，检察机关才可以通过民政机构或者未成年人救助部门向法院提起申请撤销监护人资格诉讼。此外，未成年人利益的保护机关并不只有检察机关，也有其他专门的行政机关。如果检察机关过于积极主动，事必躬亲，那么，将可能阻挡其他机关的救济路径。这不仅会打乱其他救济方式，导致这些救济路径的失灵，也会不利于未成年人利益最大化的实现。

未成年人的保护工作有专门领域及专门机构，其一般具有很强的专业性，因此，除非确有必要，检察机关对未成年人利益的保护应属于辅助性或者后置性措施，不可过于积极。其实，这也是我国《未成年人保护法》第106条立法的原意，即未成年人合法权益受到侵犯，相关组织和个人未代为提起诉讼的，人民检察院可以督促、支持

① 参见王福华：《公益诉讼的法理基础》，载《法制与社会发展》2022年第2期。

② 参见吴燕、余莉、顾丽琛：《未成年人检察公益诉讼新领域探索的实践与思考——未成年人保护法视域下的路径选择》，载《中国检察官》2021年第5期。

其提起诉讼。该条规定本身就有检察机关在未成年人利益受损时应遵循辅助性原则之意。这也和法国《民事诉讼法》规定的"主当事人"或"从当事人"具有相通之处,即检察官除非有法律规定的特殊情形,其是作为"从当事人"参与诉讼的,更多的是起到了一种监督及协助的作用。易言之,检察机关在涉及未成年人利益的保护中,应考虑介入的必要性,不能任意而为之,应在相关机构怠于或者不能积极行使职权时才能发动。

(三)互相配合原则

未成年人检察公益诉讼的辅助性救济原则也决定了检察机关在介入公益诉讼时,并不能与其他相关行政机关"隔离"。相反,检察机关需要相关行政机关的配合,这是保证其实现未成年人公益诉讼目的之关键所在。这是因为,最大限度保护未成年人利益是一项普适性的法律救济原则,并不只是检察机关所致力解决的,也是行政机关的使命之一,其共同追求都是维护未成年人的利益,二者不是对立的关系,而是互相配合的关系,不能互相抵牾,也不应当竞争彼此之间的输赢。检察机关与行政机关虽分工不同,但工作目标、追求效果完全一致,并非"零和博弈"。公益诉讼检察的本质是助力依法行政,共同维护人民根本利益,把以人民为中心落到实处。[①] 基于此,检察机关应当加强和相关行政机关的诉前沟通,重视配合。如果能在诉前实现了未成年人利益的保护,则更是贯彻了未成年人最大利益保护的宗旨。

从2020年《未成年人保护法》的立法精神观之,未成年人的保护是家庭、学校、社会、政府、司法等多方主体的共同职责,这是一项各方主体之间密切协作的系统工程,只有互相配合,才能够使未成年人权益的保护效果最大限度地实现。

---

① 参见张君:《公益诉讼保护的"中国方案"——聚焦最高检公益诉讼检察工作报告》,载搜狐网2019年10月23日,http://www. sohu. com/a/348989423_26710,6。

第十六章

检察环境公益诉讼反思及重构

我国传统意义上的检察官主要的职责包括批捕、审查起诉、抗诉,以及部分案件的侦查。同时,检察官根据宪法规定负有法律监督之职责。但是,随着近些年检察司法改革的进行,检察官具有了公益诉讼的角色定位。民事公益诉讼和行政公益诉讼都属于检察机关新增之职权,这是检察官一个新的角色承担,也属于"四大检察"新的检察体制的重要组成部分。在立法方面,在 2018 年修订的《人民检察院组织法》和 2019 年修订的《检察官法》中,正式确立了检察官公益诉讼的职能。基于此,检察官在未成年人监护、环境保护等方面具有了新的功能定位。对于检察官在环境公益诉讼中的角色安排,这与世界环境保护趋势是相一致的,也是我国环境保护面临压力的制度调整的结果。生态环境领域乃是社会改造计划推行、国家政策实施的重点地带。我国公益诉讼的内在机理是,公共利益与国家政策应于法律评价的限度内合二为一,前者之救济与后者之贯彻经由法律秩序的修复、整合共同发挥作用。从这层意义上讲,选择与审判机关有着"潜在默契"且同为司法主体的检察机关作为启动公益诉讼的主要负责者,是实现公益诉讼目标的保证。由此,以法律监督为核心的检察制度成为了形塑我国公益诉讼模式的基本要素,这也成全了当代颇具创新意义的检察公益诉讼。① 当然，检察环境公益诉讼也和检察官自身具有的法律赋权及职业属性有关。在检察环境公益诉讼的效果发挥中，合理地配置相关的权力至关重要，这是检察环境公益诉讼的关键的推动力。

一、问题的提出

所谓的检察环境公益诉讼，是指在环境受到损害或者可能受到损害时，检察官作为原告代表国家或社会公众起诉，要求法院判决环境侵害人承担相应法律后果的制度。基于环境侵害主体性质的不同，我国环境公益诉讼可以分为环境民事公益诉讼、环境行政公益诉讼。检察环境公益诉讼是针对环境污染这一世界性的公害作出的有针对性的制度调整，也是国家应对环境危机作出相应的权衡选择的结果。世界进入工业社会带来现代文明的同时，也进入了一个大量制造、大量开采、大量消费、大量污染的时代。这也是现代社会环境恶化的重要原因。环境危害乃世界之公害，其具有受害人数多、范围广、影响严重之共同特征。特别对于环境侵害主体而言，其无论在规模体量上，还是在现实中实际影响相关利益团体的能力上，都不容小觑。对于环境危害受害者而言，在财力、人力等各个方面可能都难以与这些环境侵害主体匹敌。即使加上相关民间保护团体的协助，也很难对环境危害进行控制。在我国，更为重要的是，根据2007年《民事诉讼法》第108条对原告适格的要求，让环境危害维权举步维艰。这也是《民事诉讼法》及《行政诉讼法》对此进行修法的重要原因。

① 参见梁鸿飞：《检察公益诉讼：法理检视与改革前瞻》，载《法制与社会发展》2019年第5期。

根据2017年我国《行政诉讼法》修改后的第25条第4款规定①，以及2021年我国《民事诉讼法》修改后的第58条第2款规定②，正式在法律上对检察机关提起环境民事公益诉讼及环境行政公益诉讼予以授权，也确立了检察官提起环境公益诉讼的法律角色。这是借助检察机关这个公权力的重要代表介入到环境保护领域，让其承担环境公益诉讼的冲锋陷阵的角色。一方面，这与国家对环境危害的治理方针及决心有关；另一方面，与检察官自身所具有的法律及技术优势有关。所谓的法律优势，主要是指检察官法律监督者的宪法身份，以及因此引申出来的客观义务的定位。所谓的技术优势，主要是指检察官具有的法律技艺及职业化水平等因素，使其及时有效地保护环境危害的受害者的利益以及维护环境公共利益成为可能。

诚然，由检察官作为环境公益诉讼的原告，曾经存在一定的争议。有观点不主张检察官通过环境公益诉讼而是通过民众参与来实现环境的保护，即各国均将环境权、环境正义和环境民主作为环境法治的指导思想和原则。只有尊重和保护公民个人和集团的环境权，才符合正义的思想、公平的原则和民主的精神，而衡量环境民主的一个重要指标就是公众的参与，当然包括参与解决环境公害案件诉讼程序。群体诉讼制度是公众参加诉讼、参与公害解决过程的一种程

---

① 2017年，我国《行政诉讼法》修改后的第25条第4款规定：人民检察院在履行职责中发现生态环境和资源保护、食品药品安全、国有财产保护、国有土地使用权出让等领域负有监督管理职责的行政机关违法行使职权或者不作为，致使国家利益或者社会公共利益受到侵害的，应当向行政机关提出检察建议，督促其依法履行职责。行政机关不依法履行职责的，人民检察院依法向人民法院提起诉讼。

② 2021年，我国《民事诉讼法》修改后的第58条第2款规定：人民检察院在履行职责中发现破坏生态环境和资源保护、食品药品安全领域侵害众多消费者合法权益等损害社会公共利益的行为，在没有前款规定的机关和组织或者前款规定的机关和组织不提起诉讼的情况下，可以向人民法院提起诉讼。前款规定的机关或者组织提起诉讼的，人民检察院可以支持起诉。

序制度,而不仅仅是一种单纯的诉讼手段。由此可见公众运用群体诉讼制度解决环境公害,必将增强其保护环境的意识和维护自身环境权的信念,这是环境公益诉讼制度所不可比拟的。① 但是,现在我国主流的观点则普遍认为基于检察官自身的优势,以及环境公益诉讼实效性的需求,检察官作为环境公益诉讼的原告具有相当高的现实性及可行性。其实,即使从比较法的视角观之,在世界法治进步的国家,包括英美或者德法等不同法系的代表国家,在环境危害发生之时,都坚持检察官乃国家利益之最佳代表,因此,检察官具有对涉及国家利益或者社会公共利益的民事、行政环境案件提起环境公益诉讼的权力(利)或者诉讼原告的资格,这已经成为诸多现代国家的通例。

当然,虽然检察官作为环境公益诉讼原告因法律授权而争议逐渐减少,但是,这并不是说不存在问题,这只是解决了检察官介入环境公益诉讼的初步问题。此外,这里还存在检察机关和行政机关在介入环境公益诉讼的先后顺序问题,检察官在环境公益诉讼中调查权行使问题,检察官在环境公益诉讼中处分权、撤销权、再审申请权的具体行使问题,等等。因此,只有有针对性地解决上述问题,才能防止检察公益诉讼制度虚有其表,从而保证其在保护环境方面真正发挥效力。

二、检察官提起环境公益诉讼的根据

(一)检察官作为环境公益诉讼的原告具有比其他机构或者个人更大的优势

对于环境公益诉讼而言,在国家公权力机关的角度上,在我国,

---

① 参见陈兴生、宋波、梁远:《民事公诉制度质疑》,载《国家检察官学院学报》2001 年第 3 期。

可以规定由当地人大机关的人员提起环境公益诉讼。这类似于瑞典等北欧国家的议会监察员制度。在这样的制度设计中,申诉专员由议会选任并对议会负责,但独立于议会;一旦开始调查活动,议会和议员都一概不许介入。总的来说,申诉专员的活动方式类似于职业法律家,在某种意义上兼有检察官与法官的双重职能。但是,申诉专员本身没有撤销行政机关或司法机关所作出的决定的权限,只能通过调查报告、建议等方式进行间接的监控和矫正,因此归根结底还是进行一种非司法性质的监察。① 当然,如果让人大的工作人员提起环境公益诉讼,在监督意义上并无不可。但是,相对而言,其一,我国人大在调查核实等法律技艺方面还是欠缺的,如果专门配备相关的人员、设备,则可能会造成不小的经济耗费。其二,这牵涉到立法方面的重大调整问题。其三,我国人大监督一般都是宏观监督,在具体司法监督方面则很少,这也并非人大之特长。另外,可以立法规定行政机关作为环境公益诉讼的提起主体。但是,如果让行政机关做环境公益诉讼的提起人,就可能会造成行政机关之间的妥协或者包庇现象。因为对于环境公益诉讼的行政公益诉讼而言,本来环境危害就直接牵涉到地方政府的行政部门,基于一个地方政府的行政机关之间的密切牵连关系,如果让一个行政机关通过环境公益诉讼来监督另外一个行政机关,显然存在一定的互相维护的嫌疑,难以达到解决环境危害之目的。如果让检察机关来承担环境公益诉讼的主体,则无上述问题。这是因为,检察官具有客观义务,这决定了其在环境公益诉讼中的客观调查、起诉之角色。相对于行政机关之间的监督而言,检察机关则更加独立,更有利于通过环境公益诉讼来实现环境维护之重任。同时,检察官在对相关法律掌握程度方面,在调查核实、

---

① 参见宋远升:《论侦查行为的社会监督——以专门化为视角》,载《河南省政法管理干部学院学报》2008 年第 2 期。

固定证据等法律技艺方面也是人大工作人员或者其他行政机关提起公益诉讼所不能相比的。因为检察官本身就是法律职业人士,上述法律技艺也是其应当具备的。何况,让检察官担任环境公益诉讼的提起者,在立法方面也不会引起大的调整。可以说,检察官担任环境公益诉讼的主体是以相对更小的代价而达到更大法律效果之行为。相比一般的民事、行政诉讼案件,检察机关作为公益诉讼人,其诉讼结果更具司法影响力,通过对具有普遍性和可推广的办案经验进行总结提炼,加强案例指导力度,制定环境公益诉讼司法解释和提出立法修改建议,对于环境公益诉讼法治建设来说,不仅具有现实意义,也更加具有长远意义。①

(二)检察官担任环境公益诉讼原告在诉讼法理上更容易协调一致

对于检察官而言,设立该国家职官的本质目的之一在于使其承担国家利益或者公共利益保护者的角色。检察官可以通过各种方式来实现对国家利益或者公共利益的保护。首先,检察官可以通过公诉的方式来实现该目的。对于刑事犯罪而言,检察官借助公安等机关侦查获得的证据,进行事实判断、证据甄选、刑事化定性等,完成把涉罪者送往法庭审判,以及让有罪者获罪、无罪者获得法律清白之目的。在公诉的过程中,就是检察官对国家利益或者公共利益维护的过程。其次,检察官可以通过抗诉完成对国家利益或者社会公共利益的维护。对于在事实及法律方面出现需要抗诉之情形时,检察官就成为监督审判的关键法律力量,并根据相关法律规定,要求审判机关对案件进行重新审查,恢复法秩序及尊严,从而完成对国家利益或者公共利益维护之使命。

---

① 参见刘镓:《试点语境中检察机关提起环保公益诉讼的思考》,载《理论界》2015年第12期。

但是，在环境危害等社会公共利益受损之时，有时并无具体的受害者，那么，这就会成为法律保护的空白之地，从而有造成“公地悲剧”之虞，这显然是一个法律体系健全的国家不能接受的。检察官的环境公益诉讼的起诉权和检察官在刑事诉讼中的公诉权本质上具有一致性，都是行使国家权力维护国家利益及公共利益的权力表现形式，其共同点都是以国家整体利益为运行逻辑根据。这决定了检察公益诉讼属于国家诉权的固有组成部分。因此，在基于国家利益或者公共利益保护之诉讼原理上，既然刑事犯罪侵犯国家利益或者公共利益可以通过检察官的公诉介入予以控制或者制裁，那么，同为侵犯国家利益或社会公共利益的环境危害行为人也可以通过检察官起诉进行制裁，二者在原理上直接相通，基本上没有违和之处。这也为检察官成为环境公益诉讼的提起主体奠定了法理基础。

（三）检察官作为环境公益诉讼的提起主体与其专门法律公权力机关的地位直接勾连的

检察官能够成为环境公益诉讼的提起主体或者原告与其特定的国家司法机关的地位有关。由于检察机关是组织严密的专门性国家司法机关，因此，其作为环境公益诉讼原告具有国家权力的支撑。这决定了其在行使调查核实权等需要其他行政机关的配合时更加具有便利性。检察机关本身在国家权力机构中的位置就保证了其作为环境公益诉讼原告的威慑力。同时，作为环境公益诉讼的原告，检察机关在财力、装备、人员安排及办案经验（检察机关内部设有民事行政检察部门）方面都具有其他行政机关、民间组织或者个人不可比拟的优势。

（四）检察官作为环境公益诉讼原告是其法律监督者角色的具体体现

我国《宪法》第134条规定了检察机关是法律监督机关。《宪法》第26条第1款规定:“国家保护和改善生活环境和生态环境,防治污染和其他公害。”因此,宪法赋予了检察机关的法律监督者的地位,这种地位是和国家利益及社会公共利益的维护直接相连的。而宪法同时规定了“生态环境保护”之宪法地位,这是宪法意义上的环境权,也是重要的国家利益及社会公共利益。这直接在宪法的法律监督层面为检察官作为环境公益诉讼提起主体搭建了贯通的桥梁。可以说,公益诉讼的兴起旨在回应一幕幕在生态环境、国有资产以及食品药品安全等领域上演的“公地悲剧”。以前乃是大量的违法行为尤其是行政违法行为导致了公共利益的不断流失。检察机关作为宪法所规设的法律监督机关,其核心职责是维护国家的法制统一与法律秩序。就此而言,由检察机关提起公益诉讼可谓是“对症下药”。[①]检察官的法律监督既是权力也是义务,这也意味着其有权也有义务对侵害国家利益及公共利益的危害环境行为进行法律监督。实际上,检察官作为提起环境公益诉讼的原告,本身就是其监督职责的含义之一,这也与检察权的社会性和国家性相一致。检察权的这种性质引申出检察权对国家利益及社会公共利益侵害的监督性。因此,出于综合因素的考量,检察官确实属于最能满足检察权监督意旨的主体。我国传统上对行政诉讼和民事诉讼是通过抗诉的方式来完成监督的,但是,这是一种事后救济或者监督机制,在监督的及时性及效率性方面存在缺失,而检察官环境公益诉讼则可以很好地弥补这一点。

三、我国环境公益诉讼中检察权行使的困境

检察公益诉讼本质上是检察官的一种法律扩权行为,并在相关

① 参见梁鸿飞:《检察公益诉讼:法理检视与改革前瞻》,载《法制与社会发展》2019年第5期。

立法中对此进行了规定。但是，这种扩权却存在原则化过强而操作性不足等弊端。因此，在检察环境公益诉讼中解决检察权的具体运作属于关键之环节。

（一）检察官在调查核实权的刚性方面存在缺失

对于环境公益诉讼中的检察官调查核实权而言，有两种观点，一种观点认为，可以参照刑事案件调查取证中强制措施的权力，给予检察官刚性调查核实权。另一种观点认为，可以给予检察官在环境公益诉讼中的调查核实权，但是，却不能参照刑事案件调查取证中强制措施的权力。实际上，《关于检察公益诉讼案件适用法律若干问题的解释》第6条规定了检察官公益诉讼中的调查核实权，即人民检察院办理公益诉讼案件，可以向有关行政机关以及其他组织、公民调查收集证据材料；有关行政机关以及其他组织、公民应当配合；需要采取证据保全措施的，依照民事诉讼法、行政诉讼法相关规定办理。虽然该解释给予了检察官的调查核实权，但是，这种调查核实权的效果却存在问题——这是没有任何制裁后果的调查核实权。如果检察官在调查核实中相关单位或者个人不配合，该解释并没有实质性的制裁约束力。对此，《公益诉讼办案规则》第45条规定：行政机关及其工作人员拒绝或者妨碍人民检察院调查收集证据的，人民检察院可以向同级人大常委会报告，向同级纪检监察机关通报，或者通过上级人民检察院向其上级主管机关通报。实际上，《公益诉讼办案规则》虽然规定人民检察院对行政机关及其工作人员拒绝或者妨碍检察官调查收集证据可以向有关机关通报，但是，这种通报并无制裁性的约束力。因此，在环境公益诉讼中，如果相关行政机关及其工作人员拒绝配合，并没有任何法律后果，这导致《公益诉讼办案规则》规定的检察官调查核实权的效果难以保证。同时，《公益诉讼办案规则》只是规定人民检察院对行政机关及其工作人员拒绝配合可以通报，对于相关企业或者个人拒绝配合却没有作任何规定。

(二)在检察官处分权方面存在困境

所谓处分,是指对权利可以自由支配或自由处置,也就是说,权利主体对其依法享有的公益权利和诉讼权利是否行使以及如何行使由个人自己决定。① 处分权是源于民事实体法中的私法自治原则,又经过诉讼法公法性改造的程序性权利。它是由法律明文规定的,允许权利人通过诉讼程序行使的,以保护权利人民事实体权利和诉讼权利为目的。② 在检察环境公益诉讼中,检察官处分权包括调解权、撤回起诉权、再审申请权等。

对于在检察环境公益诉讼中是否适用调解或者和解问题,一种观点认为,对于检察环境公益诉讼而言,因为这涉及的是国家利益或者社会公共利益,对此不应调解。因为调解就意味着妥协,从而导致国家利益或者社会公共利益受损。如果硬要调解,可能是方便了检察官的诉讼需要,因为其会为了诉讼便利需要而进行调解,却不利于环境危害的真正解决。另一种观点认为,对于环境公益诉讼,仍然可以适用调解或者和解。即使如此,到底如何具体进行调解或者和解,只是法理学说,对于司法操作,仍然缺乏指导价值。在《关于审理环境民事公益诉讼案件适用法律若干问题的解释》第 25 条中,对调解原则性地规定了"调解协议或者和解协议的内容不损害社会公共利益",但是,并没有对调解的范围等作出细化规定。

对于检察官在环境公益诉讼中的撤诉权问题,《关于检察公益诉讼案件适用法律若干问题的解释》第 19 条规定,民事公益诉讼案件审理过程中,人民检察院诉讼请求全部实现而撤回起诉的,人民法院应予准许。但是,对于这个"全部实现"的标准却没有进行细化规定。

---

① 参见谭兵主编:《民事诉讼法学》,法律出版社 1997 年版,第 104 页。

② 参见杜闻:《简论民事诉讼当事人处分权》,载《政法论坛》2001 年第 1 期。

譬如,在为数不少的环境污染案件中,即使被诉主体用异地的土壤把受到污染的土地全部覆盖,表面上是"全部实现"了检察官的诉讼请求。但是,现实是,据业内环境保护专家的观点,目前很难找到没有污染的土壤,对被污染的土壤恢复原状难度非常大。这种"全部实现"到底是法理意义上"全部实现"还是客观事实意义上"全部实现",在标准上存在争议。

在检察官环境公益诉讼的再审请求权方面,我国相关的法理或者规范性法律文件并未作出规定,仅在《民事诉讼法》中就检察机关进行民事诉讼时享有的申请再审的条件和权利进行了规定,即检察机关得以在普通民事诉讼中以抗诉的方式提起再审,但在环境公益诉讼之中,检察机关作为案件的原告,如果以一般当事人的身份通过向法院或检察院提起抗诉的方式申请再审,势必会导致再审程序的错乱,使诉讼程序无法做到逻辑自洽。①

四、我国环境公益诉讼中检察权的重构

(一)确保环境公益诉讼中检察官的调查核实权得以有效行使

应当斟酌考量各方面因素,对检察环境公益诉讼中检察官的调查核实权进行调整。首先,不能参照刑事诉讼中的强制措施确立这种调查核实权的刚性。这种刚性无疑太过强硬,也不符合环境公益诉讼中民事或者行政案件性质的界定。当然,根据《公益诉讼办案规则》第45条,行政机关及其工作人员拒绝或者妨碍人民检察院调查收集证据的,人民检察院可以向有关机关通报。但是,这种通报只是单位之间告知的性质,并无具体制裁性的约束力。因此,应当赋予检

① 参见贾艺峰:《论检察官提起环境民事公益诉讼的完善》,西北政法大学2022年硕士学位论文,第35页。

察官在此种情况下的建议处分权。唯其如此,才能最大限度地保证检察官调查核实权的约束力,使相关行政机关及其工作人员得到一定的震慑,从而保证检察官调查核实权的顺利行使。此外,也应赋予环境公益诉讼中检察官对有关企业或者个人拒绝调查取证的行政处罚建议权,即有关企业或者个人拒绝调查取证的,由办案检察官向公安等机关建议,予以相应的行政处罚。

(二)对环境公益诉讼中的检察官处分权进行规范

在环境公益诉讼中检察官的调解权方面,应当给予检察官调解权。因为这也符合诉讼效率以及建立和谐法秩序的需要。当然,这种调解应当出于自愿,同时,不能以调解或者和解的名义来损害国家利益或者社会公共利益。在进行调解时,应当引入第三方监管机制。如果独立第三方认为根据相关法律规定不应当进行调解,那么,调解最终不发生效力。

在环境公益诉讼中检察官的撤诉权方面,应当允许检察官撤诉,但是,关于撤诉的标准问题,应当对"全部实现"检察官公益诉讼要求进行实质性解释。即这种"全部实现"应当是实质性地满足了检察官公益诉讼的要求。至于何为实质性满足,应当聘请专业机构或者人员进行评估。同时,法官对这种评估及检察官撤诉有最终审查权,以防止检察官和公益诉讼的相对人串通损害国家利益或者社会公共利益。

在环境公益诉讼中检察官的再审权方面,再审的提起条件和民事再审提起条件一致即可。同时,应当规定检察机关提起再审时只能以环境公益诉讼原告的身份,即同普通民事诉讼参与人无异,只能通过申请提起再审。①

① 参见贾艺峰:《论检察官提起环境民事公益诉讼的完善》,西北政法大学2022年硕士学位论文,第40页。

主要参考文献

一、著作类

1. 杨立新:《民事行政检察教程》,法律出版社 2002 年版。

2. 宋远升:《检察官论》,法律出版社 2014 年版。

3. [美]梯利:《西方哲学史》,葛力译,商务印书馆 2000 年版。

4. 北京大学哲学系外国哲学史教研室编译:《古希腊罗马哲学》,商务印书馆 1961 年版。

5. [古罗马]西塞罗 :《论共和国 · 论法律》,王焕生译,中国政法大学出版社 1997 年版。

6. 龙宗智:《论检察》,中国检察出版社 2013 年版。

7. [瑞士]古尔蒂斯 · 里恩:《美国和欧洲的检察官——瑞士、法国和德国的比较分析》,王新玥、陈涛等译,法律出版社 2019 年版。

8. 韩大元主编:《宪法学》,法律出版社 2000 年版。

9. [日]加藤一郎:《民法的解释与利益衡量》,梁慧星译,载梁慧星主编:《民商法论丛》第 2 卷,法律出版社 1994 年版。

10. [英]托马斯 · 霍布斯:《利维坦》,黎思复、黎廷弼译,商务印书馆 1996 年版。

11. [美]哈罗德 · J. 伯尔曼:《法律与革命:新教改革对西方法律传统的影响》(第 2 卷),袁瑜琤、苗文龙译,法律出版社 2008 年版。

12. 魏晓娜:《背叛程序正义:协商性刑事司法研究》,法律出版社2014年版。

13. [美]詹姆斯·博曼、[美]威廉·雷吉主编:《协商民主:论理性与政治》,陈家刚等译,中央编译出版社2006年版。

14. 马明亮:《协商性司法:一种新程序主义理念》,法律出版社2007年版。

15. 冀祥德:《建立中国控辩协商制度研究》,北京大学出版社2006年版。

16. [德]哈贝马斯:《在事实与规范之间:关于法律和民主法治国的商谈理论》,童世骏译,生活·读书·新知三联书店2003年版。

17. 沈宗灵:《现代西方法理学》,北京大学出版社1992年版。

18. 夏基松:《现代西方哲学》,上海人民出版社2009年版。

19. 应松年主编:《行政诉讼法学》,中国政法大学出版社1994年版。

20. 孙笑侠:《程序的法理》,商务印书馆2005年版。

21. [英]托马斯·霍布斯:《哲学家与英格兰法律家的对话》,姚中秋译,三联书店2006年版。

22. 林山田:《刑法的革新》,台北,学林文化事业有限公司2001年版。

23. 孙谦:《检察:理念、制度与改革》,法律出版社2004年版。

24. 张鸿巍:《美国检察制度研究》,人民出版社2011年版。

25. 江礼华、杨诚主编:《美国刑事诉讼中的辩护》,法律出版社2001年版。

26. 林钰雄:《检察官论》,法律出版社2008年版。

27. 龙宗智:《检察官客观义务论》,法律出版社2014年版。

28. 林钰雄:《刑事诉讼法》,中国人民大学出版社2005年版。

29. [美]克里斯托弗·沃尔夫:《司法能动主义——自由的保障还是安全的威胁?》,黄金荣译,中国政法大学出版社 2004 年版。

30. 谭兵主编:《民事诉讼法学》,法律出版社 1997 年版。

31. 宋远升:《司法论》,法律出版社 2016 年版。

32. 最高人民法院司法改革小组编、韩苏琳编译:《美英德法四国司法制度概况》,人民法院出版社 2002 年版。

33. [美]布莱恩·甘遒迪:《美国法律伦理》,郭乃嘉译,商周出版社 2005 年版。

34. 李学尧:《法律职业主义》,中国政法大学出版社 2007 年版。

35. [德]马克斯·韦伯:《学术与政治》,冯克利译,生活·读书·新知三联书店 1998 年版。

36. [法]爱弥尔·涂尔干:《职业伦理与公民道德》,渠东、付德根译,上海人民出版社 2001 年版。

37. 龚群:《当代中国社会伦理生活》,四川人民出版社 1998 年版。

38. [美]约翰·罗尔斯:《正义论》,何怀宏、何包钢、廖申白译,中国社会科学出版社 1988 年版。

39. 刘立宪、张智辉主编:《司法改革热点问题》,中国人民公安大学出版社 2000 年版。

40. [英]弗里德利希·冯·哈耶克:《法律、立法与自由》(第 1 卷),邓正来、张守东、李静冰译,中国大百科全书出版社 2000 年版。

41. [日]佐藤博史:《刑事辩护的技术与伦理:刑事辩护的心境、技巧和体魄》,于秀峰、张凌译,法律出版社 2012 年版。

42. 万毅:《程序正义的重心——底限正义视野下的侦查程序》,中国检察出版社 2006 年版。

43. 黄东熊:《中外检察制度之比较》,台北,台湾文物供应社

1986 年版。

44.［德］托马斯·魏根特:《德国刑事诉讼程序》,岳礼玲珑、温小洁译,中国政法大学出版社 2004 年版。

45.［法］孟德斯鸠:《论法的精神》,张雁深译,商务印书馆 1963 年版。

46.［日］小岛武司等:《司法制度的历史与未来》,汪祖兴译,法律出版社 2000 年版。

47.［美］汉密尔顿、［美］杰伊、［美］麦迪逊:《联邦党人文集》,程逢如、在汉、舒逊译,商务印书馆 1980 年版。

48.［德］拉德布鲁赫:《法学导论》,米健、朱林译,中国大百科全书出版社 1997 年版。

49.［日］松尾浩也:《日本刑事诉讼法》,丁相顺译,中国人民大学出版社 2005 年版。

50.［法］卡斯东·斯特法尼、［法］乔治·勒瓦索、［法］贝尔纳·布洛克:《法国刑事诉讼法精义》,罗结珍译,中国政法大学出版社 1999 年版。

51.［俄］K. Q. 斯克沃尔佐夫等:《苏联东欧国家的检察长监督》,梁启明译,中国检察出版社 1990 年版。

52.［美］C. H. 麦基文:《宪政古今》,翟小波译,贵州人民出版社 2004 年版。

53.［斯洛文尼亚］卜思天·M. 儒攀基奇:《刑法——刑罚理念批判》,何慧新、邓子滨等译,中国政法大学出版社 2002 年版。

54. 陈卫东主编:《刑事诉讼法实施问题调研报告》,中国方正出版社 2001 年版。

55. 卞建林、刘玫:《外国刑事诉讼法》,人民法院出版社、中国社会科学出版社 2002 年版。

56. 樊崇义主编:《刑事诉讼法学》,法律出版社 2004 年版。

57. 房保国:《被害人的刑事程序保护》,法律出版社 2007 年版。

58. 卞建林:《刑事起诉制度的理论与实践》,中国检察出版社 1993 年版。

59. 梁慧星:《民法总论》,法律出版社 1996 年版。

60. 郭建安主编:《犯罪被害人学》,北京大学出版社 1997 年版。

61. 吕世伦、文正邦主编:《法哲学论》,中国人民大学出版社 1999 年版。

62. 陈兴良:《刑法哲学》,中国政法大学出版社 2000 年版。

63. [德]卡尔·施米特:《宪法学说》,刘锋译,世纪出版集团 2005 年版。

64. 季卫东:《法治秩序的建构》,中国政法大学出版社 1999 年版。

65. 王新环:《公诉权原论》,中国人民公安大学出版社 2006 年版。

66.《日本刑事诉讼法典》,宋英辉译,中国政法大学出版社 2000 年版。

67. 樊崇义主编:《刑事审前程序改革与展望》,中国人民公安大学出版社 2005 年版。

68. 杨正万:《刑事被害人问题研究》,中国人民公安大学出版社 2003 年版。

69. 陈光中主编:《辩诉交易在中国》,中国检察出版社 2003 年版。

70. 蔡墩铭:《刑法基本理论研究》,台北,汉林出版社 1980 年版。

71. 本书编委会编:《行政诉讼法及司法解释关联理解与适用》,中国法制出版社 2018 年版。

72. [意]彼德罗·彭梵得:《罗马法教科书》,黄风译,中国政法大学出版社1992年版。

73. [美]诺内特、[美]塞尔兹尼克:《转变中的法律与社会》,张志铭译,中国政法大学出版社1994年版。

74. 宋远升:《法官论》,法律出版社2012年版。

75. 杨诚、单民主编:《中外刑事公诉制度》,法律出版社2000年版。

76. 李忠诚、王建林主编:《新刑事诉讼法实施中的人权保障机制建设》,中国检察出版社2013年版。

77. 宋远升、谢杰:《经济犯罪对策论》(第2版),法律出版社2020年版。

78. 宋远升:《技术主义司法改革与法治现代化》,上海人民出版社2017年版。

79. 陈朴生编著:《刑事经济学》,台北,正中书局1975年版。

80. [德]乌尔里希·齐白:《全球风险社会与信息社会中的刑法:二十一世纪刑法模式的转换》,周遵友、江溯等译,中国法制出版社2012年版。

81. 罗大华、刘帮惠:《犯罪心理学新编》,群众出版社2002年版。

82. [意]恩里科·菲利:《犯罪社会学》,郭建安译,中国人民公安大学出版社1990年版。

83. 樊崇义主编:《刑事诉讼法实施问题与对策研究》,中国人民公安大学出版社2002年版。

84. [法]勒内·弗洛里奥:《错案》,赵淑美、张洪竹译,法律出版社1984年版。

85. 朱朝亮等:《刑事诉讼之运作》,台北,五南图书出版公司1997年版。

86. 宋远升:《刑事强制处分权的分配与制衡》,法律出版社 2010 年版。

87. [英]波雷斯特:《欧美早期的律师界》,傅再明、张文彪译,中国政法大学出版社 1992 年版。

二、论文类

1. 余少祥:《自然法学:理性主义的历史演进》,载《中国政法大学学报》2013 年第 4 期。

2. 李栋:《英国普通法的"技艺理性"》,载《环球法律评论》2009 年第 2 期。

3. 李育书:《现代政治的理性基础——以霍布斯政治学说中理性为分析视角》,载《天津行政学院学报》2013 年第 3 期。

4. 姚中秋:《技艺理性视角下的司法职业化》,载《华东政法大学学报》2008 年第 6 期。

5. 陈志龙:《法治国检察官之侦查与检察制度》,载《台大法学论丛》第 27 卷第 3 期(1998 年)。

6. 王守安、董坤:《美国检察官职业伦理规范建设与启示》,载《人民检察》2016 年第 15 期。

7. 李美蓉、甄贞:《从检察制度的历史与比较论我国检察官之定位与保障》,载《法学杂志》2012 年第 1 期。

8. 韩旭:《检察官客观义务:从理论预设走向制度实践》,载《社会科学研究》2013 年第 3 期。

9. 蒋剑伟:《中美检察官客观义务内涵述评》,载《法学评论》2009 年第 2 期。

10. 孙长永:《检察官客观义务与中国刑事诉讼制度改革》,载《人民检察》2007 年第 17 期。

11. 魏腊云:《论检察机关宪法定位的理论基础》,载《江西社会科学》2007 年第 3 期。

12. 侯凯中:《客观义务与指控犯罪——兼论公诉检察官的法律监督定位》,载《中国检察官》2015 年第 23 期。

13. 朱孝清:《中国检察制度的几个问题》,载《人民检察》2007 年第 8 期。

14. 陈卫东、杜磊:《检察官客观义务的立法评析》,载《国家检察官学院学报》2015 年第 3 期。

15. 陈丽玲:《正名"能动司法"——兼谈"能动检察"之本体价值》,载《广西师范大学学报(哲学社会科学版)》2016 年第 2 期。

16. 周汉华:《论建立独立、开放与能动的司法制度》,载《法学研究》1999 年第 5 期。

17. 范进学、冯静:《司法能动主义在中国:司法哲学之可能走向》,载《云南大学学报(社会科学版)》2010 年第 2 期。

18. 刘伟:《试论司法能动主义在中国之不可能——由一个案例引发的思考》,载《黑龙江省政法管理干部学院学报》2010 年第 8 期。

19. 周平:《能动检察的法理判断》,载《河南社会科学》2013 年第 5 期。

20. 任磊、刘孟田、赵晓蕾:《刑事检察的能动展开》,载《人民检察》2022 年第 22 期。

21. 朱孝清:《论能动检察》,载《人民检察》2022 年第 13 期。

22. 李斌:《检察工作中"能动司法"的引入》,载《国家检察官学院学报》2012 年第 3 期。

23. 古树:《平和——现代司法之境界》,载《人民检察》2005 年第 23 期。

24. 丁晓波:《试论确立刑法谦抑的司法观——以检察公诉为视

角》,载《湖南社会科学》2009 年第 6 期。

25. 万毅、赵亮:《论以审判为中心的诉讼制度改革——以 C 市法院“庭审实质化改革”为样本》,载《江苏行政学院学报》2015 年第 6 期。

26. 陈瑞华:《案卷笔录中心主义——对中国刑事审判方式的重新考察》,载《法学研究》2006 年第 4 期。

27. 单子洪:《案卷笔录中心主义“治愈”论——以刑事证据规则的完善和正确适用为切入》,载《犯罪研究》2015 年第 5 期。

28. 魏晓娜:《以审判为中心的刑事诉讼制度改革》,载《法学研究》2015 年第 4 期。

29. 戴萍、陈鹏飞:《以审判为中心的诉讼制度改革对检察机关的影响及应对》,载《广东行政学院学报》2015 年第 4 期。

30. 何家弘:《从侦查中心转向审判中心——中国刑事诉讼制度的改良》,载《中国高校社会科学》2015 年第 2 期。

31. 牟军:《理念、事实与证明标准——以英美国家刑事司法审判为中心》,载《西南民族学院学报(哲学社会科学版)》2002 年第 8 期。

32. 吴灿:《卷证不并送下证据法则的变与不变》,载《检察新论》2014 年第 15 期。

33. 周颖、谢佑平:《冲突与协调:检察监督与审判独立》,载《法学家》2006 年第 4 期。

34. 高兆明:《现代性视域中的伦理秩序》,载《南京师大学报(社会科学版)》2003 年第 6 期。

35. 张霞:《控辩平等与我国控辩审诉讼机制的选择》,载《山东社会科学》2009 年第 4 期。

36. 冀祥德:《论控辩平等之理论基础》,载《求是学刊》2009 年第 5 期。

37. 葛太进:《诚信当代检察官的核心价值观》,载《检察实践》2002 年第 4 期。

38. 张智辉:《公诉权论》,载《中国法学》2006 年第 6 期。

39. 徐鹤喃:《公诉权的理论解构》,载《政法论坛》2002 年第 3 期。

40. 许尚金、胡冬平:《刑事公诉权性质研究》,载《国家检察官学院学报》2003 年第 5 期。

41. 林国强:《我国建立公诉权制约机制的设想》,载《河南科技大学学报(社会科学版)》2007 年第 4 期。

42. 谢鹏程:《论检察权的性质》,载《法学》2000 年第 2 期。

43. 徐益初:《析检察权性质及其运用》,载《人民检察》1999 年第 4 期。

44. 陈卫东:《我国检察权的反思与重构——以公诉权为核心的分析》,载《法学研究》2002 年第 2 期。

45. 周欣:《侦查权与检察权、审判权关系解析》,载《法学杂志》2007 年第 3 期。

46. 张孝刚:《侦查权性质论纲》,载《公安研究》2007 年第 11 期。

47. 黎亚薇、黄捷:《论我国侦查权的性质》,载《求索》2007 年第 12 期。

48. 谢佑平:《论公诉权的监督性》,载《法学》2007 年第 9 期。

49. 陈瑞华:《刑事诉讼的前沿问题》,中国人民大学出版社 2000 年版。

50. 胡国平:《美国检察官及其自由裁量权》,载《人民检察》2003 年第 1 期。

51. 徐家力:《美国检察官在刑事诉讼中的主导作用》,载《国家检察官学院学报》2002 年第 1 期。

52. 史耀阁:《检察指导侦查的诉讼价值及运作模式》,载《国家检察官学院学报》2002 年第 5 期。

53. 温辉:《检察官:从国王代理人到公共利益代表》,载《广西大学学报(哲学社会科学版)》2007 年第 3 期。

54. 孙辙:《司法、司法权及其他》,载《法律适用》2003 年第 8 期。

55. 陈瑞华:《司法权的性质——以刑事司法为范例的分析》,载《法学研究》2000 年第 5 期。

56. 陈兴良:《独立而中立:刑事法治视野中的审判权》,载《华东政法大学学报》2007 年第 6 期。

57. 谢佑平、石伟:《配置与运行:论刑事诉讼中的权力关系》,载《社会科学》2007 年第 1 期。

58. 周永坤:《司法权的性质与司法改革战略》,载《金陵法律评论》2003 年第 2 期。

59. 丁以升:《两大法系陪审制度比较研究》,载《贵州警官职业学院学报》2007 年第 6 期。

60. 赵娜:《英国陪审制度的运行机制及其积极作用》,载《湘潭师范学院学报(社会科学版)》2006 年第 6 期。

61. 李洪朗:《英国检察制度评介》,载《法学评论》2000 年第 1 期。

62. 林国强:《我国建立公诉权制约机制的设想》,载《河南科技大学学报(社会科学版)》2007 年第 4 期。

63. 李昌林:《论对公诉的司法审查》,载《西南民族大学学报(人文社科版)》2007 年第 1 期。

64. 陈光中、郑旭:《追求刑事诉讼价值的平衡——英俄近年刑事司法改革述评》,载《中国刑事法杂志》2003 年第 1 期。

65. 王若阳:《刑事被害人制度之比较》,载《外国法译评》1999 年第 2 期。

66. 高德道、孙付:《被害人在刑事公诉中的地位探析》,载《山西高等学校社会科学学报》2001 年第 10 期。

67. 刘海涛:《从秩序到自由:政治文明之传统性到现代性的价值转换》,载《南昌大学学报(人文社会科学版)》2007 年第 2 期。

68. 龙宗智:《被害人作为公诉案件诉讼当事人制度评析》,载《法学》2001 年第 4 期。

69. 兰耀军:《论刑事诉讼中的"强制起诉"》,载《国家检察官学院学报》2007 年第 5 期。

70. 马贵翔:《辩诉交易程序结构解析》,载《政法论坛》2002 年第 6 期。

71. 王福华:《公益诉讼的法理基础》,载《法制与社会发展》2022 年第 2 期。

72. 赵卿、李庆:《未成年人检察公益诉讼制度构建研究——以全国首例民政部门申请撤销监护权案为例》,载《青少年犯罪问题》2015 年第 5 期。

73. 乔东平、谢倩雯:《西方儿童福利理念和政策演变及对中国的启示》,载《东岳论丛》2014 年第 11 期。

74. 张瑞锋、邓洁:《美国强制报告制度对未成年人检察工作的启示》,载《中国检察官》2017 年第 16 期。

75. 王韵洁、张薰尹:《未成年人公益诉讼检察的权力边界——兼论未检综合保护格局的建构》,载《预防青少年犯罪研究》2022 年第 2 期。

76. 杨志超:《比较法视角下儿童保护强制报告制度特征探析》,载《法律科学(西北政法大学学报)》2017 年第 1 期。

77. 梁曦、张洋:《未成年人检察公益诉讼的制度建构》,载《中国检察官》2022 年第 17 期。

78. 吴春妹、金英梅、李建林:《未成年人检察视阈下公益诉讼诉前程序探究》,载《中国检察官》2016 年第 9 期。

79. 焦洪昌、赵德金:《未成年人检察公益诉讼制度的实践困境与优化路径》,载《浙江工商大学学报》2021 年第 2 期。

80. 李轲:《未成年人检察公益诉讼若干问题研究》,载《贵州警察学院学报》2019 年第 6 期。

81. 高家伟:《检察行政公益诉讼的理论基础》,载《国家检察官学院学报》2017 年第 2 期。

82. 吴尚聪:《检察公益诉讼的定位与展望》,载《行政与法》2021 年第 12 期。

83. 吴燕、余莉、顾丽琛:《未成年人检察公益诉讼新领域探索的实践与思考——未成年人保护法视域下的路径选择》,载《中国检察官》2021 年第 5 期。

84. 包志会:《反家暴法中强制报告制度之反思与重构——基于儿童最大利益原则》,载《山西青年职业学院学报》2020 年第 1 期。

85. 程慧、潘奕辰:《侵害未成年人案件强制报告制度的本土化构建——以上海市 M 区为例》,载《上海法学研究》集刊 2020 年第 16 卷。

86. 自正法:《侵害未成年人案件强制报告制度的法理基础与规范逻辑》,载《内蒙古社会科学》2021 年第 2 期。

87. 杨雯清、李泳霖:《中国未成年人强制报告制度的检视与完善》,载《汕头大学学报(人文社会科学版)》2021 年第 3 期。

88. 徐富海:《中国儿童保护强制报告制度:政策实践与未来选择》,载《社会保障评论》2021 年第 3 期。

89. 兰跃军、李欣宇:《强制报告制度的实施困境及破解》,载《中国青年社会科学》2021 年第 6 期。

90. 张鸿巍:《“国家亲权”法则的衍变及其发展》,载《青少年犯罪问题》2013 年第 5 期。

91. 孙其华:《侵害未成年人案件强制报告制度的理论检视与规则形塑》,载《少年儿童研究》2022 年第 1 期。

92. 董坤:《新时代法律监督视野下检察机关调查核实权研究》,载《内蒙古社会科学》2020 年第 6 期。

93. 龙宗智:《检察官客观公正义务的理据与内容》,载《人民检察》2020 年第 13 期。

94. 万春:《检察法制建设新的里程碑——参与〈人民检察院组织法〉修订研究工作的体会》,载《国家检察官学院学报》2019 年第 1 期。

95. 黄曙、胡涛:《检察调查核实权视角下行政执法信息获取机制探析》,载《人民检察》2020 年第 3 期。

96. 蔡守秋:《国家政策与国家法律、党的政策的关系》,载《武汉大学学报(社会科学版)》1986 年第 5 期。

97. 樊华中:《检察公益诉讼的调查核实权研究——基于目的主义视角》,载《中国政法大学学报》2019 年第 3 期。

98. 胡玉鸿:《“权力制约”概念辨析》,载张庆福主编:《宪政论丛》第 3 卷,法律出版社 2003 年版。

99. 张雪樵:《检察公益诉讼比较研究》,载《国家检察官学院学报》2019 年第 1 期。

100. 高杰:《检察公益诉讼制度若干问题思考》,载《法治研究》2021 年第 1 期。

101. 吴家文:《检察行政公益诉讼:理论基础、实践考察和制度完善——基于比较法视野下的思考》,载《南海法学》2018 年第 2 期。

102. 马怀德:《新时代行政公益诉讼制度的发展与实践》,载《人民论坛·学术前沿》2019 年第 5 期。

103. 王炜:《检察机关提起公益诉讼的理论与实践》,载《中国青年社会科学》2018 年第 1 期。

104. 梁鸿飞:《检察公益诉讼:法理检视与改革前瞻》,载《法制与社会发展》2019 年第 5 期。

105. 陈珲:《诉讼视域中的公共利益保护探析》,载《中国行政管理》2014 年第 11 期。

106. 陈卫东:《认罪认罚从宽制度研究》,载《中国法学》2016 年第 2 期。

107. 陈瑞华:《"认罪认罚从宽"改革的理论反思——基于刑事速裁程序运行经验的考察》,载《当代法学》2016 年第 4 期。

108. 陈永生、白冰:《法官、检察官员额制改革的限度》,载《比较法研究》2016 年第 2 期。

109. 龙宗智:《宽严相济政策相关问题新探》,载《中国刑事法杂志》2011 年第 8 期。

110. 刘磊:《慎行缓起诉制度》,载《法学研究》2006 年第 4 期。

111. 马明亮:《辩诉交易在中国的发展前景——以契约为分析框架》,载《中国刑事法杂志》2003 年第 2 期。

112. 郭烁:《徘徊中前行:新刑诉法背景下的高羁押率分析》,载《法学家》2014 年第 4 期。

113. 刘计划:《逮捕审查制度的中国模式及其改革》,载《法学研究》2012 年第 2 期。

114. 郭冰:《羁押必要性审查制度实践运行审视》,载《中国刑事法杂志》2016 年第 2 期。

115. 卞建林、李晶:《刑事诉讼法律监督制度的健全与完善》,载《国家检察官学院学报》2012 年第 3 期。

116. 封红梅:《检察院羁押必要性审查实施模式研究——以刑事羁押救济为视角》,载《法治研究》2013 年第 4 期。

117. 顾永忠、李辞:《捕后羁押必要性审查制度的理解与适用》,载《国家检察官学院学报》2013 年第 1 期。

118. 李鹏、陈小雁:《羁押必要性审查的实证研究——以上海市某区检察院实践为视角》,载《犯罪研究》2015 年第 6 期。

119. 洪浩、王莉:《羁押必要性审查机制的构建》,载《江西社会科学》2015 年第 1 期。

120. 刘曹祯:《逮捕羁押率偏高问题实证解析》,载《天中学刊》2015 年第 2 期。

121. 陈卫东、刘计划、程雷:《法国刑事诉讼法改革的新进展——中国人民大学诉讼制度与司法改革研究中心赴欧洲考察报告之一》,载《人民检察》2004 年第 10 期。

122. 张兆松:《论羁押必要性审查的十大问题》,载《中国刑事法杂志》2012 年第 9 期。

123. 陈卫东、陆而启:《羁押启动权与决定权配置的比较分析》,载《法学》2004 年第 11 期。

124. 陈柏新:《逮捕后羁押必要性审查机制的构建》,载《上海政法学院学报(法治论丛)》2012 年第 4 期。

125. 卞建林:《论我国审前羁押制度的完善》,载《法学家》2012 年第 3 期。

126. 李本灿:《刑事合规理念的国内法表达——以"中兴通讯事件"为切入点》,载《法律科学(西北政法大学学报)》2018 年第 6 期。

127. 冯殿美、曹廷生:《论监督过失罪在我国的设立》,载《山东大学学报(哲学社会科学版)》2009 年第 6 期。

128. 熊亚文:《理性建构刑事合规的中国路径》,载《比较法研究》2022年第3期。

129. 姜涛:《刑法立法阻却事由的理论界定与制度前景》,载《中国法学》2015年第2期。

130. 戎静:《法国刑事合规暂缓起诉制度之缘起、效果及借鉴》,载《比较法研究》2022年第3期。

131. 孙长永:《少捕慎诉慎押刑事司法政策与人身强制措施制度的完善》,载《中国刑事法杂志》2022年第2期。

132. 董坤:《论企业合规检察主导的中国路径》,载《政法论坛》2022年第1期。

133. 蔡仙:《论企业合规的刑法激励制度》,载《法律科学(西北政法大学学报)》2021年第5期。

134. 李本灿:《企业犯罪预防中国家规制向国家与企业共治转型之提倡》,载《政治与法律》2016年第2期。

135. 袁雪石:《整体主义、放管结合、高效便民:〈行政处罚法〉修改的"新原则"》,载《华东政法大学学报》2020年第4期。

136. 陈瑞华:《论企业合规的基本价值》,载《法学论坛》2021年第6期。

137. 彭俊:《暂缓起诉制度在中国的展开——以能动检察为背景的分析》,载《河北法学》2012年第8期。

138. 陈瑞华:《刑事诉讼的合规激励模式》,载《中国法学》2020年第6期。

139. 彭玉:《涉案企业合规改革检察理念及其立法实现路径》,载《法治现代化研究》2022年第5期。

140. 李本灿:《刑事合规的制度史考察:以美国法为切入点》,载《上海政法学院学报(法治论丛)》2021年第6期。

141. 李本灿:《企业合规程序激励的中国模式》,载《法律科学

(西北政法大学学报)》2022 年第 4 期。

142. 李振宇:《刑事合规模式与民营企业刑事合规的本土化建构》,载《昆明理工大学学报(社会科学版)》2022 年第 2 期。

143. 陈瑞华:《法国〈萨宾第二法案〉与刑事合规问题》,载《中国律师》2019 年第 5 期。

144. 陈瑞华:《英国刑事合规的有效性标准》,载《人民检察》2022 年第 9 期。

145. 叶良芳:《美国法人审前转处协议制度的发展》,载《中国刑事法杂志》2014 年第 3 期。

146. 黎宏:《企业合规不起诉:误解及纠正》,载《中国法律评论》2021 年第 3 期。

147. 王颖:《刑事一体化视野下企业合规的制度逻辑与实现路径》,载《比较法研究》2022 年第 3 期。

148. 陈瑞华:《企业合规不起诉改革的八大争议问题》,载《中国法律评论》2021 年第 4 期。

149. 马明亮:《作为犯罪治理方式的企业合规》,载《政法论坛》2020 年第 3 期。

150. 亢晶晶:《理性对待未成年人前科消灭制度——兼评新〈刑事诉讼法〉第 275 条》,载《北京青年政治学院学报》2012 年第 3 期。

151. 沈兵、刘宇:《构建我国未成年人前科消灭制度》,载《法治论丛(上海政法学院学报)》2007 年第 5 期。

152. 吴贵森:《前科封存制度在刑事和非刑事领域的适用》,载《江西社会科学》2014 年第 10 期。

153. 宋远升:《立法将要发生——对刑事诉讼修法增设未成年人特殊程序的考察》,载《青少年犯罪问题》2012 年第 1 期。

154. 刘凌梅:《关于建立未成年人刑事污点消灭制度的思考》,载

《青少年犯罪问题》2003 年第 1 期。

155. 汪娜:《法国青少年犯罪预防措施及其借鉴》,载《青少年犯罪问题》2012 年第 5 期。

156. 丁鹏、维英:《试论行政诉讼检察监督的改革完善》,载《内蒙古大学学报(哲学社会科学版)》2015 年第 4 期。

157. 孙辙:《司法、司法权及其他》,载《法律适用》2003 年第 8 期。

158. 陈瑞华:《司法权的性质——以刑事司法为范例的分析》,载《法学研究》2000 年第 5 期。

159. 陈兴良:《独立而中立:刑事法治视野中的审判权》,载《华东政法大学学报》2007 年第 6 期。

160. 谢佑平、石伟:《配置与运行:论刑事诉讼中的权力关系》,载《社会科学》2007 年第 1 期。

161. 施鹏鹏:《法国检察监督制度研究——兼与中国的比较》,载《暨南学报(哲学社会科学版)》2010 年第 5 期。

162. 温辉:《检察官:从国王代理人到公共利益代表》,载《广西大学学报(哲学社会科学版)》2007 年第 3 期。

163. 杨国云、刘建平:《论完善我国民事行政诉讼检察监督制度》,载《行政与法》2003 年第 9 期。

164. 孙建国:《论检察监督在行政诉讼中的功能》,载《河南大学学报(社会科学版)》2006 年第 1 期。

165. 陈家勋:《行政检察:国家行政监督体系中的补强力量》,载《现代法学》2020 年第 6 期。

166. 姜明安:《行政诉讼中的检察监督与行政公益诉讼》,载《法学杂志》2006 年第 2 期。

167. 魏建新:《冲突与完善:基于行政诉讼检察监督的属性分

析》,载《理论月刊》2011 年第 10 期。

168. 吴卫东:《行政诉讼中检察监督权力的完善性扩张》,载《湖北行政学院学报》2006 年第 4 期。

169. 陈兴良:《刑事法治的理念建构》,载陈兴良主编:《刑事法评论》2000 年第 7 卷,中国政法大学出版社 2000 年版。

170. 刘品新:《当代英美刑事错案的实证研究》,载《国家检察官学院学报》2007 年第 1 期。

171. 董坤:《检察官的不轨行为与错案防治研究——美国的考察及其借鉴》,载《四川大学学报 (哲学社会科学版)》2016 年第 3 期。

172. 刘国庆:《从心理偏见审视刑事冤案成因——以柏拉图“洞穴之喻”为视角》,载《苏州大学学报(法学版)》2015 年第 1 期。

173. 何家弘:《当今我国刑事司法的十大误区》,载《清华法学》2014 年第 2 期。

174. 陈永生:《冤案为何难以获得救济》,载《政法论坛》2017 年第 1 期。

175. 董凯:《认罪认罚从宽制度中的错案风险——以 206 起认罪错案为考察对象》,载《北方法学》2021 年第 5 期。

176. 李奋飞:《量刑协商的检察主导评析》,载《苏州大学学报(哲学社会科学版)》2020 年第 3 期。

177. 李鲤:《认罪认罚从宽制度适用中错案防治研究》,载《山东理工大学学报(社会科学版)》2022 年第 3 期。

178. 马长山:《法外“政治合法性”对司法过程的影响及其消除——以“李国和案”为例》,载《法商研究》2013 年第 5 期。

179. 杨波:《审判中心主义视域下刑事冤错案防范机制研究》,载《当代法学》2017 年第 5 期。

180. 瑞金市人民检察院课题组:《对刑事错案防治理论与实践的

反思——以检察环节为视角》,载《犯罪研究》2015 年第 2 期。

181. 胡常龙:《论检察机关视角下的冤假错案防范》,载《法学论坛》2014 年第 3 期。

182. 吴建雄:《检察官客观义务的错案预防价值》,载《法学评论》2011 年第 1 期。

183. 王晓红:《检察官客观义务的背离与矫正——以冤案防范与纠正为视角》,载《法大研究生》2015 年第 2 期。

184. 贾宇、马谨斌:《论检察环节刑事错案防纠机制之完善》,载《河北法学》2015 年第 5 期。

185. 李拥军、傅爱竹:《"规训"的司法与"被缚"的法官——对法官绩效考核制度困境与误区的深层解读》,载《法律科学(西北政法大学学报)》2014 年第 6 期。

186. 龙婧婧:《员额检察官业绩考核制度优化路径》,载《行政与法》2021 年第 3 期。

187. 陈永生:《死刑与误判——以美国 68% 的死刑误判率为出发点》,载《政法论坛》2007 年第 1 期。

188. 宋远升:《刑事错案比较研究》,载《犯罪研究》2008 年第 1 期。

189. 刘艳红:《涉案企业合规建设的有效性标准研究——以刑事涉案企业合规的犯罪预防为视角》,载《东方法学》2022 年第 4 期。

190. 陈瑞华:《有效合规管理的两种模式》,载《法制与社会发展》2022 年第 1 期。

191. 张宽政:《自治是企业的基本特征》,载《学习论坛》2000 年第 5 期。

192. 刘伟:《刑事合规的溯源、反思与构建》,载《江海学刊》2021 年第 4 期。

193. 时延安:《合规计划实施与单位的刑事归责》,载《法学杂志》2019 年第 9 期。

194. 刘军:《检察机关依法独立行使职权与适用法律平等原则的内涵》,载《人民检察》2019 年第 9 期。

195. 李本灿:《刑事合规制度的法理根基》,载《东方法学》2020 年第 5 期。

196. 王坤、周鲁耀:《平台企业的自治与共治》,载《浙江学刊》2021 年第 1 期。

197. 吴思远:《从单向赋权到二元交互:再论刑事协商的内涵》,载《青少年犯罪问题》2021 年第 1 期。

198. 李勇:《检察视角下中国刑事合规之构建》,载《国家检察官学院学报》2020 年第 4 期。

199. 马明亮:《正义的妥协——协商性司法在中国的兴起》,载《中外法学》2004 年第 1 期。

200. 王建源:《迈向对话的正义——协商性司法的制度逻辑及本土实践》,载《司法改革评论》2007 年第 1 期。

201. 罗海敏:《论协商性司法与未决羁押的限制适用》,载《法学评论》2022 年第 3 期。

202. 李贵成:《协商性刑事司法原理》,载《中国刑事法杂志》2009 年第 8 期。

203. 张青:《论检察机关量刑建议的必要性——以协商性司法为视角》,载《云南大学学报(法学版)》2011 年第 4 期。

204. 唐力:《论协商性司法的理论基础》,载《现代法学》2008 年第 6 期。

205. 聂志琦:《协商性司法:刑事司法的新选择》,载《法律适用》2006 年第 9 期。

206. 韩德明:《协商性司法:理论内涵、实践形态及其语境》,载

《南京社会科学》2010 年第 5 期。

207. 向燕:《我国认罪认罚从宽制度的两难困境及其破解》,载《法制与社会发展》2018 年第 4 期。

208. 王迎龙:《协商性刑事司法错误:问题、经验与应对》,载《政法论坛》2020 年第 5 期。

209. 吴思远:《论协商性司法的价值立场》,载《当代法学》2018 年第 2 期。

210. 陈卫东:《认罪认罚从宽制度研究》,载《中国法学》2016 年第 2 期。

211. 刘泊宁:《我国控辩协商程序的规范进路:以认罪认罚案件为视角》,载《法学》2022 年第 2 期。

212. 吴思远:《我国控辩协商模式的困境及转型——由"确认核准模式"转向"商谈审查模式"》,载《中国刑事法杂志》2020 年第 1 期。

213. 方国弘、高方亮:《检察机关的民事行政公诉权》,载《检察实践》2001 年第 3 期。

214. 张敏、汪倩:《论行政检察监督制度的困境及完善路径》,载《长江师范学院学报》2021 年第 4 期。

215. 冷园园、乔东平:《困境儿童强制报告制度的认识和实践——基于社工视角》,载《山东青年政治学院学报》2021 年第 2 期。

216. 杨志超:《美国儿童保护强制报告制度及其对我国的启示》,载《重庆社会科学》2014 年第 7 期。

217. 林典:《儿童虐待强制责任报告制度之研究——基于台湾地区的政策文本分析》,载《当代青年研究》2018 年第 4 期。

218. 刘向宁:《当务之急和制度构建:从南京虐童案看儿童虐待强制报告》,载《中国青年研究》2015 年第 9 期。

219. 张鸿巍:《美国未成年人检察制度》,载《国家检察官学院学报》2011 年第 3 期。

220. 梁鸿飞:《检察公益诉讼:法理检视与改革前瞻》,载《法制与社会发展》2019 年第 5 期。

221. 陈兴生、宋波、梁远:《民事公诉制度质疑》,载《国家检察官学院学报》2001 年第 3 期。

222. 宋远升:《论侦查行为的社会监督——以专门化为视角》,载《河南省政法管理干部学院学报》2008 年第 2 期。

223. 刘镓:《试点语境中检察机关提起环保公益诉讼的思考》,载《理论界》2015 年第 12 期。

224. 杜闻:《简论民事诉讼当事人处分权》,载《政法论坛》2001 年第 1 期。